Entdecke das Glück des Handelns

Hans-Werner Rückert ist Diplom-Psychologe und Psychoanalytiker. Er leitet die Zentraleinrichtung Studienberatung und Psychologische Beratung der Freien Universität Berlin. Bisher sind von ihm bei Campus *Schluss mit dem ewigen Aufschieben* (2011) und *Studieneinstieg, aber richtig!* (2002) erschienen.

Hans-Werner Rückert

Entdecke das Glück des Handelns

Überwinden, was das Leben blockiert

Campus Verlag
Frankfurt/New York

Bibliografische Information der Deutschen Nationalbibliothek:
Die Deutsche Nationalbibliothek verzeichnet diese Publikation in der
Deutschen Nationalbibliografie. Detaillierte bibliografische Daten sind
im Internet über http://dnb.ddb.de abrufbar.
ISBN 3-593-37448-2

2., durchgesehene Auflage 2004

Umschlaggestaltung: mancini-design, Frankfurt am Main
Umschlagmotiv: © Getty Images Deutschland, München
Satz: TypoForum GmbH, Seelbach
Druck und Bindung: Beltz Druckpartner, Hemsbach
Gedruckt auf säurefreiem und chlorfrei gebleichtem Papier.
Printed in Germany

Besuchen Sie uns im Internet: www.campus.de

Inhalt

Teil II
Ab morgen lebe ich anders

Teil III
Das Leben neu gestalten

Vorwort

»Man muss in das Gelingen verliebt sein!«
Ernst Bloch

Vielleicht gehören auch Sie zu den Menschen, die versuchen, ein wenig glücklicher zu werden, ihr Leben in den Griff zu bekommen und Dinge endlich zu erledigen. Für manche sind das die Hausaufgaben der Schule oder die Examensarbeiten in der Universität. Andere sitzen in Unternehmen oder Behörden vor Akten und an wichtigen Projekten. Wieder andere beabsichtigen, ein Haus zu bauen, eine Weltreise zu unternehmen, ihre unglücklichen Beziehungen zu beenden oder sich selbst endlich so zu nehmen, wie sie sind. Manche möchten nur wenig in ihrem Leben verändern, andere alles. An guten Vorsätzen herrscht kein Mangel, aber bei der Durchführung hapert es oft. Handlungsstörungen – so der psychologische Fachbegriff – sabotieren unsere schönsten Pläne: Wir zögern, zaudern, zagen und schieben die Dinge vor uns her, solange es irgendwie geht.

Ich werde in diesem Buch im ersten Teil einige der hauptsächlichen Quellen für das Scheitern trotz bester Absichten beleuchten, darunter

- Entschlusslosigkeit, Zweifeln und Grübeln,
- Sorglosigkeit und Unachtsamkeit,
- Untergehen im Alltagstrott,
- Leben in Dauerkonflikten und
- Steckenbleiben in hartnäckigen Widerständen.

Im zweiten und dritten Teil mache ich Ihnen Vorschläge, wie Sie Ihre Blockaden überwinden können.

Wer mit dem Handeln, dem Tätigwerden Probleme hat, gerät über kurz oder lang in geschäftliche oder private Schwierigkeiten. Man erhofft sich die Lösung von mehr Selbstdisziplin, müsste sich zusammenreißen und den inneren Schweinehund überwinden. Nun ist die Fähigkeit, sich selbst zu steuern und zu beherrschen, zweifellos eine feine Sache. Mit mehr Achtsamkeit und mehr Selbstkontrolle können Sie einerseits tatsächlich mehr erreichen, mit dem einen oder anderen Motivationstrick können Sie sich über den Berg helfen und eine Sache wirklich durchziehen.

Andererseits haben wir alle schon erlebt, dass mehr Einsatz und mehr Kontrolle manchmal noch mehr Probleme schaffen, die Entfremdung von uns selbst vergrößern und die Unlust noch steigern. Wir haben uns in eine Sache ergebnislos verbissen und schließlich verzweifelt von ihr abgelassen – und nach ein paar Tagen einen Dreh gefunden, um sie im Handumdrehen zu erledigen. Offenkundig gibt es unterschiedliche Probleme und verschiedene Lösungen. Mal hilft mehr Selbstkontrolle, mal weniger davon, mal etwas ganz anderes.

Die Autoren Paul Watzlawick, John Weakland und Richard Fisch haben diese unterschiedlichen Arten des Wandels als Lösungen erster und zweiter Ordnung bezeichnet. Eine Lösung erster Ordnung besteht darin, »mehr desselben« zu tun: Man ist nicht fit, beginnt zu joggen, ist immer noch nicht fit und steigert das Laufpensum, bis der gewünschte Zustand erreicht ist. Man muss bei der Sache bleiben, wozu eine fortlaufende Handlungskontrolle mit Hilfe guter Selbstmanagementfertigkeiten hilfreich ist. Natürlich funktionieren solche Lösungen letztlich nur mit Anstrengungsbereitschaft und Willenskraft.

Eine Lösung zweiter Ordnung besteht darin, einen untauglichen Versuch der Lösung nach dem Prinzip »mehr desselben« aufzugeben und etwas anderes zu machen: Jemand hat Arbeitsstörungen, versucht sich zu zwingen oder zu motivieren, kann immer noch nicht arbeiten, liest noch mehr Selbsthilfebücher und beobachtet sich noch schärfer. Nach einer gewissen Zeit ist der Selbstheilungsversuch in paradoxer Weise Teil des Problems geworden. Eine Veränderung zum Besseren ist nur möglich durch »weniger desselben« und dadurch, etwas anderes zu tun. Das aber scheint demjenigen, der sich anstrengt, um mehr zu machen, eine ganz unmögliche Strategie zu sein.

Wenn man mit der Strategie, mehr desselben zu tun, nicht weiterkommt – nachdem man es hinreichend oft probiert hat, versteht sich –, kann man vor gravierenden Veränderungsprozessen im eigenen Leben stehen. Ihre bisherigen Misserfolge können den besten Anstoß geben, die richtige Art der erfolgreichen Veränderung zu wählen. »There is no success like failure, and failure is no success at all«, singt Bob Dylan. Mit einem wichtigen Vorhaben richtig zu scheitern, kann unglaublich heilsam, da aufrüttelnd und erkenntnisfördernd, sein. Im vordergründigen Verständnis sieht solch ein fundamentales Scheitern natürlich erst einmal überhaupt nicht nach einem Erfolg aus.

Bei den meisten direkten Mittel-Ziel-Prozessen können Sie sich von einem Mehr an Einsatz, Kraft und Anstrengung einen Erfolg versprechen. Bei allen Wachstumsprozessen, also solchen, die mit Entwicklung und deren Eigengesetzlichkeit zu tun haben, verschlimmert aber »mehr desselben« das ursprüngliche Problem. Hier sind Strategien eines tiefergehenden Wandels angebracht. Dafür brauchen Sie einen nachdrücklich erlebten Ausgangspunkt. Der Dichter Hölderlin hat einen solchen in dem Roman *Hyperion* mit folgenden Worten beschrieben: »Ich war es endlich müde, mich fortzuwerfen, Blumen zu suchen in der Wüste und Trauben über dem Eisfeld« – eine existenziell verändernde Einsicht in die Unangemessenheit und Vergeblichkeit der bisherigen Strategien. Aus dieser Erfahrung, die man als »Erleuchtung«, »Einsicht« oder auch als »Am-Ende-Sein« erlebt, können sich innere Umstellungsprozesse ergeben, die Sie mehr als bisher Sie selbst werden lassen und die mit einer Veränderung von Zielen einhergehen. Authentisch zu sein, sich selbst zu akzeptieren und in Übereinstimmung mit neuen, selbstbestimmten Werten zu handeln, bekommt eine herausragende Bedeutung.

Um die richtigen Wege zu wählen, ist es wichtig zu unterscheiden, in welcher Phase des Lebens man mit welchen Problemen konfrontiert ist. Dieses Buch hilft Ihnen, Ihre Probleme richtig zu diagnostizieren, um die angemessenen Strategien zur Veränderung anzuwenden. Sie brauchen beides, sowohl die »schnelle Eingreiftruppe« für die Wiedergewinnung von Handlungskontrolle als auch die »Entwicklungshilfemannschaft«, die dauerhaften Wandel in Einstellungen und Verhaltensweisen ermöglicht. Und Sie müssen wissen, in welcher Situation Sie sich befinden, um von der richtigen Strategie maximal zu profitieren.

Nach den Problemanalysen im ersten Teil des Buches geht es im zweiten Teil um Techniken, die es erlauben, Dinge mit mehr Einsatz und Energie wirklich zu Ende zu bringen. Doch Vorsicht: Vermutlich werden Sie in diesem Buch wenig gänzlich neue Tricks finden, von denen Sie noch nie etwas gehört haben. »Mehr desselben« heißt meistens, einfache Dinge, die sich bewährt haben, häufiger, intensiver und ausdauernder zu tun. Das kann man lernen, darin kann man sich steigern, und dafür möchte ich Ihnen Anregungen geben.

Im dritten Teil zeige ich Ihnen Wege, wie Sie Ihre Einstellungen zu sich selbst und Ihrem Leben verändern können, hin zu mehr Selbstbestimmung und weniger Unterordnungsbereitschaft unter Regeln, die Sie ohnehin nicht befolgen.

Die Lektüre dieses Buches kann Ihnen Mut machen und einen Anstoß geben. Bücher können eine Schneise schlagen durch das Gestrüpp unserer selbst erzeugten Blockaden. Vor mehr als 2000 Jahren stand an der Wand des Apollo-Tempels in Delphi der ultimative Ratschlag: »Erkenne dich selbst!« Dazu möchte ich Ihnen ein paar Hilfestellungen geben. Die entscheidenden Schritte zur Veränderung müssen Sie jedoch selbst durch Handlungen machen. Ebenfalls vor knapp 2000 Jahren stellte der griechische Philosoph Epiktet lakonisch fest: »Nicht Sprüche sind es, woran es fehlt; die Bücher sind voll davon. Woran es fehlt, sind Menschen, die sie anwenden.« Es wäre schön, wenn Sie zu denjenigen gehören, die aktiv werden und die ins Gelingen verliebt sind, wie Bloch es empfahl, auch wenn nicht immer alles sofort klappt. Ich wünsche Ihnen sehr, dass Sie sich bald zu denjenigen zählen werden, die das Glück des Handelns genießen.

Noch ein kurzer Hinweis an Sie, verehrte Leserinnen, bevor Sie nun starten: Aus sprachlichen Gründen verwende ich überwiegend die männliche Form der Anrede – selbstverständlich schließe ich Sie dabei stets mit ein. Für Ihr Verständnis danke ich Ihnen!

Berlin, im Sommer 2003
Hans-Werner Rückert

Teil I

Die besten Absichten –
und dann das!

1
Überwinden Sie Ihre Blockaden

»Mein Leben ist ein einziger Fehlschlag gewesen.«
Claude Monet

Jeder kennt das Gefühl, eine Sache mit den besten Absichten gestartet zu haben und schließlich vor einem Scherbenhaufen zu stehen. Durch solche Erfahrungen erschüttert, kommen manche Menschen nie mehr über Intentionen hinaus, an denen sie ihr Herz wärmen, die aber nie Realität werden. Andere verstricken sich in den Tücken des Aktionismus. Wer jemals ein Haushaltsgerät selbst reparieren wollte und es zu diesem Zweck zerlegt hat, weiß, wovon ich spreche. Gerade handwerkliche Verrichtungen scheinen immer neue Werkzeuge und Zwischenschritte zu erfordern, an die man nie gedacht hat, als man guten Mutes *einfach* anfing. Aber auch die Systematiker unter uns kennen das Gefühl, vor lauter Planungen und Auflistungen der erforderlichen nächsten Schritte nie wirklich in Gang, geschweige denn voranzukommen. Es gibt immer neue Preisinformationen, neue Reisekataloge, neue Produkttests, die man berücksichtigen möchte, sodass es stets voreilig erscheint, gerade jetzt ein Auto zu kaufen, eine Fernreise zu buchen oder sich auch nur eine neue elektrische Zahnbürste anzuschaffen.

Auch am Anfang der meisten Ehen, die später geschieden wurden, standen die besten Absichten. Man meinte es ernst, aber irgendwann ging es nicht mehr. Es gab zu viele Probleme, die Gemeinsamkeiten waren verbraucht und die Bereitschaft, aufeinander zuzugehen und Kompromisse zu schließen, nicht mehr vorhanden. Möglicherweise hatten sich auch Abenteuerlust und der Wunsch, Neues zu erleben, eingestellt; Bedürfnisse, deren Existenz die Partner sich vor sieben Jahren nicht hatten träumen lassen. Die Umstände ändern sich und wir uns mit ihnen, manchmal in eine unerwartete Richtung.

Die Ursachen für das bedrückende Gefühl, festzusitzen und zu stagnieren, scheinen oft im eigenen Inneren zu liegen. Da gibt es die zwanghaften Handlungsstörungen, bei denen Unentschlossenheit, Zweifel und Grübeln im Vordergrund stehen. Aber auch das Versinken im Alltagstrott kann dazu führen, dass wichtige und erwünschte Vorhaben möglicherweise gar nicht mehr bewusst erlebt, geschweige denn umgesetzt und zu Ende geführt werden. Schließlich gehört zu den Bleischuhen an unseren Füßen ebenso das Phänomen, sich unbewusst im hartnäckigen Widerstand gegen die Dinge zu befinden, die wir verbal durchaus bejahen und einsehen.

Wer über diese Probleme Bilanz zieht, wird Kosten und Nutzen des bisherigen Lebensstils abwägen. Einige werden sich als »Small Winners« betrachten, die bei der Endabrechnung eher einen kleinen Gewinn als wirklich schlimme Verluste davontragen. Das kann ein Anlass dafür sein, sich mit dem Erreichten zu begnügen und alles beim Alten zu lassen. Wenn Ihre Bilanz jedoch ergibt, dass Sie sich wirklich verändern wollen (und sich nicht nur eine Änderung wünschen), dann haben Sie grundsätzlich zwei Möglichkeiten:

- Sie können im bisherigen Rahmen bleiben, sich aber mehr anstrengen als vorher, Dinge anders angehen, Ressourcen aktivieren oder anders nutzen und flexibler werden. Sie können dazulernen und Informationen aufnehmen, wie Sie erfolgreicher werden können. Wenn Sie über bewährte Strategien verfügen, können Sie diese intensiver einsetzen. In Analogie zu Ihrem Computer entspricht diesem Vorgehen, dass Sie Ihr Betriebssystem weiter nutzen, seinen Start aber optimieren, Ihre Festplatte einem Tuning unterziehen, die Möglichkeiten Ihrer vorhandenen Anwendungsprogramme voll ausnutzen oder auch ein paar neue erwerben.

- Alternativ können Sie den Rahmen, den Sie bisher um Ihr Problem gezogen haben, verändern und damit zu Strategien des Wandels kommen, die radikaler und grundsätzlicher in Ihre Systemarchitektur eingreifen, vergleichbar mit einem BIOS-Update oder dem Wechsel zu einem neuen Betriebssystem. Vielleicht werden Sie ein paar neue Anwendungsprogramme benötigen, da Ihre alten eventuell gar nicht mehr funktionieren. Wenn Sie diese Art der Veränderung anstreben, dann werden Sie vorher die Erfahrung gemacht haben, mit mehr Einsatz und Anstrengungen nicht weiterzukommen. Wenn mehr Input nichts hilft, wenn alle Anstrengungen versagen oder sogar neue Probleme schaffen, kann es Zeit für eine neue Lebensphilosophie sein.

Diese beiden Wege bilden zwei sehr unterschiedliche, einander aber ergänzende Strategien zu Veränderungen. Es ist meistens sinnvoll, mit einem Versuch nach dem Prinzip des »mehr desselben« zu beginnen. Mit ein wenig Glück nutzen Sie dann das Pareto-Prinzip, demzufolge mit nur 20 Prozent Input 80 Prozent der Ergebnisse erreicht werden. Nur 20 Prozent mehr Anstrengung können Ihnen helfen, 80 Prozent Ihrer Vorhaben zum Erfolg zu führen.

Tipp

Benutzen Sie in den folgenden Abschnitten die vorangestellten Fragebögen, um abzuschätzen, wie sehr Sie von den jeweils dargestellten Schwierigkeiten betroffen sind. Schauen Sie, ob Sie sich in den nachfolgenden Problembeschreibungen wiederfinden, und probieren Sie – auf Ihr Problem bezogen – anschließend ein paar der Vorgehensweisen aus, die im zweiten Teil des Buchs empfohlen werden.

2
Entschlusslosigkeit, Zweifel und Grübeln: Zwanghafte Handlungsstörungen

»Lass das lange Vorbereiten, fang dein Leben an beizeiten!«
Rusticocampus

Ich möchte Sie in diesem Kapitel mit Birgit, Carlo und Jana bekannt machen. Diese drei haben mit Handlungsstörungen zu kämpfen, die mit Entschlusslosigkeit, Grübeln und Zweifeln einhergehen. Sie stellen ihre eigenen Intentionen in Frage und hadern mit sich und der jeweiligen Lage. In dieser Hinsicht ähneln sie dem berühmtesten Zauderer der Weltliteratur, dem Dänenprinz Hamlet, der, »angekränkelt von des Gedankens Blässe« in immer neue Zwangslagen gerät. Bei Hamlet geht es um durchaus tragische Dimensionen, um Schuld oder Unschuld, Mord aus Rache oder Selbstmord, um Wahnsinn und Raserei, was bei uns Normalbürgern glücklicherweise eher selten der Fall ist. Die Projekte, die unseren Zwiespältigkeiten zum Opfer fallen, stammen aus ganz alltäglichen Lebensbereichen.

Ob und in welchem Ausmaß Sie mit Zauder- und Grübel-Schwierigkeiten zu kämpfen haben, können Sie mit Hilfe des folgenden Fragebogens überprüfen.

Dieser Fragebogen hilft Ihnen herauszufinden, wie sehr Ihre Handlungen durch Entschlusslosigkeit, Zweifel und Grübeln beeinträchtigt werden. Kreuzen Sie – ohne lange nachzudenken – an, in welchem Ausmaß die einzelnen Aussagen auf Sie zutreffen, und addieren Sie dann die Punkte. Die Auswertung gibt Ihnen einen Anhaltspunkt dafür, wie sehr Sie von diesen Schwierigkeiten betroffen sind.

Fragebogen: Probleme mit Zweifeln, Zwiespalt und Grübeln?

Frage	Stimmt genau (2 Punkte)	Stimmt teilweise (1 Punkt)	Stimmt gar nicht (0 Punkte)
1. Ich entscheide mich meistens leicht und mühelos.	2	1	0
2. Ich brauche immer mehrere Anläufe, bevor ich mir ein Kleidungsstück kaufe.	2	1	0
3. Ich neige zum Grübeln.	2	1	0
4. Ich denke viel darüber nach, ob meine früheren Entscheidungen richtig waren.	2	1	0
5. Wenn ich Preise vergleiche, weiß ich hinterher nicht, wo ich etwas kaufen soll.	2	1	0
6. Ich kann oft abends nicht einschlafen und wälze die Dinge in meinem Kopf hin und her.	2	1	0
7. Ich habe durch meine Entscheidungsschwierigkeiten schon Probleme gehabt.	2	1	0
8. Häufig ist mir nicht klar, wonach ich mich richten und wie ich mich verhalten soll.	2	1	0
9. Mein Denken kreist oft um dieselben Dinge.	2	1	0
10. Ich habe schon viele falsche Entscheidungen getroffen und bin deswegen verunsichert.	2	1	0
11. Ich tausche häufig Sachen um, die mir nach dem Kauf nicht mehr gefallen.	2	1	0
12. So viel ich auch grüble, ich komme zu keinem Ergebnis.	2	1	0

Auswertung:

0 – 5 Punkte: Wunderbar, Sie entscheiden schnell, zweifeln nicht an Ihren Beschlüssen, und Grübeln ist Ihnen fremd. Um Ihre Handlungssicherheit würden viele Leute Sie beneiden. Kann es sein, dass Sie manchmal vielleicht sogar als zu sicher empfunden werden?

6 – 11 Punkte: Sie kennen die Schwierigkeiten, die sich mit Zweifeln und ergebnislosem Grübeln verbinden, aber sind weit davon entfernt, darunter zu leiden. Ihre Handlungsfähigkeit ist nicht beeinträchtigt, auch wenn Sie vielleicht nicht immer sofort den richtigen Entschluss treffen können.

11 – 17 Punkte: Sie haben es nicht leicht, zu einem Entschluss zu finden, und es kann Ihnen durchaus passieren, dass Sie auch einmal ins Zweifeln oder Grübeln geraten. Das mag auch Ihre Handlungsfähigkeit beeinträchtigen. Sie werden von den Tipps in diesem Buch profitieren und es genießen, Ihre Beschlüsse zügiger zu fassen und umzusetzen.

18 – 24 Punkte: Leider haben Sie es schwer, entschlossen zu handeln. Es dauert, bis Sie wissen, was Sie wollen, und auch nach einer Handlung können Sie in Zweifel verfallen und ins Grübeln geraten. Möglicherweise leiden Sie nicht nur unter den negativen Folgen Ihrer Handlungsstörung, sondern auch schon darunter, dass Sie sich als entschlussunfähig erleben. Sie sollten die Empfehlungen im zweiten Teil des Buches umsetzen, benötigen aber vielleicht neben mehr Handlungskontrolle auch eine Veränderung Ihrer Einstellungen, zu der Sie im dritten Teil viele Anregungen finden.

Birgit ist eine 29-jährige Juristin. Sie will in der Anwaltssozietät, in die sie nach ihrem zweiten Staatsexamen eingetreten ist, Karriere machen. Deswegen bleibt sie jeden Abend länger als ihre Kollegen und beugt sich über die Akten. Was sie nicht weiß: Ihre Chefs denken, dass sie ein wenig langsam ist, und deuten ihren Eifer nicht als besondere Einsatzbereitschaft. Und sie liegen damit nicht völlig falsch. Denn Birgit hat sich vorgenommen, die Fälle, an denen sie arbeitet, möglichst gut zu lösen. Sie macht sich viele Gedanken, ob sie hier einen Vergleich anstreben soll, ob sie dort einen Prozess riskieren will, und wägt das Für und Wider ausdauernd ab. Wenn sie schließlich doch nach Hause geht, kann sie die komplizierten juristischen Probleme oft immer noch nicht abschütteln. Dann recherchiert sie im

Internet weiter und bekommt neue Informationen. Aber, so zweifelt sie, werfen die nicht alle ihre vorherigen Überlegungen über den Haufen? Mit der Routinearbeit des nächsten Tages kommt sie – unausgeschlafen – nicht so zügig voran, und so verfestigt sich bei ihren Chefs der Eindruck, sie sei nicht die Schnellste.

Birgit hat in ihrer Karriereplanung übersehen, dass Zeit eine Ressource ist, die sie optimal nutzen muss. Mit der Menge, die ihr zur Verfügung steht, kommt sie nicht aus. Ihr Aufstieg wird jedoch daran geknüpft sein, dass sie in der Lage ist, innerhalb eines üblichen Zeitrahmens zu starten, zu entscheiden und Dinge durchzuziehen.

»Ich habe jede Menge Pläne«, sagt Carlo, der sich eine glänzende Zukunft in der Immobilienbranche ausgerechnet hat und seit ein paar Jahren selbstständig ist. »Wahrscheinlich habe ich sogar zu viele, sodass ich gar nicht alle umsetzen kann.« Er sitzt in seinem Büro und denkt darüber nach, wie himmlisch einfach es sein müsste, geschäftlichen Erfolg zu haben. »Im Prinzip ist alles ganz leicht«, sagt er, »ich muss nur genügend Objekte finden, die ich möglichst vielen Interessenten anbieten kann. Wenn von denen nur 10 Prozent kaufen, dann kann ich von meiner Provision ganz gut leben.« Objekte wie Interessenten will er durch eigene Anzeigen gewinnen. Außerdem denkt er daran, Werbeprospekte drucken zu lassen und Hauswurfsendungen zu starten. Carlo ist überzeugt von seinem festen Willen, diese relativ einfachen Vorhaben umzusetzen. »Aber irgendwie kommt es nie dazu«, muss er leider feststellen. Er hat sich von etlichen Druckereien Angebote zuschicken lassen, er weiß, welche Kosten die Post ihm für den Versand seiner Angebote in Rechnung stellen wird, er denkt über die Gestaltung seiner Anzeigen nach, kann sich aber zu nichts entscheiden. Die Frage ist also, *wie ernsthaft* er seine Absichten verfolgt.

Beim Golfspiel kann es Ihnen passieren, dass Sie über den Ball hinwegschwingen und einen so genannten Luftschlag hinlegen. Der wird nach den Spielregeln dann als regulärer Schlag gezählt, wenn Sie die »ehrliche Absicht« hatten, nach dem Ball zu schlagen und ihn zu bewegen. Brechen Sie Ihren Schwung ab, bevor Sie den Ball treffen, dann liegt diese »ehrliche Absicht« nicht vor, der Schlag zählt nicht.

Wendet man diese Golfregel auf Carlo an, dann fehlt ihm die »ehrliche Absicht«. Er bricht seine Aktionen stets ab, bevor es wirklich ernst wird. Er macht keine strategischen Pläne, in denen er seinen Geschäftsverlauf der nächsten Jahre vorwegnimmt, und er plant auch nicht die taktischen, notwendigen Aktionen zur Gewinnung von Verkäufern und Käufern. Carlo meint, dass er »zu viel denkt und zu wenig entscheidet«. Tatsächlich denkt er zu lange über Unwesentliches nach und vermeidet es, sich festzulegen.

Jana, die als Betriebswirtin eine Stelle als Wissenschaftliche Mitarbeiterin an der Universität hat und an ihrer Promotion arbeitet, neigt zum Grübeln. Sie macht sich tausend Gedanken über alle möglichen Dinge: Ob sie später eine Professur bekommen wird? Falls nicht: Würde sie in einem Unternehmen als Führungskraft klar kommen? Sie fragt sich, ob die Betreuerin ihrer Dissertation, die »Doktormutter«, mit ihr zufrieden ist, ob es ihr schadet, dass sie noch in einem Projekt mitarbeitet, von dem die Doktormutter abfällig gesprochen hat, und ob die anderen Mitarbeiter am Lehrstuhl neidisch auf ihren letzten Erfolg bei einem internationalen Kongress sind. Mit der Arbeit an der Dissertation ist sie in letzter Zeit nicht so richtig weitergekommen. Sie hatte Handwerker zu Hause, die eine neue Küche eingebaut haben, der Krach war unerträglich, sie konnte sich nicht konzentrieren. Jetzt liegen überall in der Wohnung Stapel mit Material für ihre Lehrveranstaltungen und für die Doktorarbeit, sie hat die Übersicht verloren und muss das alles sichten, aber wo anfangen? Tagsüber, abends und nachts im Bett vor dem Einschlafen drehen sich die Gedanken in ihrem Kopf wie ein Mühlrad. Sie wacht gerädert auf, und ihr graust vor dem nächsten Tag.

Jana produziert gedankliches Chaos, das sie anschließend nicht gut ertragen kann. Sie grübelt über Probleme nach, ohne Lösungen zu finden. Sie lebt gehetzt in einem Zustand rastloser Unentschlossenheit darüber, an welchen Problemen sie zuerst ansetzen sollte.

Wenn aus Absichten nie Pläne werden

Alle komplexeren Handlungen, die nicht einfachen Reiz-Reaktions-Schemata folgen, setzen bewusste oder unbewusste Absichten, Intentionen, voraus.

Der Ursprung des Wortes »Intention« kommt von dem lateinischen *intendere*, es bedeutet: »die Aufmerksamkeit auf etwas richten«. Mit dem Wort verbindet sich automatisch die Idee eines Ziels. Zum weiteren Begriffsumfeld gehört auch die Vorstellung einer Handlung oder einer Abfolge von Handlungen, um das intendierte Ziel zu erreichen.

Manche Absichten können Sie sofort in Handlungen umsetzen. Nichts ist leichter, als beispielsweise die Fernbedienung des TV-Geräts zur Hand zu nehmen und durch die Kanäle zu zappen, wenn Sie nach einem spannenden Krimi suchen. Wenn die Ziele, die Sie mit Ihren Handlungen verfolgen, jedoch nicht durch direkte Aktionen erreichbar sind, dann müssen Sie die Realisierung Ihrer Absichten planen. Zwischenschritte werden erforderlich, und Sie müssen festlegen, was Sie wann tun wollen.

Einen Plan zu haben bedeutet – bezogen auf Handlungen – eine systematische Ordnung von Schritten vor sich zu sehen, mit denen das Ziel erreicht werden beziehungsweise eine Absicht umgesetzt werden soll.

Ohne Planung sind die schönsten Absichten für die Katz. Sie bleiben Wünsche, Träume oder Hoffnungen. Erst ein handhabbarer Plan kann Ihnen zeigen, welche Schritte erforderlich sind, und Ihnen ein Verständnis dafür verschaffen, was Sie wann tun müssen, um Ihr Ziel zu erreichen.

Absichtserklärungen können eventuell ein Motor von Handlungen sein, aber gewiss ist das nicht. In Berlin gab es vor einiger Zeit einen Senator für Wissenschaft und Kultur, der die reine Absicht als Komponente in die Politik eingeführt hat. Er garantierte Kultureinrichtungen eine bestimmte Menge Geldes und gab außerdem vertraglich »Bemühenszusagen« ab, zum Beispiel die, nach Möglichkeit weitere Finanzmittel zu beschaffen. Wer glaubte, diese Absichtserklärung sei eine gute Planungsgrundlage, sah sich nach einiger Zeit bitter enttäuscht, denn die Kassen blieben leer. Der Senator aber verwies darauf, dass er sich ja seiner Zusage gemäß bemüht hatte. Nun weiß jeder: Mühe allein genügt nicht. Goethe hat das vor 200 Jahren bündig festgestellt: »Es ist nicht genug zu wollen, man muss es auch tun!«

Die Absichtserklärung kann ohne Folgen bleiben, obwohl die richtigen Schritte gemacht wurden. Dann war die Realität eben stärker, bestimmte Widerstände erwiesen sich als unüberwindlich, oder Finanziers waren nicht in Sicht. Der Politiker im obigen Beispiel sah das natürlich so.

Andere vermuteten in dem zugesagten Bemühen eher eine von vornherein auf Tatenlosigkeit abzielende beschönigende Formulierung als Versuch, in einer schwierigen Verhandlungssituation den Partnern Handlungsmöglichkeiten vorzugaukeln, die in Wirklichkeit nicht existierten.

Eine Absicht zu bekunden, statt ein klares Nein zu äußern, erklärt immerhin, warum dann auch keine Pläne gemacht werden. »Ich bring den Müll später raus«, »ich kümmere mich schon noch drum«, »ich weiß, wir müssen uns mal wieder Zeit für uns nehmen« sind Äußerungen, die nach Konkretisierung verlangen. Sobald Sie auf diese Absichtserklärungen hin fragen: »Ja, prima, wann?«, können Sie an der mehr oder minder begeisterten Reaktion ablesen, ob wirklich eine Bereitschaft vorliegt, sich auf die Umsetzung der angekündigten Vorhaben einzulassen – oder nicht.

Genauso können Sie – sofern Sie sich selbst gegenüber eine Absicht erklärt haben – an Ihrem eigenen inneren Enthusiasmus ablesen, wie sehr Sie bereit sind, die Sache motiviert anzugehen.

Wenn Sie immer ein Haar in der Suppe finden

Wer hyperkritisch ist, findet an allem etwas auszusetzen. Zur Not wird so lange mit dem eigenen Kopf geschüttelt, bis in jede vorhandene Suppe ein Haar gefallen ist.

Heike hat als Journalistin ihren ersten Erfolg gehabt: Ihr Artikel über »Hausmeister an Gymnasien – eine zu Unrecht kaum beachtete Spezies« ist in einer bekannten deutschen Wochenzeitung veröffentlicht worden. Ein paar Radiostationen haben angefragt und sich erkundigt, ob sie nicht weitere interessante Beiträge in der Schublade hat. Heike gerät plötzlich in Klemmen, von denen sie zuvor nichts ahnte. Sie findet nämlich ihren Artikel gar nicht so toll, eigentlich war er schlampig recherchiert. Sie hat nur zwei

Interviews geführt und im Wesentlichen aus den Erinnerungen an den Hausmeister ihres früheren Gymnasiums geschöpft, der ein schrulliges Original war.

Wenn sie über die Angebote der Radiostationen nachdenkt, findet sie an diesen etwas auszusetzen: Der eine Sender ist ihr zu popelig, beim anderen fürchtet sie, in einem obskuren Spartenprogramm verheizt zu werden, und beim dritten stört sie die politische Parteinahme des Radiobetreibers. Überall müsste sie eine Kröte schlucken. Lohnt es sich überhaupt, Erfolg anzustreben, wenn die Leute sich so leicht hinters Licht führen lassen und man selbst so viele Kompromisse schließen muss?

Es ist gar nicht so selten, dass Menschen gerade dann, wenn sie Erfolg haben, sich und ihre Leistungen in Frage stellen. Da ist auf der einen Seite das Lob und der Zuspruch der Öffentlichkeit, aber Heike weiß um die Schwächen ihrer Arbeit. Sie sieht plötzlich Versäumnisse, über die sie vorher gar nicht nachgedacht hat. Ihre Selbstkritik ist natürlich überzogen. Wäre sie Wissenschaftlerin und hätte sie eine systematische Untersuchung an Hausmeistern durchführen wollen, dann wäre ihre Stichprobe in der Tat wesentlich zu klein. Für einen witzigen Artikel reichen ihre zwei Gesprächspartner und ihre Erinnerungen jedoch vollkommen aus. Der Erfolg bringt Heike in Kontakt mit ihren eigenen idealisierten Vorstellungen von sich selbst und von Qualität.

Wer Erfolg hat, kann wählerisch sein, und damit stellen sich Fragen, die es vorher nicht gab: In welche Talkshow gehen Sie, vor welchem Publikum wollen Sie Vorträge halten, welche Angebote nehmen Sie an, in welchem Medium publizieren Sie, mit dem Risiko, nun als eine Person des X-Senders oder des Y-Verlags wahrgenommen zu werden?

Wenn Sie immer ein Haar in der Suppe finden, dann haben Sie Angst vor den Deals, die das Leben Ihnen abverlangt, vor Kompromiss und Verzicht. Sie kennen sicher die Märchen, in denen eine Prinzessin allzu kritisch und wählerisch ist und an jedem Freier etwas auszusetzen findet. In Wirklichkeit haben diese Prinzessinnen Ängste, sich von ihren Vätern zu lösen, die privilegierte Tochterrolle als Papas Augenstern aufzugeben, sich zu binden und ihre Rolle als Frau zu finden.

Sara hat die Qual der Wahl: Sowohl Jakob als auch Yves werben um sie. Beide sind dynamische junge Männer. Jakob hat eine interessantere Familie, der Vater ist Literaturprofessor in Italien, die Mutter als Künstlerin berühmt. Da ist sicher auch Geld in der Familie, denkt Sara. Yves hingegen hat diesen unwiderstehlichen französischen Charme, aber er ist leider ein bisschen »verkracht«, kommt beruflich nicht auf den grünen Zweig und kellnert mal hier, mal dort. Irgendwie hat sie bei ihm mehr Gefühle – aber soll sie die so wichtig nehmen? Jakob strahlt Sicherheit aus, er wird als Diplomat viel in der Welt herumkommen – ist das eigentlich so toll? Was ist, wenn erst einmal Kinder da sind? Außerdem ist er ein wenig zu konventionell. Stört das auf die Dauer nicht sehr? Da ist Yves ganz anders. Womöglich müsste sie ihn aber durchfüttern, da er so herrlich unbekümmert ist. Kann sie sich mit so einem Typ eigentlich vor ihren Freundinnen sehen lassen? Ein anderer Mann müsste her, ein Arzt, das wär's, aber die hängen ja ewig lange in ihren Kliniken und sind immer total abgearbeitet …

Auf all das zu starren, was nicht stimmt oder was schief gehen könnte, raubt die Kraft zu positiven, die Zukunft gestaltenden Handlungen und hält einen in Ängsten gefangen. Wir alle kennen Menschen, die eine Enttäuschung herbeiphantasieren, nur um in Sicherheit zu Hause bleiben zu können: Der Film, den sie sehen wollen, ist bestimmt langweilig, so reden sie sich ein; an der Abendkasse wird es ohnehin keine Karten mehr geben, und wenn doch, dann müssen sie sich in den ersten Reihen den Hals verrenken. Also können sie genauso gut gleich daheim bleiben.

Gewiss nervt der zur Schau getragene penetrante Optimismus, der heute Pflichtprogramm einer geglückten Selbstdarstellung zu sein scheint. Schwarzseherischer Pessimismus kann aber auch nicht die Lösung sein. Es stimmt, das Gegenteil von schlecht muss nicht gut sein – es kann auch noch schlechter werden, wie Paul Watzlawick einmal sagte. Der Optimist sieht das Glas halb voll Wasser, während der Pessimist es halb leer wähnt. Beiden kann jedoch noch ein Unternehmensberater oder ein Rechnungshofprüfer ins Haus stehen, der zu der Überzeugung kommt, beide hätten 50 Prozent zu viel Glas!

Ängste, Zwänge, Trotz: Tutti quanti

Handlungsstörungen resultieren häufig und scheinbar direkt aus bestimmten Gefühlen. Wer sich nicht entscheiden kann, wer in 1000 Zweifeln steckt und endlos grübelt, berichtet häufig auch von depressiven Verstimmungen, tage-, wochen- oder monatelang anhaltenden Gefühlen von Bedrücktheit und Mangel an Antrieb. Oder er spricht von Ängsten, von Wut, Enttäuschung, Trotz und Ärger.

Ängste

Die große Bedeutung von *Ängsten* liegt auf der Hand. Wer Angst hat, will vermeiden und aus dem Feld gehen, sich nicht stellen, sondern sich verkriechen. Besonders wirksam sind Ängste vor Versagen, vor negativen Folgen von Handlungen (seltener vor schädlichen Konsequenzen durch ausbleibende Handlungen), vor peinlichen Situationen, vor Schmerz und Zurücksetzung. Auch Angst vor Erfolg kann jemanden dazu verleiten, seine Absichten nicht zu realisieren, denn Erfolg kann nicht nur positive Folgen haben. So bringt eine Karriere in der Wirtschaft Ihnen zwar mehr Geld, aber auch mehr Verantwortung, höhere Anforderungen und Verpflichtungen. Der Wechsel aus dem Außendienst in die Konzernzentrale beraubt Sie vieler Freiheiten und stellt Sie unter stärkere soziale Kontrolle und die Aufsicht Ihrer Vorgesetzten. Schließlich enthält jeder Erfolg auch den Keim eines künftigen Misserfolgs, denn mit den beruflichen Herausforderungen wächst auch das Risiko, es irgendwann einmal nicht mehr »zu bringen«.

Im Kern der meisten Ängste steckt jedoch eine groteske Überzeichnung: Es kann sein, dass Sie ein punktuelles Versagen gleichsetzen mit der Überzeugung, dass *Sie* dadurch zu einem *Versager* würden. So machen Sie aus einer möglichen Pleite eine drohende *totale* Herabsetzung Ihrer ganzen Person. Versagensängste treten immer dann bevorzugt auf, wenn Sie dazu neigen, Ihren Wert als Person mit Erfolg gleichzusetzen, sei es im privaten, sei es im geschäftlichen Bereich. Unvermeidliche Enttäuschungen und Konjunkturschwankungen werden dadurch zu einer persönlichen Katastrophendrohung.

Die meisten Ängste haben auch eine interpersonelle Komponente:

Man fürchtet, vor anderen Menschen schlecht dazustehen. Dabei geht es letztlich immer um den drohenden Verlust der Selbstachtung. Die macht sozusagen einen Umweg über die anderen Menschen, die man sich herbeiphantasiert und in deren Augen man Verachtung, Ablehnung oder Spott hineinprojiziert. Sobald diese Angst im Spiel ist, wird es eigentlich immer wichtiger, sich durch Handlungen gegen sie zu wehren. Wer aber aus seiner Kindheit und Jugend durch die Angst vor Selbstbeschämung geprägt ist, für den scheint die Sache genau anders herum Sinn zu ergeben: bloß nichts tun, bloß nichts planen, bloß nicht handeln, bloß nicht auffallen.

Alexander ist ein Banker in den Vierzigern, der konditionsmäßig nicht mehr so ganz in Form ist. Sein Freundeskreis hat sich vor einigen Jahren begeistert auf Inline-Skating geworfen. Alexander hat Angst vor den Dingern, er hat als Kind das Rollschuhlaufen nicht gelernt und ist auch mit Schlittschuhen niemals gut Freund geworden. Er hat sich zwar ebenfalls ein paar Inline-Skates zugelegt, sogar ein paar Unterrichtsstunden genommen, aber er fühlt sich weiterhin außerordentlich unsicher. Er fürchtet, sich bei einem Sturz zu verletzen, und ist dadurch verkrampft. Mit den eleganten Schwüngen seiner Freunde kann er ohnehin nicht mithalten, und er hat über ihren Spott angesichts seiner vorsichtigen Bewegungen schon ein paar Mal schwer schlucken müssen. Er fürchtet, dass sie die Achtung vor ihm verlieren. Am liebsten würde er einfach nicht mit ihnen laufen. Aber dann, so ängstigt er sich, werden sie ihn ausschließen, und das wäre auch schlimm. Letztlich macht er mit, zwischen mehreren Ängsten eingeklemmt, die ihm seine Unbefangenheit rauben.

Perfektionismus

Perfektionistische Erwartungen an sich und an das Leben spielen immer dann eine Rolle, wenn bei zukunftsbezogenen Plänen Fehler und Rückschläge besonders gefürchtet werden. Hundertprozentige Ergebnisse anzustreben ist der sicherste Weg, mittelfristig kaum noch etwas anzufangen. Denn wenn Sie von sich vollkommene Ergebnisse verlangen, dann können Sie nur Sachen machen, die Sie bereits perfekt beherrschen. Das heißt, Sie können sich nicht weiterentwickeln. »Wenn zu perfekt, liebe Gott böse!«, hat der berühmte koreanische Videokünstler Nam June Paik all jenen tröstend ins Stammbuch geschrieben, die ganz irdisch mit sich selbst hadern, wenn ihre Leistungen den überhöhten Idealen nicht entsprechen.

Oleg ist Autor. Er schreibt Hörspiele und hat damit schon Erfolge erzielt. Leider ist die Arbeit am Schreibtisch für ihn eine Qual, die mit jeder fertigen Szene nur noch größer wird. Dann schaut er zurück und erkennt die Ungereimtheiten sowie die verbesserungswürdigen Details seines Textes. Das deprimiert ihn, und dann fällt es ihm schwer weiterzumachen. Weder überarbeitet er die schon geschriebenen Szenen, noch fährt er fort, neue zu erfinden, stattdessen hadert er mit sich. Unwille und Trotz regen sich, aber gleichzeitig klammert er sich mit perfektionistischen Ansprüchen an sein Manuskript. Immer wieder zerstört die Selbstkritik die freie Produktion von Texten.

Oft hat Oleg für seine Hörspiele eine einfache, aber gute und handhabbare Idee. Von der erzählt er dann seinen Freunden. Wenn die darauf einsteigen, schließt er messerscharf, dass sein Ausgangspunkt zu einfach sei, und verkompliziert die Handlungen so sehr, bis er völlig die Übersicht verliert.

Oleg begreift nicht, dass jeder Text eines jeden Autors über lange Zeit (und manchmal für immer) hinter den eigenen Erwartungen zurückbleibt. Das liegt an der fortschreitenden Entwicklung des Denkens beim Schreiben. Nach jeder Szene ist Oleg klüger geworden, das schon Geschriebene erscheint ihm dementsprechend unvollkommen. Er könnte immer wieder von vorne anfangen und sähe immer wieder etwas, was besser formuliert sein könnte. Das wird dann zum bedrückenden Problem, wenn man von sich verlangt, endgültige Formulierungen zu finden.

Gott sei Dank hat Oleg Humor. Der hilft sehr dabei, diese Probleme zu überwinden. Als ich seine perfektionistische Haltung einmal mit den Worten Ernst Jüngers ironisch aufspieße: »Ihnen geht es halt immer darum, einmal vor Unerbittlichem zu stehen!«, gibt Oleg zu: »Ja, leider beginnt das bei mir schon beim Hosenanziehen!«. Ich halte das für einen gelungenen

Scherz und amüsiere mich, doch nein, es ist ihm Ernst: Auch das Anziehen misst er an einem irrealen Gütemaßstab, dem er nicht gerecht werden kann. Aus irgendeinem Grund hat er ein inneres Bild davon, wie jemand wirklich elegant seine Hose anzieht. »Und wenn ich mich dann im Spiegel sehe, wie ich da mühselig auf einem Bein balanciere und versuche, mit dem anderen in das Hosenbein zu treffen und dabei nicht umzufallen ... lächerlich!«

Energiemangel

Depressive Ohnmachts- und Hilflosigkeitsgefühle sowie *Mangel an Energie und Tatkraft* angesichts von Aufgaben und Entscheidungen sind Zeichen einer Ich-Verarmung, bei der man sich ausgehöhlt und leer fühlt. Ressourcen, die zur Planung und zum Verwirklichen von Vorhaben unentbehrlich sind, scheinen nicht mehr verfügbar zu sein. Kompetenz und Selbstvertrauen sind verloren, wenn Sie es gelernt haben, mit Hilflosigkeit und einem überwältigenden Gefühl von Ohnmacht auf bestimmte Herausforderungen zu reagieren. Mit dem Gefühl, sich nicht mehr zu Taten aufraffen zu können, verbindet sich häufig die pessimistische Einschätzung, dass sich daran nie mehr etwas ändern werde, sprich: dass Sie nicht lernen können, Ihre Depressionen zu überwinden, weil Sie sich so hilflos fühlen. Natürlich ist das ein Trugschluss, aber leider scheint er ziemlich glaubwürdig zu sein, solange Sie glauben, dass eine *gegenwärtig gefühlte* Kraft- und Mutlosigkeit eine Art Beweis dafür sei, dass Sie *niemals* etwas *anders machen* können. Das stimmt natürlich nicht. Im richtigen Tempo und mit den richtigen Schritten können Sie lernen, Ihre Hilflosigkeit zu überwinden. Oft ist Ohnmacht auch ein Ausweg, in einer Zwangslage keine Verantwortung übernehmen zu müssen.

Grübeln

Doris sitzt da und grübelt. Tagelang. Soll sie aufräumen oder nicht, soll sie sich einen Job suchen oder ihr Studium fortsetzen, soll sie sich von Harald trennen oder nicht? Sie fühlt sich nervös und angespannt, aber gleichzeitig auch wie gelähmt. Manchmal ist sie mit der einfachen Frage, ob sie ins Bett gehen oder vor dem Fernseher sitzen bleiben soll, überfordert. Sie bringt nichts zustande. An manchen Tagen schafft sie es nicht einmal, das Geschirr zusammenzuräumen und in die Spülmaschine zu stellen. Dann wieder hat sie ein wenig Energie und versucht, ihre Empfindungen zu sortieren: Da sind zum Beispiel Ängste. Gut, sie weiß natürlich, dass sie sich vor scheinbar endgültigen Festlegungen fürchtet. Die Angst, die sie empfindet, richtet sich vordergründig darauf, sich falsch zu entscheiden (sich zu trennen, obwohl Harald doch der Richtige sein könnte). Dahinter liegt so etwas wie die Angst vor dem Verlust der Selbstachtung: Wenn sie immer wieder nicht aufräumt, wenn sie so einfache Dinge nicht einmal auf die Reihe kriegt, dann ist doch offensichtlich nicht viel mit ihr los. Oder sie sucht sich einen Job, wird auch genommen und versagt dann kläglich. Peinlich, peinlich.

Wer grübelt, denkt immer wieder und in den unpassendsten Situationen – beispielsweise beim Einschlafen – darüber nach, ob er einen Schritt machen *soll* oder nicht. Dabei werden Vor- und Nachteile in einem manchmal unendlichen Abwägungsprozess miteinander in Beziehung gebracht, verrechnet, in den Wahrscheinlichkeiten, mit denen sie eintreten könnten, gewichtet, bis sich alles gegenseitig aufhebt und in einem grauen, kreisenden Nebel der Ungewissheit verschwindet, aus dem sich am nächsten Morgen dieselben, altbekannten Konturen wieder herausbilden und so weiter und so fort…

»Wir müssen uns Sisyphos als einen glücklichen Menschen vorstellen«, hat Camus gesagt. Der Grübler ähnelt jenem Helden der griechischen Mythologie, den die Götter verdammt hatten, immer wieder denselben Stein einen Abhang hinaufzurollen, von dem er – kaum oben angekommen – wieder herunterrollte. Aber sind Grübler glücklich?

Nein, natürlich nicht, denn sie erreichen ihr Ziel nicht. Die Ängste, die vermieden werden sollen, stellen sich dennoch ein, nicht aber die positiven Konsequenzen, die mit mutigen und kraftvollen Entscheidungen ver-

bunden sind. Der Versuch, eine perfekte Lösung zu finden, die mit keinerlei Ängsten und Risiken behaftet ist, schafft ein neues, quälendes Problem, weil es diese Lösung nicht gibt. Menschen, die zum Grübeln und
zum Zaudern neigen, sind meistens Perfektionisten, die auf der Suche
nach der einzig wahren, richtigen und allein selig machenden Lösung
oder Entscheidung sind. Die ist in unserer Welt aber nicht zu bekommen.
Und vielleicht nicht einmal im Jenseits: Was erwartet einen, wenn man
nach dem Tod in den Himmel kommt? Man steht vor zwei Türen. Auf der
einen steht: *Eingang zum Himmel,* auf der anderen *Eingang zum großen
Saal: Vorträge über den Himmel.* Grübler und Zauderer werden vor beiden
Türen verharren; wer das Haar in der Suppe befürchtet, wird zunächst
einmal zum Vortrag gehen.

Doris spürt im Inneren eigentlich immer ziemlich genau, was richtig
für sie wäre. Da sie sich aber nicht danach richtet, haben ihre Zweifel hin-
tergründig wohl zu tun mit der bangen Frage: »Darf ich innerlich aufsässig sein und meinen eigenen Weg gehen, oder muss ich artig und gehorsam sein?« Doris, die nicht handelt, sondern grübelt, gehört zu den
zwanghaften Menschen.

Zwanghaftigkeit

Es gibt unterschiedliche Grade von Zwanghaftigkeit. Am einen Ende stehen die Zwangskranken, am anderen wir alle, wenn wir ein bisschen
»zwängeln« und dreimal kontrollieren, ob wir unser Portemonnaie auch
eingesteckt haben.

Manche Menschen mit Zwangserkrankungen müssen gegen ihren
eigenen Willen bestimmte Handlungen exzessiv wiederholen, sich beispielsweise hundertmal tagsüber die Hände waschen, die Herdplatten
kontrollieren oder sich davon überzeugen, dass Scheren und Messer wirklich gut verstaut in der Schublade sind und keineswegs offen herumlie-
gen. Wer unter Zwangsgedanken leidet, muss immer wieder dieselben
Gedanken denken, oft mit aggressiven Inhalten und häufig begleitet von
der Überzeugung, dass nur dieses zwanghaft wiederholte Denken davor
schützt, dass die gefürchteten Gefahren eintreten.

Die Probleme, die zwanghafte Menschen haben, werden dadurch verschärft, dass sie dazu neigen, das Gegenteil von dem zu tun, wonach

ihnen innerlich auch und überwiegend zu Mute ist. Sie haben eine Wut auf jemanden, machen ihm aber ein Geschenk. Sie möchten sich von ihren Partnern lösen, fühlen sich innerlich deswegen aber so schuldig, dass sie sich durch tägliche Anrufe immer mehr an den anderen binden. Die Mischung aus Reaktionsbildungen, wie man das nennt, und direktem Gefühls- oder Wunschausdruck macht das Verhalten zwanghafter Menschen so widersprüchlich. Sie sind dann zugleich sauber wie unsauber, moralisch hochstehend und niedrig gesinnt, ordentlich und chaotisch. Oberflächliche Aktivität kann tiefe innere Wünsche nach Passivität verdecken. Auch Doris kennt das, was man eine tiefe Ambivalenz nennt: ein Wollen und zugleich Nicht-Wollen. Das Ganze ist in tiefe Scham getaucht. Wenn man Doris auf ihre Probleme anspricht, dann reagiert sie beleidigt.

So wie es beim Umgang mit Explosivstoffen Sinn macht, Pulver und Lunte getrennt zu halten, so isolieren Menschen mit zwanghaften Charakterzügen Gedanken und Gefühle voneinander. Ihren Plänen fehlt auf diese Weise häufig der emotionale Motor, sie sind zu »kopfig«, ihre Gefühle bleiben blass und abgeriegelt, verborgen hinter einer häufig kühlen, intellektuellen Fassade.

Der Inhalt von Zweifeln bezieht sich am häufigsten auf die Vereinbarkeit von inneren Wünschen und Verboten. Die Ambivalenz, der Konflikt zwischen Autonomiewünschen und Unterordnungsbereitschaft, führt zum dauernden Brüten und Drehen und Wenden der immer gleichen Überlegungen. Durch die Isolierung von den Gefühlen kommt keine Energetisierung zustande und damit auch keine Richtung, in die sich die Gedanken bewegen könnten.

Denken ist immer auch Probehandeln und damit für jemanden, der Handlungen fürchtet, potenziell bereits gefährlich. Wer Angst vor bestimmten Folgen seiner Handlungen hat, kann die Zahl der Vorbereitungsmaßnahmen steigern, bis die Zeit nicht mehr ausreicht, um wirklich zu handeln. Vieles wird für eine Zukunft vorbereitet, die niemals Gegenwart sein wird. »Mein Leben war voller schrecklicher Unglücke, von denen die meisten nie eingetreten sind«, hat der berühmte französische Essayist Michel de Montaigne diese Haltung beschrieben.

Angst vor Veränderungen überhaupt führt auch dazu, dass die Betroffenen lieber in ihrem Elend verharren, als zu neuen Ufern aufzubrechen. Außerdem kann das Leben in Vorbereitung eine gewisse Vorlust bescheren, die zwar nicht vergleichbar ist mit der wirklichen Befriedigung. Wenn diese aber mehr gefürchtet als wirklich angestrebt wird, dann ist ein bisschen Vorlust besser als gar nichts.

Das Gegenstück zum Vorbereiten liegt im Ungeschehenmachen einer schließlich doch zustande gekommenen Handlung nach dem Prinzip: ein Schritt vor, zwei zurück. Es ist der Versuch, den zwangsläufig unerfreulichen Folgen jedweder Festlegung zu entgehen. Dafür empfiehlt sich auch das abergläubische oder magische Denken.

Trotz

Als Doris noch klein war, opponierte sie in der Schule gegen die Regeln der deutschen Zeichensetzung. Es regte sie auf, dass sie die Kommata nicht setzen durfte, wie sie wollte, sondern so, wie der Duden es bestimmt hatte. Sie hasste den Duden, den sie sich als einen strengen, alten Herrn vorstellte.

Trotz ist eng verknüpft mit zwanghaften Problemen und wird erlebt als wütende Auflehnung gegenüber Autoritäten oder die eigene innere Stimme, die einem sagt, was zu tun oder was richtig wäre. Trotzigen Menschen widerstrebt es, Handlungen auszuführen, weil sie nur Unterwerfung oder Rebellion kennen. Entweder sind die inneren oder die äußeren Kräfte so dominant, dass sie sich ihnen nur beugen können. Dann fügen sie sich, erleben das aber als narzisstische Niederlage und nehmen sich vor, bei nächster Gelegenheit durch Widersetzlichkeit die Scharte wieder auszuwetzen. Im Kern fürchten trotzige Menschen ihre Selbstachtung und ihr Selbstbestimmungsrecht zu verlieren. Beides sehen sie jederzeit als bedroht an und sind bereit, es zu verteidigen, vorausgesetzt es gibt eine Chance dazu. Als Kompromiss zwischen sofortiger Unterwerfung unter Abspaltung aller kritisch-selbstbehauptenden Impulse und rebellischer, manchmal rechthaberischer und unbeugsamer Auflehnung gibt es das Trödeln, das endlose Hinauszögern, das quälende Andere-warten-Lassen, mit dem Trotzige ihre Macht durch passiv-aggressive Hinhaltepolitik zum Ausdruck bringen.

Aggressionen

Wer *Ärger* und *Wut* in sich trägt, grübelt gerne über vergangene Kränkungen nach und erhitzt sich an Rachephantasien. Leider (oder Gott sei Dank) sind diese häufig nicht leicht umsetzbar. Negative Erfahrungen, die Anlass für die Aggressionen waren, immer wieder zu recyceln, schwächt natürlich eine positive, zukunftsbezogene Haltung. Wer verärgert der Vorstellung nachhängt, vergangene Kränkungen wieder gutzumachen, kommt mit dem Schmieden realistischer Pläne nicht voran. In den Zweifel- und Grübelorgien vieler Menschen wechseln sich zudem Wut und Angst ab und schaukeln sich gegenseitig hoch.

Schamgefühle

Beschämung steht in enger Beziehung zu Handlungsstörungen. Sobald sie erwartet wird, hört man auf zu denken oder zu handeln. Oft sind es Vorstellungen von Misserfolg und Versagen, die mit der Angst davor, beschämt dazustehen, erlebt werden. Scham tritt dann auf, wenn man sich entblößt fühlt, gewissermaßen nackt und hässlich unter lauter gut gekleideten Menschen, deren unbarmherziger Blick auf einem ruht. Das, was man an sich selbst für Schwächen, Schmutzigkeiten und Defekte hält, ist normalerweise den anderen verborgen. Wird es dennoch sichtbar, sind die Schamgrenzen verletzt worden. Zwanghafte Menschen schämen sich meistens für ihre Zwanghaftigkeit, ihre Rituale und ihr Zaudern.

Überkompensatorische Idealbilder

Erfahrungen von Schmerz, Ungenügen, Demütigungen und Kränkungen sind für uns alle leidvoll, deswegen denken wir ungern an sie zurück. Weil unser Gehirn auf das Aufspüren kausaler Zusammenhänge ausgelegt ist, suchen die meisten von uns bei sich selbst, in ihrem Verhalten oder in ihrer Persönlichkeit, nach Ursachen für negative Ereignisse. Das suggeriert zumindest Handlungskontrolle: Wenn wir selbst schuld waren, dann können wir das nächste Mal etwas anders machen. Oder es besser machen. Wenn Sie auf der Basis solcher Gedanken tatsächlich üben, sich anders zu benehmen, ist das eine gute Kompensation für Schwächen. Wenn Sie aber Vorstellungen entwickeln, wie Sie künftig unangreifbar sein und besser als besser auftreten sollten, dann entwickeln Sie ein Ideal. Das wäre dann eine Überkompensation. Sobald Sie in Ihrer Vorstellungswelt ein Ideal errichtet haben, werden Sie sich noch mehr abwerten, wenn Sie ihm nicht genügen. Damit verfestigen Sie das Ideal, verpassen sich grausame Strafen und verwandeln sich in ein Opfer. Latent kann dabei Hochmut eine Rolle spielen. Auch das ist eine Überkompensation von Elend: sich zu behandeln wie den Elendigsten, das Hiob-Syndrom. Auf die Dauer haben Sie mit dieser Strategie keine Kraft mehr für Handlungen.

Selbstwertgefühl

In Ihnen gibt es eine seismografische Instanz, die Ihren Umgang mit der inneren und äußeren Welt mit einem Register an Vorstellungen darüber vergleicht, wie Sie sein sollten und wie Sie in Relation zu anderen abschneiden. Aus der Bilanz dieser Vergleiche ergibt sich Ihr *Selbstwertgefühl*. Wenn Sie Handlungen und Entscheidungen sowie deren erfolgreichen Ausgang mit Ihrem Selbstwertgefühl verbinden, haben Sie eine schöne Möglichkeit geschaffen, sich gut zu fühlen – vorausgesetzt, alles klappt. Was aber, wenn etwas schief geht? Dann fällt der Misserfolg – derselben Logik folgend – auf Sie zurück und wird zum Zeichen Ihres Unwerts. Sich unwert zu fühlen gehört zu den erniedrigendsten Emotionen.

Vieles wird gar nicht erst angepackt, weil ein ohnehin geringes Selbstwertgefühl nicht gefährdet werden soll. Manches aber auch vermieden, um eine aufgeblähte Selbstüberschätzung nicht wie eine Seifenblase zerplatzen zu lassen. Aus der Angst vor drohender Beschämung und dem Verlust des Selbstwertgefühls wird nicht gehandelt, und damit werden genau jene Reste des Selbstwertgefühl, die geschützt werden sollten, peu à peu ruiniert. Denn irgendwann werden Sie anfangen, sich auch wegen Ihrer Ängste, wegen Ihres Ärgers, wegen Ihrer ohnmächtigen Depressivität und wegen Ihrer Tatenlosigkeit zu schämen.

3

Vermeiden, Vertrödeln, Sich-Verzetteln: Feinde von Erfolg und Genuss

»Abends denk ich immer: Was ich heute alles
nicht gemacht habe, reicht auch für zwei!«
Wolfgang Neuss

Der folgende Fragebogen hilft Ihnen herauszufinden, wie sehr das Aufschieben bei Ihnen zu einer Gewohnheit geworden ist, die durch falsche Einstellungen zu Leistung und Aufgabenerledigung hervorgerufen wird.

Fragebogen: Sind Sie ein notorischer Aufschieber?

Frage	Stimmt genau (2 Punkte)	Stimmt teilweise (1 Punkt)	Stimmt gar nicht (0 Punkte)
1. Ich erledige Dinge meistens auf den letzten Drücker.	2	1	0
2. Bevor ich mit einer wichtigen Sache anfange, muss ich erst aufräumen und abwaschen.	2	1	0
3. Man sollte nur Sachen machen, zu denen man voll motiviert ist.	2	1	0
4. Ich bin ein eher spontaner Typ und mag mich nicht festlegen.	2	1	0
5. Ich nehme mir immer wieder etwas vor, aber halte mich dann nicht daran.	2	1	0

6. Für mich zählen nur perfekte Ergebnisse.	2	1	0
7. Bei Schwierigkeiten heißt es bei mir: Augen zu und durch!	2	1	0
8. Ich habe oft einfach zu viel um die Ohren.	2	1	0
9. Ich kann einfach nicht abschalten, sondern muss immer an alle unerledigten Sachen denken.	2	1	0
10. Ich habe wegen meines Aufschiebens schon private oder berufliche Nachteile gehabt.	2	1	0

Auswertung:

0–5 Punkte: Glückwunsch, Aufschieben gehört nicht zu Ihren Angewohnheiten. Sie haben die richtige Einstellung, um Ihre Angelegenheiten schnell und mühelos zu erledigen. Sie überfordern sich nicht und bleiben auch bei Schwierigkeiten locker.

6–10 Punkte: Es passiert Ihnen schon einmal, dass Sie Dinge vor sich her schieben, aber Sie empfinden das zu Recht nicht als Problem. Die meisten Ihrer Pläne setzen Sie auch um. Bei Schwierigkeiten finden Sie deren Ursachen heraus und stellen sie ab.

11–15 Punkte: Vorsicht: Bei Ihnen droht das Aufschieben zur leidigen Gewohnheit zu werden. Statt mit den wichtigen Dingen anzufangen, verbringen Sie zu viel Zeit mit Nebensächlichkeiten und fühlen sich dann überlastet. Überprüfen Sie Ihre Erwartungen an sich selbst und finden Sie heraus, wie es zu Ihrem Aufschieben kommt.

16–20 Punkte: Oh je, bei Ihnen ist das Aufschieben zu einem Muster geworden, unter dem Sie leiden. Sie fühlen sich überlastet und verlangen zu viel von sich. Mit Ihrem Perfektionismus hindern Sie sich daran, die Gründe für Ihr Aufschieben herauszufinden und zu verändern. Versuchen Sie sich mit den Tipps im zweiten Teil dieses Buches zu helfen.

Aufschieben

Vermeiden, Vertrödeln und Sich-Verzetteln sind Erscheinungsformen des Aufschiebens. Aufschieben ist ein faszinierendes Phänomen. Deswegen habe ich darüber ein Buch geschrieben (*Schluss mit dem ewigen Aufschieben*, Frankfurt/New York 1999) und seit dessen Veröffentlichung durch zahlreiche Zuschriften von Lesern noch viel dazugelernt.

Aufschieben bedeutet: Sie tun nicht das, was Ihrer eigenen Meinung nach vordringlich ist, was Sie selbst als wichtig und/oder dringlich einstufen. Stattdessen beschäftigen Sie sich mit weniger wichtigen oder dringlichen Dingen.

Natürlich gibt es ein alltägliches Aufschieben, das wir alle praktizieren und das keinen massiven Veränderungsdruck mit sich bringt. Gelegentliches Aufschieben hat durchaus Vorteile, wie mir jemand mitteilte, der sich als Angehöriger einer Verwaltungsbehörde outete: »Manche Vorgänge, die man mir zur Bearbeitung hergereicht hatte, die von mir jedoch zur Seite gelegt wurden, sind im Lauf der Jahre in völlige Vergessenheit geraten. Nie hat sich jemand nach dem Bearbeitungsstand erkundigt. Mit anderen Worten: Es wäre ineffektiv gewesen, wenn ich mich der Vorgänge angenommen hätte, da sie offenkundig völlig unwichtig waren.« Nun ja.

Sicher kann man durch Aufschieben auch anders profitieren, so beim Preisverfall bei Elektronikgeräten oder bei Last-Minute-Reisen. Wer jedoch wichtige Vorhaben ernsthaft aufschiebt, hat dadurch eher private oder berufliche Nachteile und leidet zumeist unter dem Aufschieben selbst.

Tanja ist eine 25-jährige Studentin, die einen Berg von Referaten angehäuft hat, die sie in schriftliche Ausarbeitungen verwandeln müsste, um ihre Leistungsnachweise zu bekommen. Sie hat sich schon lange vorgenommen, am kommenden Wochenende anzufangen. Nun ist der Samstag da, mit schönstem Sommerwetter. Sehnsuchtsvoll denkt Tanja an einen Ausflug ins Strandbad, den sie sich jetzt verkneifen muss. Als es um 10 Uhr losgehen soll, merkt Tanja, dass sie noch nicht in Stimmung ist, und beschließt, erst einmal die Zeitung zu lesen. Nach der Zeitungslektüre spürt sie ein gewisses

Schuldgefühl: War das wirklich nötig, oder hätte sie nicht besser doch gleich mit dem ersten Referat anfangen sollen? Als sie ihre Notizen zur Hand nimmt spürt sie, wie eine innere Unruhe aufkommt. Sie versucht, sich zu konzentrieren, aber das gelingt nicht. Vielleicht kann eine Tasse Kaffee helfen! Tanja geht in die Küche und wirft die Kaffeemaschine an. Während die vor sich hin gurgelt, fällt ihr Blick auf den Abwasch, der seit Tagen darauf wartet, dass sich jemand seiner annimmt. Den wird sie jetzt erst einmal erledigen, danach geht es bestimmt besser voran. Sie spült und fühlt sich gleich wohler.

Eine dreiviertel Stunde später – Tanja sitzt wieder am Schreibtisch – klingelt das Telefon. Tanjas Freundin Beate hat Liebeskummer und braucht Trost. Nach einer halben Stunde gerät Tanja irgendwie unter Druck: Wenn Beate doch nur endlich zum Ende käme! Als sie den Hörer auflegt und auf die Uhr schaut, packt sie leichte Panik: Es ist gleich zwölf, und Tanja hat noch nichts geschafft! Nun muss sie sich endlich den vermaledeiten Seminarnotizen und Fotokopien zuwenden. Aber wo sind die Aufzeichnungen, die sich auf ihr erstes Referat beziehen? Tanja sucht und sucht. Welch eine Unordnung! Es geht nicht anders, sie muss erst einmal den Schreibtisch aufräumen und ihre Papiere sichten und sortieren.

Nachdem sie das erledigt hat, ist es Mittag geworden, Tanja hat Hunger. Was ist eigentlich zu essen da? Der Kühlschrank ist ziemlich leer, sie muss einkaufen gehen.

Um halb drei ist Tanja satt, aber müde. Ein *Power-Nap* wird ihr die nötige Energie verschaffen, um mit den Aufzeichnungen endlich anfangen zu können. Sie verschläft ein bisschen, sodass sie die Arbeit erst um 4 Uhr wieder aufnehmen kann. Sie fährt ihren PC hoch und sucht im Internet nach einer Erklärung für den Begriff des »Grenznutzens«, den sie in der Vorlesung neulich nicht richtig verstanden hat. Sie findet ein paar brauchbare Definitionen, aber auch einige sehr interessante Artikel. Nach zwei Stunden brennen ihr die Augen, und sie wundert sich selbst: Wie ist sie eigentlich auf diese Websites über das Filmfestival in Cannes gekommen?

Man kann Aufschieben als einen Versuch ansehen, mit unangenehmen Gefühlen fertig zu werden, die mit Vorhaben in Verbindung stehen. Man weicht auf etwas anderes, nicht ganz so Unangenehmes, aus, sobald die Anspannung einen bestimmten kritischen Wert erreicht hat. Unangenehme Gefühle entstehen durch bestimmte *unzulängliche Arbeits- und Selbststeuerungsfertigkeiten*, durch:

- unklare Prioritäten,
- eine schlechte Organisation der Aufgabenerledigung,
- Impulsivität und
- Mangel an Sorgfalt.

Als unangenehm kann aber auch das *Auftreten störender Emotionen* erlebt werden, die sich dann regen, wenn Sie eine Sache anpacken wollen, wie beispielsweise:

- Abneigung gegen Aufgaben,
- Ängste,
- Ärger,
- Perfektionismus,
- auftauchende Konfliktspannungen oder
- Bedrohungen des Selbstwertgefühls.

Nun machen sich diese im Hintergrund liegenden Kräfte oft nicht direkt bemerkbar, sondern tarnen sich. Sie spüren Unlust, und sagen sich:

- Ich muss erst mal ein paar Vorarbeiten erledigen, wie zum Beispiel meinen Schreibtisch aufräumen.
- Es bringt sowieso nichts, wenn ich nicht in der richtigen Stimmung bin.
- Das geht alles so zäh voran, morgen wird es bestimmt besser laufen.

Hinter den aktuell auftauchenden Gedanken, die Sie zum konkreten Vermeiden veranlassen, stecken manche dauerhaftere Überzeugungen und Ideen, die ein Ausweichen ohnehin schon begünstigen:

- Es ist zu anstrengend.
- Ich weiß nie, womit ich anfangen soll.
- Die Sache wird sich schon von allein regeln.
- Ich habe doch noch jede Menge Zeit.
- Ich arbeite sowieso unter Druck besser, also mache ich es später.
- Ich hab einfach keine Lust.
- Es ist alles kein Problem, wenn ich erst mal angefangen habe.
- Die Sache lässt sich eigentlich schnell erledigen.
- Ich muss mich nur mal zusammenreißen, dann klappt es schon.

Was immer Sie auch denken, es läuft auf ein »Jetzt nicht!« hinaus, Sie gehen aus dem Felde und machen etwas anderes. Sie schieben auf und haben ein unmittelbares Gefühl der Erleichterung. Dieser kurzfristig scheinbar positive Effekt wirkt wie eine Belohnung für das Aufschieben, und wenn Sie nicht aufpassen, verfestigen Sie es auf diese Weise immer mehr.

Allerdings holen die Dinge Sie in der Regel wieder ein. Wenn Sie später über Ihr Aufschieben nachdenken, werden Sie möglicherweise unzufrieden mit sich sein. Sie ärgern sich über sich selbst, beschließen, dass Sie sich anders verhalten müssen, und denken voller Sorge an den unerledigten Berg von Dingen, der inzwischen noch höher geworden ist. Sie machen sich ein paar gute Vorsätze – und in der nächsten konkreten Situation verhalten Sie sich möglicherweise wieder genauso wie zuvor. Offenbar ist Ihr handelndes Ich in der konkreten Situation anders eingestellt und ausgerichtet als Ihr bewertendes Ich später, wenn Sie über das Aufschieben nachdenken. Wenn sich das Ganze hinreichend oft wiederholt hat, dann haben Sie mittelfristig damit zu kämpfen, dass Ihr Selbstwertgefühl absackt, weil Sie nie das schaffen, was Sie sich vorgenommen haben.

Jana schiebt die Anfertigung ihrer Doktorarbeit vor sich her. Es gibt lange Phasen, in denen sie nichts dafür tut. Nach einigen Wochen packt sie das schlechte Gewissen. Dann sagt sie sich: »So kann es nicht weitergehen!« Also nimmt sie sich vor, am nächsten Tag endlich loszulegen. Da sie sich nicht so richtig über den Weg traut, ist schon der Beginn der Arbeit befrachtet und aufgeladen. Ihre innere Aufmerksamkeit richtet sich auf die bange Frage: Werde ich es diesmal schaffen?

Sobald das Vorhaben mit unserem Selbstwertgefühl verknüpft ist, verschärft sich unser inneres Selbstgespräch. Wir sagen uns:

- Jetzt muss es klappen, sonst versage ich, und das wäre schrecklich!
- Alle anderen schaffen es ja auch!
- Aber es ist wirklich zu belastend, zu anstrengend, zu viel!

Damit kann man sich in eine Stimmung versetzen, in der sich Angst, Ärger und Neid auf andere mischen. Das ist natürlich keinesfalls die richtige Verfassung, um ungestört zu arbeiten, und zack, schon schieben wir wieder auf.

Wer ernsthaft aufschiebt, wirft sich die ewig gleichen Verhaltensmuster als »Willensschwäche« vor und träumt von mehr Selbstdisziplin. »Harte« Aufschieber fixieren sich auf Ergebnisse, versuchen es mit »mehr desselben« und realisieren oft gar nicht, wie sehr sie sich in unbewusster innerer Opposition gegen das befinden, was sie anzustreben vorgeben. Sie vernachlässigen die Konzentration auf Arbeitsprozesse und unterschätzen die Notwendigkeit, sich in Übereinstimmung mit eigenen Zielen und der eigenen Motivation zu befinden.

Ausgeprägtes Aufschieben, das wie eine Sucht als unkontrollierbar erscheint, wird häufig schamhaft verschwiegen. Im eigenen Haus nicht Herr zu sein wird als Schande erlebt. Es gibt Personen, die nur in wenigen Bereichen Dinge vor sich her schieben, und andere, die in Beruf wie Privatleben von der Steuererklärung über den Zahnarzttermin bis hin zum pünktlichen Erscheinen bei Sitzungen nahezu alles aufschieben. Manche Aufschieber tarnen sich auch als Workaholics, die unentwegt Projekte anschieben, aber selten zu Ende bringen.

> Jana geht ihr eigener Stillstand auf den Geist. Wenn sie lange nichts tut, dann empfindet sie irgendwann sogar »Lust«, etwas zu tun. Wenn sie dann anfängt, verliert sich die allerdings schnell wieder. Obwohl Jana aus Erfahrung weiß, dass diese Motivationsquelle bald wieder versiegt, hält sie an ihr fest. Das ist so ähnlich, als wenn sie genau wüsste, dass ihr Auto Löcher im Tank hat und nach einer gewissen Strecke immer liegen bleibt, weil der Treibstoff ausgeflossen ist. Dennoch packt sie dann und wann die Lust zu fahren, dann tankt sie auf, fährt los und strandet, wie immer, nach 30 Kilometern. Dennoch besorgt sie sich keinen neuen Tank oder stellt die Energieversorgung auf Erdgas- oder Batteriebetrieb um.

Aufschieben zeigt sich somit als Ergebnis falscher Vorstellungen über Motivation, unzureichende Handlungstechniken und als ein Symptom für tiefer liegende innere Konflikte. Besonders deutlich ist Letzteres bei den Personen zu sehen, die in der Hoffnung leben, irgendwann später einmal Erfolg zu haben.

Nehmen wir an, Sie wollen in Ihrer beruflichen Karriere groß rauskommen, haben aber Ängste davor, sich in der Konkurrenz mit anderen durchzusetzen. Wenn Sie es aufschieben, sich mit herausragenden Leistungen zu profilieren, lassen Sie diesen Konflikt in der Schwebe.

Ein Hauptmotiv dafür ist es, vermeintliche Bedrohungen des Selbstwertgefühls zu vermeiden. Stellen Sie sich vor, Sie stecken harte und gut geplante Arbeit in einen schwierigen Bericht, mit dem Sie eine Aufstockung Ihres Budgets begründen. In der entscheidenden Sitzung wird die Qualität Ihres Reports kritisiert, und man stellt die von Ihnen geforderten Mittel nicht bereit. Möglicherweise werden Sie sich diese Niederlage als persönliches Versagen ankreiden. Hätten Sie den zurückgewiesenen Bericht nach langem Aufschieben schließlich unter Hochdruck in ein paar Nachtschichten zusammengeschustert, dann können Sie die Pleite darauf schieben und so Ihr Image als *eigentlich* hochkompetent bewahren sowie Ihre Selbstachtung schützen.

Aufschiebemotive wie Versagensängste oder Angst vor Erfolg, Perfektionismus und passiv-aggressive Widersetzlichkeit haben ebenfalls letztlich das Ziel, eine antizipierte Beschämung abzuwenden. Viele Menschen fürchten die Erkenntnis, dass sie ihren eigenen, oft überhöhten Idealen an Leistungsfähigkeit und Qualität nicht entsprechen. Diskrepanzen zwischen Soll und Ist werden mit Selbstabwertung erlebt.

»Hartes« Aufschieben ist eine Störung, deren Fähigkeit, Leiden zu erzeugen, häufig unterschätzt wird. Tatsächlich ist chronisches Aufschieben einer der nachhaltigsten Wege, das eigene Selbstwertgefühl zu ruinieren: Wenn Sie das, was Sie sich stets aufs Neue vornehmen, nie durchziehen, haben Sie keine Erfolge, untergraben Ihre Glaubwürdigkeit und stehen irgendwann vor sich selbst als unzuverlässig und nicht vertrauenswürdig da.

Ich habe seit der Veröffentlichung meines Buches über das Aufschieben viel Post bekommen und bei Vorträgen viele Menschen getroffen, die in berührender und bedrückender Weise zugleich beschreiben, wie sie dem Teufelskreis des Aufschiebens zu entrinnen versuchen. Manche von ihnen leben seit Jahren in einem andauernden Kampf gegen das, was sie als ihre Schwäche, schlechte Angewohnheit oder auch als schlimmsten Feind ansehen. Viele von ihnen planen und nehmen sich Dinge vor, treffen Verabredungen mit sich selbst und geben sich ein Versprechen, viele fassen Beschlüsse und versuchen, sich und ihre Vorhaben besser zu organisieren. Typischerweise erleben sie eine kurze Phase, in der scheinbar alles besser läuft, und dann einen Rückfall ins Aufschieben, der alle Anstrengungen zunichte macht, oft für längere Zeit. Darin zeigt sich, wie tief verwurzelt die Störung ist. Sie bleibt auf die Dauer auch nicht ohne negative Folgen für die sozialen Bezüge der Betroffenen. Denn wenn Sie aus unterschwelliger Feindseligkeit, Aufsässigkeit oder Gleichgültigkeit chronisch zu spät kommen, geborgte Gegenstände verschusseln und Versprochenes nicht einlösen, wird Ihre Umwelt irgendwann mit Druck und Ärger reagieren. Wenn Sie dann versprechen, sich künftig anders zu verhalten, tatsächlich aber weitermachen wie bisher, eskalieren die Spannungen bald zu handfesten Auseinandersetzungen, bevor man Ihren Namen ganz oben auf die *Shit-List* setzt und Sie vergisst. Aufschieben kann den Job, Freundschaften und die Beziehung zum Partner kosten und die Lebensqualität dauerhaft negativ beeinträchtigen. Manche Menschen sterben sogar, weil sie längst überfällige Änderungen ihres Lebensstils ebenso hinausgeschoben haben wie dringend erforderliche ärztliche oder psychotherapeutische Behandlungen.

Aber auch ohne solch massive Folgen ist es für viele qualvoll zu erleben, wie sie ihre Zeit vertrödeln. Verlorene Zeit ist wie eine Laufmasche, sie wird immer schlimmer, und so nimmt auch die Beunruhigung über die vergehende Zeit zu, die so gut genutzt werden könnte, aber verschwendet wird. Gleichzeitig kann die Einsicht in die Begrenztheit der eigenen Lebenszeit helfen, das Aufschieben zu überwinden, wie Marcel Proust es uns in seinem monumentalen Werk *Auf der Suche nach der verlorenen Zeit* vorgeführt hat.

Das Vermeiden von negativen Gefühlen kann zu noch negativeren führen. Die Zeit vertrödelt zu haben kann einem sogar die verbliebene Zeit verderben. Und sich im wahrsten Sinne des Wortes zu verzetteln, führt zu endloser Suche nach den Utensilien, die man gerade bräuchte, um sein Leben zu ändern.

In meinem Buch *Schluss mit dem ewigen Aufschieben* finden Sie alles über die Hintergründe und die Ursachen des Aufschiebens sowie ein leicht anwendbares Selbsthilfeprogramm zu seiner Überwindung. Hier geht es in den folgenden Abschnitten um drei wesentliche Komponenten der Hinauszögerungsstrategie, über die Mark Twain so trefflich spottete: »Verschiebe nicht auf Morgen, was genauso gut auf Übermorgen verschoben werden kann!«; um das Nicht-an-die-Aufgaben-denken, um das Erledigen ganz anderer als der geplanten Dinge und darum, nicht für sich selbst, sondern für andere Menschen aktiv zu werden.

Nicht an die Aufgaben denken

Carlo ist wieder einmal »nicht dazugekommen«, seine Listen mit potenziellen Kunden abzutelefonieren. Als ich ihn frage, was passieren wird, wenn er damit auch weiterhin nicht vorankommt, seufzt er tief auf: »Ich darf gar nicht daran denken!«. Offenbar schwant ihm nichts Gutes, sodass er sich die Folgen seines Trödelns lieber nicht so genau ausmalen mag. Daraus wird schnell ein mentales Tabu: »Bloß nicht dran denken!« Als ob die schlimmen Folgen nicht eintreten, wenn man nicht dran denkt. Oder umgekehrt: als ob sie erst durch das Denken zu einer bedrohlichen Realität werden.

Die meisten Menschen, die Dinge ernsthaft aufschieben, sind für lange Zeit unverwüstliche, naive Optimisten, die gegen alle bisherige Erfahrung die illusionäre Zuversicht mobilisieren, dass »es schon doch noch irgendwie klappen wird«. Vielleicht, so meinen manche, kommt es zu Verzögerungen, weil sie immer wieder vergessen, was sie eigentlich tun wollten.

Auch Peter gehört zu ihnen, der sich schon so lange mit Katrin, seiner Freundin, herumschlägt. Beide sind grundverschieden, er ist eher ein aktiver Typ, der gerne Fahrrad fährt und abends ein bisschen um die Häuser ziehen will. Sie hingegen liegt am liebsten behaglich in eine Decke gemummelt zu Hause auf dem Sofa und liest. Peter langweilt sich, zumal sie regelmäßig bei ihrer Lektüre einschläft. Für Peter gehört zu einem gemütlichen Abend daheim auch ein wenig Sex, für Katrin Kräutertee. Die Liste ihrer Verschiedenheiten ließe sich lange fortsetzen. Peter leidet unter der öde gewordenen Beziehung, in der es kaum noch Gemeinsamkeiten gibt. Zu allem Überfluss kann er sich mit Katrin nicht einmal über die Schwierigkeiten verständigen, da sie Problemgespräche hasst. Bleibt Peter ausnahmsweise doch einmal hartnäckig, dann setzt Katrin zu einem »Tiefschlag« an, wie Peter es empfindet: Sie hält ihm vor, ein Bummelstudent zu sein, der mit seinem Lehramtsstudium auch nach 14 Semestern einfach nicht zu Potte kommt, während sie bereits einen gutbezahlten Job in der Apotheke hat.

»Und weil ich dort den ganzen Tag stehe, bin ich abends eben müde«, meint sie. Peter hat da schlechte Karten und kann kaum etwas erwidern. Er fühlt sich schachmatt gesetzt, aber auf eine irgendwie unfaire Weise.

Peter hatte Katrin neulich versprochen, sich nun endlich eine Arbeitsgruppe zu suchen und sich auf das Examen vorzubereiten. Leider hat er das dann doch nicht gemacht, denn er hatte seine Zusage völlig vergessen. Er war zwar ein paar Mal in der Bibliothek gewesen und hatte auch vor dem schwarzen Brett mit den Aushängen gestanden, aber es war ihm einfach nicht eingefallen, nach einer AG Ausschau zu halten. Diese Art Gedächtnisstörung überkommt ihn ziemlich häufig, allerdings nur dann, wenn es um unangenehme Dinge geht. Die lästigen Pflichten, vor allem die schon seit längerem aufgeschobenen, verschwinden wie durch Zauberei immer wieder aus seinem Gedächtnis. An die schiefe Sex-Bilanz denkt er hingegen ständig, dafür braucht er keine Erinnerung.

Nicht an die Aufgaben zu denken ist Teil einer Vogel-Strauß-Politik. Peter betreibt sie selektiv hinsichtlich seines Studiums. Alles, was sich auf die Uni bezieht, haftet besonders schlecht in seinem Gedächtnis. Er vergisst, wann das Semester anfängt, ihm entfällt, sich rechtzeitig ein Vorlesungsverzeichnis zu besorgen, und wenn es so weit ist, kommt er einfach nicht auf den Gedanken, nach einer Gruppe von Examenskandidaten zu suchen. Wenn man genau hinsieht, dann sorgt Peter allerdings aktiv dafür, sein Studium aus dem Blick zu verlieren. Denn sonst würde er ja – aus Erfahrung gewitzt – rechtzeitig handeln, sich vielleicht ein großes Poster malen und an die Wand hängen, auf dem die Uni-Termine stehen. Zur Not könnte er Katrin einspannen, damit sie ihn an das erinnert, was er zu tun hat. Da die Angelegenheit für Peter aber unangenehm ist, möchte er ganz bewusst gar nicht daran denken und eben auch nicht erinnert werden.

Nun sind viele Menschen mit einem Aufschiebeproblem der Ansicht, dass sie ein schlechtes Gedächtnis haben. Manche arbeiten deswegen mit Notizbüchern oder Organizern, andere schreiben alles auf Zettel. Nicht immer ist das wirklich eine Hilfe, denn hartgesottene Profis in der Aufschiebebranche schaffen es, ihre Handschrift nicht mehr zu entziffern, sie verlegen ihre Kalender oder sie verzetteln sich im wahrsten Sinne des Wortes in der Fülle von Notizen, die ihnen aus den Taschen quellen.

In all diesen Fällen ist die betreffende Person nicht dazugekommen, wirklich geeignete Prozeduren der *Handlungsvorbereitung* zu entwickeln. Nicht-an-die-Aufgaben-Denken kann als Prozess auf mehreren Ebenen beschrieben werden. Kernmerkmale sind eine mangelnde Aufmerksamkeit, eine zu geringe Konzentration auf eine angemessene Vorbereitung und eine sorgfältige Kontrolle bei der Durchführung von Vorhaben. Konzentration und Aufmerksamkeit sind das »Sesam öffne dich« zum Zauberberg des Erfolgs. Mit diesen Schlüsseln kann man eben auch den Zugang zum Gedächtnis beeinflussen. Verlegen Sie sie, vergessen Sie sie, und Sie stehen vor Ihren Aufgaben wie vor der Haustür, wenn Sie Ihren Schlüssel nicht dabeihaben.

Es handelt sich im Kern beim »Vergessen« von Vorhaben häufig nicht wirklich um Gedächtnisstörungen, sondern um mangelnde Achtsamkeit, um eine ungenügende Kontrolle der Aufmerksamkeit, um ein Abkippen in eine Art Bewusstlosigkeit für das, worum es gerade geht.

Es gibt Menschen, die wichtige Vorhaben verdrängen. Verdrängung ist ein unbewusster Vorgang, bei dem ein innerer Regisseur dafür sorgt, dass bestimmte Vorstellungen vom Bewusstsein ferngehalten werden. Meistens passiert das, wenn Sachen so konflikthaft sind, dass schon eine bewusste Abwägung eine zu große Belastung darstellen würde. Bei der Verdrängung steht Ihr Ich dann tatsächlich völlig überrascht da, wenn es an das erinnert wird, worum es sich hätte kümmern sollen.

Carlo hat einmal einem Kunden ein Haus verkauft, bei dem die Isolierung gegen das Grundwasser schadhaft war. Der Verkäufer hatte ihn auf diesen Mangel hingewiesen. Carlo geriet in eine Zwangslage: Auf der einen Seite brauchte er dringend Geld, er hatte mehrere Interessenten, die genau so ein Haus suchten, aber nicht kaufen würden, wenn sie von diesem Defekt erführen. Auf der anderen Seite wollte Carlo den Schaden nicht absichtlich verschweigen, denn es war ihm wichtig, ein seriöser Makler zu sein. Wie er die Sache auch drehte und wendete, er fand keine Lösung. Er machte sich eine Notiz auf einem Zettel.

Ein paar Monate später hatte Carlo das Haus verkauft. Wieder ein paar

Wochen danach fand er einen Zettel auf seinem Schreibtisch, auf dem stand: »Ehrlich mit dem Wasser umgehen.« Carlo zermarterte sich das Gehirn: Was war damit bloß gemeint? Erst ganz allmählich kam die Erinnerung zurück, und voller Staunen stellte er fest, dass ihm in den Verkaufsverhandlungen kein einziges Mal das Wasserproblem eingefallen war.

Der Übersprung

Bestimmt haben Sie früher in der Schule, als es im Biologieunterricht um die Verhaltenslehre ging, von der Übersprungsreaktion gehört: Zwei Hähne beispielsweise, beide aggressiv motiviert und gleichzeitig in Furcht vor dem jeweils anderen, zeigen plötzlich weder Kampf- noch Fluchtverhalten, sondern etwas Drittes, fangen also beispielsweise an, nach Futter zu picken. Sie sind, zwischen zwei Instinktprogrammen eingeklemmt, gewissermaßen in ein drittes hineingesprungen.

Derselbe Mechanismus kann sich bei Ihnen so auswirken: Ein Teil in Ihnen will sich mit einer schwierigen Aufgabe kämpferisch abplagen, ein anderer ins Café abhauen – und tatsächlich finden Sie sich in der Küche wieder, wo Sie den Abwasch erledigen, also etwas Drittes machen. Oder Sie springen in eine ganz andere Stimmung über. Es kann Sie zum Beispiel das Bedürfnis überfallen, jetzt in diesem Moment eine lange nicht gehörte CD aufzulegen, und Sie können diesen Impuls als absolut zwingend empfinden. Der Übersprung in etwas ganz anderes ist oft gekennzeichnet durch den unabweisbaren Enthusiasmus, mit dem man aus dem Felde geht.

Carlo, der Immobilienmensch, sitzt in einer echten Zwickmühle, sobald er anfangen will. Auf der einen Seite soll es endlich losgehen, nachdem er alle Vorarbeiten erledigt und sich die halbe Woche lang motiviert hat, seine Akquiseanrufe abzuarbeiten. Auf der anderen Seite fühlt er sich angesichts seiner Liste mit den vielen Telefonnummern potenzieller Geschäftspartner schuldig wegen der vielen bereits vertrödelten Zeit. Die beiden Tendenzen, einerseits aktiv zu werden und zum Telefonhörer zu greifen und sich andererseits in den Schauder darüber abgleiten zu lassen, wie viel er schon verpasst hat, streiten in ihm, er kann direkt zuhören. Und ganz plötzlich, wie durch Zauberhand, ertappt er sich auf dem Weg zur Garderobe, er zieht seinen Mantel an, steigt ins Auto und fährt davon. Denn gerade jetzt, das ist ihm überwältigend bewusst geworden, muss er ein Geburtstagsgeschenk für Molly, seine Freundin, kaufen. Mollys Ehrentag ist zwar erst in drei Wochen, aber heute ist der richtige Zeitpunkt, um das perfekte Geschenk zu besorgen, das fühlt Carlo ganz deutlich.

Klingt bekannt, sagen Sie? Natürlich, wir alle entfliehen unseren emotionalen Klemmen manchmal. Die einfachsten Fälle sind direktes Vermeiden und bewusstes Ausweichen. Wir bleiben einfach im Bett, statt aufzustehen und unser Tagwerk zu beginnen, wir gehen schlafen, statt zu arbeiten, wir klicken uns durchs Internet, anstatt unsere Excel-Tabellen auszufüllen. Manches Ausweichen hat Fluchtcharakter. Die Flucht ist durch das schlechte Gewissen gekennzeichnet. Die überzeugten Jünger des »Mañana« spannen hingegen seelenruhig die Hängematte auf und schreiben den heutigen Tag ab.

Der Übersprung ist etwas anderes, als sich in den Fluchtimpuls zu retten oder ein Vorhaben bewusst für die nächste Zeit aufzugeben.

Der Übersprung hat einen klaren Kompromisscharakter, der ihn vor allem für den Außenstehenden als nicht so schlimm erscheinen lässt. »Gut, du hast deine Steuererklärung nicht fertig gemacht«, trösten wir unseren Freund im Garten seines Hauses, »dafür hast du deinen Rasen toll in Schuss!« Unser Freund bleibt jedoch zerknirscht. Er muss zwar zugeben, dass er nicht auf der Bärenhaut gelegen hat, aber er lässt das Erreichte nicht gelten. Er weiß, dass seine unbezwingbare Lust am Rasenmähen zwei Herren gleichzeitig dient und damit keinem richtig: Er vermeidet die Steuererklärung, folgt also einem Aufschiebewunsch, aber er beugt sich auch dem Gewissen, das schlichtes Faulenzen keinesfalls verzeihen würde. Rasenmähen ist Urlaub und Buße zugleich. Er leistet etwas, ohne seinen Erfolg genießen zu können. Hätte er sich gedrückt, dann hätte er jetzt richtige Gewissensbisse. So aber kann er sich nur nicht freuen, und das ist leichter zu ertragen. Der Übersprung kommt uns zur Hilfe, indem er uns Aktionen machen lässt, mit denen wir unsere unerbittliche Selbstkritik ein wenig bestechen können. »Ist es etwa verkehrt, ein Geschenk für Molly zu kaufen?«, fragt Carlo, als er mich bei seinem

Bericht die Stirn runzeln sieht. Nein, es ist eine liebevolle, sozial hoch zu achtende Aktion. Dass der Zeitpunkt schlecht gewählt ist, kann da doch keine so große Rolle spielen.

In nahezu allen Aufschiebeprozessen spielen Übersprungsreaktionen eine erhebliche Rolle. Jeder ernsthafte Aufschieber hat sein persönliches Repertoire von Dingen, die sich machen lassen, während man eigentlich andere Dinge erledigen wollte. Immer aber ist es so, dass dabei Unwichtiges, weniger Anstrengendes und Belastendes zuerst erledigt wird.

Jeder halbwegs ernst zu nehmende Ratgeber über besseres Zeitmanagement empfiehlt, anstehende Aufgaben nach ihrer Wichtigkeit und Dringlichkeit zu sortieren. Daraus folgt eine Aufstellung wie die folgende:

	wichtig	unwichtig
dringend		
nicht dringend		

Eine solche Tabelle macht einen nahezu wissenschaftlichen Eindruck. Sobald Sie Ihre Vorhaben in dieser Weise eingeordnet haben, steigt der Handlungsdruck, denn es ist ja klar, dass Sie nun bald mit den als dringend und wichtig eingeschätzten Projekten anfangen sollten. Die Zuordnung ist nicht mühselig, wohl aber die Erledigung der als prioritär eingestuften Dinge. Etliche ereilt gerade dann der Übersprung in eine dritte Dimension, wenn sie sich mit Aktivitäten beschäftigen, die nicht ganz unwichtig, aber auch nicht wirklich wichtig und schon gar nicht so ganz dringlich sind, die sich aber aufdrängen und nicht wieder abschütteln lassen.

Altruistische Abtretung

Durch aufopferungsvolle Tätigkeiten für andere können Sie sich wirkungsvoll vom eigenen Leben, Ihren Zielen und der Frage, wie Sie diese erreichen wollen, ablenken. Für andere zu sorgen gilt zu Recht als eine

Tugend, aber sich selbst dabei zu vernachlässigen macht ein solches Handeln zu einem selbstschädigenden Tun.

Wenn Sie sich zu sehr mit den Problemen der anderen beschäftigen und Ihr eigenes Leben darüber vernachlässigen, dann werden Sie irgendwann auf einer Fülle von Plänen, Hoffnungen und Wünschen sitzen und bereuen, sich nicht mehr um Ihre eigenen Angelegenheiten gekümmert zu haben. Manchmal muss es allerdings schon ganz schön hart kommen, bevor jemand die Kümmerer-Rolle aufgeben kann.

Bert, 46, hat seit einigen Jahren geschäftliche Probleme mit seiner Fahrschule und daher mehr Schulden als Haare auf dem Kopf. Auch privat läuft nicht alles so, wie es sollte. Er hat zwar immer mal wieder eine neue Freundin, aber leider auch Erektionsprobleme. Vor ein paar Jahren meinte seine damalige Freundin Helga, er sollte sich Hilfe beim Arzt holen. Das hörte Bert nicht gerne. Helga war so unangenehm selbstbewusst, dass Bert sie schleunigst verließ.

Gott sei Dank lernte er bald andere Frauen kennen, so Maria, die aus Venezuela stammte und Probleme mit der Ausländerbehörde hatte. Bert arbeitete sich in die Materie ein und führte für sie die Korrespondenz mit dem Amt. Maria brauchte einen Job, Bert besorgte ihr einen. Natürlich kostete das Zeit, in der Bert keine Fahrstunden geben konnte. Aber Marias strahlende Augen entschädigten ihn. Ihr nächster Kummer bestand darin, dass ihre Wohnung zu klein und zu teuer war. Bert wusste Abhilfe: Er beschaffte ihr eine größere und billigere Bleibe. In die Suche danach investierte er wiederum viel Zeit und diesmal auch Geld.

Zu mehreren Terminen, zu denen ihn seine Hausbank eingeladen hatte, um über seine Schwierigkeiten bei der Tilgung von Krediten zu sprechen, ging er nicht hin, weil er gerade an jenen Tagen Maria zu Wohnungsbesichtigungen fahren musste. Später stellte sich Maria als undankbar heraus und verließ Bert.

Bert vernachlässigt im selben Maße seine eigenen Angelegenheiten, in dem er sich um die Probleme der Frauen kümmert. Als ich ihn kennen lernte, war er in deutlich schlechter Verfassung: Die Bank saß ihm im Nacken, sein Büro war gekündigt, und er kam nicht zum Geldverdienen, weil seine gegenwärtige Freundin, Marja, ihn vollständig okkupierte, sodass es selbst Bert zu viel geworden war. Vor einigen Monaten war sie bei ihm eingezogen, völlig fertig, weil sie sich von ihrem Exmann, einem brutalen, verständnislosen Kerl, der immer nur Sex im Kopf hatte, wie sie sagte,

Monate nach der Scheidung immer noch verfolgt und belästigt fühlte. Bert tröstete, Bert hatte Verständnis für Marjas schweres Schicksal, Bert wollte sie retten. Dass Marja nervlich zu sehr am Ende war, um zu arbeiten, war doch klar, also zahlte Bert alles, auch Marjas Einkäufe, wenn sie neue Kleidung brauchte. Und dass sie wenig Lust hatte, mit ihm zu schlafen, machte ihm nicht wirklich etwas aus. Heimlich war er froh, dass er sexuell nicht gefordert wurde. Als er jedoch eines Tages früher nach Hause kam und in seiner Wohnung Marja mit ihrem Exmann im Bett antraf, beschlich selbst ihn der Verdacht, dass er nur ausgenutzt worden war.

Der Schock, den Marja Bert versetzt hatte, war heilsam, denn Bert ließ ihm eine Therapie folgen. Ihm wurde allmählich klar, dass er nicht so edel und hilfreich war, wie er sich bisher gesehen hatte. Er begann auch zu begreifen, dass die Frauen mit ihren Nöten nicht Schuld daran waren, dass er nicht vorankam. Schließlich suchte er sie sich ja aus, und nach Helga offenbar nach der Devise: je problematischer, desto besser. Sich um die Schwierigkeiten der Frauen zu kümmern stellte sich als wirkungsvoller Schutz davor heraus, seine eigenen Probleme zu erleben. Da er sich um die nicht kümmerte, verschlimmerten sie sich natürlich. Freud hat die altruistische Abtretung als einen Abwehrmechanismus gegen die eigene Bedürftigkeit und andere, unannehmbare Impulse gesehen.

Besonders eindrucksvoll ist diese Strategie in jenen Beziehungen zu erkennen, bei denen jemand – meistens eine Frau – einen anderen – meistens einen Mann – von einer Sucht, beispielsweise Alkoholismus, befreien will. Während die Umwelt oft Hochachtung vor den heroischen, aber leider erfolglos bleibenden Versuchen der Retterin verspürt, spricht die Wissenschaft von ihr als »Co-Alkoholikerin«. Natürlich gibt es solche Geschichten auch ohne Alkohol. Ihr Strickmuster ist immer ähnlich: Ich suche mir einen Partner, um den ich mich kümmern muss, der meiner in besonderer Weise bedarf. Allein ist *er* nicht lebensfähig; aber dass *ich* es auch nicht bin, wird erst später klar durch die Trennungsschwierigkeiten. Corinna war in einer ähnlichen Situation, als ich sie traf.

Corinna leitet als Optikermeisterin die Filiale einer großen Firma und verdient dabei ganz gut. Sie lebt mit Ulli zusammen, der sich nach einer

gescheiterten Ausbildung als Einzelhandelskaufmann mit Kleinkunstauf-
tritten durchschlägt, als Roadie bei einer Band tätig ist und gelegentlich als
DJ auflegt. Ihre Beziehung steckt fest. Ulli fühlt sich von Corinnas Realitäts-
tüchtigkeit und ihren Karriereplänen abgestoßen. Er beschäftigt sich mit
esoterischen Praktiken und hält ihr gerne abends darüber Vorträge. Sie leidet darunter, von ihm keinerlei Anteilnahme und Unterstützung für ihre
Arbeit zu bekommen, kennt das jedoch nicht anders, denn Ulli war immer
schon sehr mit sich beschäftigt, nachdem er wegen seines langjährigen
Drogenmissbrauchs in der Psychiatrie gewesen war. Er leidet unter Depressionen, hat gelegentlich Angstzustände und muss regelmäßig Medikamente nehmen. Für beide steht seit langem fest: Corinna ist die Robuste,
die mit beiden Beinen im Leben steht. Ulli hingegen hat es schwer und
sucht nach spiritueller Erlösung, was beiden als irgendwie edler, weil
durchgeistigter erscheint. Corinna findet sich selbst »schlicht«, hat keine
Wünsche nach Transzendenz, würde aber gerne einmal mit Ulli nach Finn-
land oder Schweden reisen und träumt von ein bisschen mehr Wohlstand.
Ulli sieht verächtlich auf solche Bedürfnisse herab, die seiner Ansicht nach
nur zeigen, wie hoffnungslos Corinna im Materiellen verhaftet ist.

Jahrelang hatte sich Corinna mit Ullis Augen gesehen und sich neben
ihrem Guru irgendwie banal gefunden. Als er jedoch vor drei Monaten
seine Tabletten nicht mehr nahm und apathisch im Bett blieb, kippte ihre
Sichtweise allmählich um. Wie konnte sie sich von jemandem, der so am
Ende war, vorwerfen lassen, dass sie das Geld verdienen ging, von dem
auch er lebte? Ihre Co-Abhängigkeit wurde ihr mehr und mehr bewusst, als
sie erkannte, dass sie bestimmte eigene, »spinnerte« Seiten viel zu lange
vernachlässigt hatte. So hatte sie früher einmal mit einer Karriere als Tänze-
rin geliebäugelt. Außerdem hatte sie Schauspielunterricht genommen und
sogar eine Nebenrolle in einem Theaterstück gehabt. Aber seit Jahren hatte
sie keinen Fuß mehr auf eine Bühne gesetzt. Alles Flippige, Schräge, Künst-
lerische hatte sie an Ulli delegiert und alles Biedere, Bürgerliche und Recht-
schaffene bei sich überentwickelt. Sie sah ihn als einen außergewöhnlichen
Menschen, dem eine normale Arbeit nicht zuzumuten ist. Obwohl sie seinen Plan, als Produzent einer völlig neuen Musikrichtung Aufsehen zu erregen, für zum Scheitern verurteilt hielt, gab sie ihm Geld dafür.

Für die altruistische Abtretung finden Sie immer gute Gründe. Sie haben
eigentlich etwas anderes vor, begleiten dann aber Ihre Mutter in ein Konzert, für das sie zufällig eine Karte übrig hat. Sie müssen auf einen Termin

hin lernen, helfen jedoch einem Freund beim Umzug, der natürlich nicht verschiebbar ist, anders als Ihr Lernen. Sie haben einen schönen Arbeitsrhythmus in einer abgelegenen Gegend gefunden, in die Sie sich zurückgezogen haben, um endlich ungestört Musik zu komponieren. Kaum sind Sie wieder zu Hause, schon klingelt das Telefon, eine Fülle von Menschen erwartet etwas von Ihnen und bietet damit Möglichkeiten, sich vom Handlungsdruck der eigenen Vorhaben zu distanzieren.

4

Im Alltagstrott: Sich leben lassen

»Ein Zustand, der alle Tage neuen Verdruss zuzieht,
ist nicht der rechte!«
Goethe

Der folgende Fragebogen hilft Ihnen herauszufinden, wie sehr Ihre Lebensführung durch schwach ausgeprägte Ziele, Sorglosigkeit und Action bestimmt wird. Kreuzen Sie – ohne lange nachzudenken – an, wie sehr die einzelnen Aussagen auf Sie zutreffen, und addieren Sie schließlich die Punkte. Die Auswertung gibt Ihnen einen Anhaltspunkt dafür, wie sehr Sie von diesem Problemkomplex betroffen sind.

Fragebogen: Leben im Alltagstrott

Frage	Stimmt genau (2 Punkte)	Stimmt teilweise (1 Punkt)	Stimmt gar nicht (0 Punkte)
1. Ich lebe weitgehend so in den Tag hinein.	2	1	0
2. Meine Devise ist: Hauptsache, es läuft was!	2	1	0
3. Ich mache mir wenig Gedanken über meine Zukunft.	2	1	0
4. Ich habe keine wirklichen Ziele im Leben.	2	1	0
5. Wenn ich nichts losmachen kann, langweile ich mich schnell.	2	1	0

6. Korrektheit und Sorgfalt sind mir nicht wichtig.	2	1	0
7. Ich nehme die Ereignisse hin, wie sie kommen.	2	1	0
8. Ich bin Macher, bei mir muss es dynamisch zugehen.	2	1	0
9. Es interessiert mich nicht, Sachen besonders gut zu machen.	2	1	0
10. Ich habe keine Ahnung, wie ich in fünf Jahren leben werde.	2	1	0
11. Mein Hauptziel im Leben ist: alles mal ausprobieren.	2	1	0
12. Genaues und aufmerksames Arbeiten liegt mir nicht.	2	1	0

Auswertung:

0 – 5 Punkte: Wie es aussieht, haben Sie Ihre Ziele und damit auch Ihre Zukunft im Griff. Sorgfalt und Achtsamkeit sind für Sie wichtige Werte. Sie sind nicht an jeder Menge Action interessiert, sondern planen ernsthaft, wie Sie in fünf Jahren leben wollen.

6 – 11 Punkte: Sie gehören zu den Zeitgenossen, die einerseits das Leben eher mit Sorgfalt, Konzentration und Planung angehen. Andererseits finden Sie ein wenig Betriebsamkeit ganz gut und wünschen sich vielleicht, manche Dinge etwas lockerer nehmen zu können. Nur zu, Sie werden nicht gleich im Schlendrian versinken.

11 – 17 Punkte: Sie sind in den Augen anderer vielleicht ein Lebenskünstler, aber wie sieht es für Sie selbst aus? Stimmt die Mischung zwischen Die-Dinge-auf-sich-zukommen-Lassen und Planung? Oder wünschen Sie sich manchmal, die Sachen etwas sorgfältiger und weniger spontan anzugehen? Sie stehen auf der Kippe zwischen einem entspannten und einem zu sorglosen Leben, bei dem Sie

sich um bestimmte Herausforderungen drücken. Probieren Sie ein paar der Empfehlungen aus dem zweiten Teil dieses Buches aus, und erweitern Sie Ihre Strategien, das Leben zu meistern.

18 – 24 Punkte: Leider haben Sie es schwer, Ihre Zukunft zu entwerfen und Ziele zu verfolgen. Vielleicht trauen Sie sich nicht, sich mehr zu wünschen und zielgerichteter auf etwas hinzuarbeiten. Macht es Sie wirklich froh, keine Attraktion auszulassen und immer Trubel zu suchen? Sie sollten die Empfehlungen im zweiten Teil des Buches in Erwägung ziehen, aber Sie profitieren auch davon, Ihre Einstellungen zum Leben zu überprüfen, wozu Sie im dritten Teil viele Anregungen finden.

»Man muss aufpassen, sein Leben nicht zu verschlampen. Wenn man nicht aufpasst, dann sitzt man allmählich in einem Alltagstrott fest«, stellt Birgits Freundin Sabine fest, als die beiden nach langer Zeit endlich einmal wieder eine Lady's Night veranstalten. Früher, als sie beide noch studierten, hatten sie sich mindestens einmal im Monat in einem Restaurant getroffen, sich etwas Leckeres gegönnt und bis spät in die Nacht hinein in jener kleinen Bar mit den ausgeflippten Gästen aus der Kunst- und Kulturszene über Männer, ihre Zukunft, über Wünsche und Hoffnungen gesprochen. Dabei war eines immer ganz klar: Sie würden sich nie von jenem öden Trott vereinnahmen lassen, den sie so oft bei ihren Eltern kritisiert hatten und den sie auch bei ihren spießigen Bekannten ablehnten.

Als sie mit dem Studium fertig waren und in den Beruf gingen, verloren sie sich ein wenig aus den Augen. Sabine ist Lehrerin geworden, Birgit Anwältin. Birgit ist Single und hat immer wieder einmal einen neuen Freund, meistens aufregende Typen mit ungewöhnlichen Berufen. Ihr derzeitiger Freund ist Testfahrer eines Autoherstellers. Beide sehen sich selten, denn die Testfahrten finden häufig im Ausland statt, und Birgit reist beruflich auch viel. Sabine unterrichtet Deutsch und Französisch an einer Gesamtschule. Sie hat eine dreijährige Tochter und lebt mit Kaspar, ihrem Mann, zusammen; er ist Chefverkäufer eines Autohauses.

Sowohl bei Sabine als auch bei Birgit ist Ernüchterung eingekehrt. Zwar sieht Birgits beruflicher Alltag nach einigen Startschwierigkeiten inzwischen ziemlich glamourös aus, mit vielen Reisen und Verhandlungen an schicken Orten. Aber auch daran kann man sich gewöhnen, stellt sie fest. Manchmal, wenn sie morgens zum Flieger eilt und all die anderen ähnlich gekleideten Männer und Frauen aus der Business-Welt sieht, mit ihren

Aktenkoffern, Handys und Laptops, dann fühlt sie sich alles andere als die Powerfrau mit dem aufregenden Leben. »Wir sind nur besser gekleidete Arbeitsbienen«, sagt sie nach einem tiefen Schluck aus ihrem Cocktailglas zu Sabine. »Da geht es bei euch an der Schule individueller zu!« Sabine protestiert: Wie kann Birgit den eintönigen Trott an der Schule nur mit ihrem Alltag vergleichen! »Du kommst wenigstens raus«, hält sie ihrer Freundin entgegen, »du triffst nicht immer dieselben Leute, du musst dich nicht nach einem Rahmenplan richten.« »Und die ewigen Gesetzestexte, die endlosen Schriftsätze, die immer gleichen Floskeln? Du siehst nur die Oberfläche, aber wenn du wüsstest, wie viel Routine bei meinem Job dabei ist!«, wehrt Birgit ab.

Und Sie? Beneiden Sie auch andere um deren vermutlich viel spannenderes Leben? Als Außenstehende nehmen wir immer bevorzugt andere Aspekte wahr als die Handelnden. Das geht den anderen mit uns übrigens genauso, weswegen wir oft wechselseitig glauben, dass die jeweils anderen das bessere Los gezogen haben.

Wie kommt es eigentlich zum Trott? Zunächst scheint die Tatsache, dass wir so schnell Gewohnheiten ausbilden, einen Evolutionsvorteil darzustellen. Das Bewährte in der immer gleichen Weise zu tun, bis es automatisch abläuft, erspart es uns, jedes Mal wieder Entscheidungen treffen zu müssen. Die gewohnten Wege zu gehen, schafft Sicherheit und hat große ökonomische Vorteile, weil wir uns nicht auf Neues einstellen müssen. So entstehen Rhythmen, in denen wir Tag für Tag und Jahr für Jahr die gleichen Bewegungen machen.

Solange wir durch die richtige Mischung von Gewohnheiten und Neuigkeit in den verschiedenen Bereichen unseres Lebens genügend Dynamik erleben, empfinden wir keinen Trott. Erst dann, wenn die Gewohnheiten überwiegen und nicht genug neuer Input da ist, geraten wir in das unangenehme Gefühl, in der Routine festzusitzen und von den Sachzwängen des Alltags gelebt zu werden.

Über Sachzwänge müssen wir nicht lange reden: Sie sind unzweifelhaft vorhanden. Egal, ob Sie zur Schule gehen, in die Uni, zu einer Arbeit oder arbeitslos sind, egal, ob Sie im Haus arbeiten oder außerhalb, überall begegnen Ihnen Notwendigkeiten, die sich aus den Sachen selbst ergeben. Man muss pünktlich sein, Formulare ausfüllen, Vorschriften beachten, Wartezeiten in Kauf nehmen, Hausaufgaben erledigen, Ordnung halten und so weiter. Sachzwängen nachzukommen gibt Halt, ist aber ermüdend. Viele leiden unter ihnen und behaupten, wenn sie nur mehr Freiräume hätten, dann, ja dann würden sie segeln lernen, öfter in die Oper gehen oder einen Film drehen. Die Frage ist allerdings, ob sie die ersehnten Dinge wirklich machen würden, wenn die Sachzwänge aufgehoben wären.

Wer sich durch die Routinen des Alltags leben lässt, ist durch Abläufe fremdbestimmt, die andere eingerichtet haben. Sicher sind einige davon unvermeidlich, wie die Vorgaben der Arbeitszeit, die Unterrichtszeiten in Schule und Hochschule oder die Abfahrtszeiten der öffentlichen Verkehrsmittel. Andere sind ausschließlich selbst eingerichtet: Es ist nicht zwingend, dass Sie stets um 12 Uhr mittags zu Tisch gehen, es ist nicht notwendig, dass Sie in der Kantine Ihrer Firma immer am selben Tisch sitzen, und nirgendwo steht geschrieben, dass Sie immer das Tagesgericht essen müssen, nur weil es die meisten so handhaben. Und es ist auch kein Gesetz des Universums, dass Sie sich immer die gleiche Art von Schuhen, Pullovern und Anzügen kaufen müssen.

Der Alltagstrott wird dann zur Belastung, wenn Sie das Gefühl haben, sich selbst in immer denselben Abläufen abhanden zu kommen. Dann empfinden Sie Routine als grau, eintönig und sich endlos wiederholend. Sie sehnen sich nach Aufregung, Überraschung, nach mehr Leidenschaft und Erfüllung. Am meisten bedrückt es, wenn Sie Ihren Trott in Lebensbereiche vordringen lassen, in denen Neuigkeit und Abwechslung das Salz in der Suppe sind.

Begünstigt wird der Trott durch schwach ausgeprägte eigene Wünsche und Ziele sowie durch eine sorglose Bequemlichkeitshaltung. Dabei sind es nicht immer nur die passiven Naturen, die gefährdet sind. Nein, auch viele durchaus aktive Mitmenschen können sich einen Trott angewöhnen, bei dem sie mehr als andere in Bewegung sind und dennoch nicht dort ankommen, wohin sie wollen.

Schwach ausgeprägte Ziele und Wünsche

»Bernhard ist ohne Ehrgeiz« stand bereits in den Zeugnissen der Grundschulzeit. Vor mir sitzt eben jener Bernhard, jetzt Anfang Dreißig, der seit nahezu 20 Semestern studiert. Eigentlich ist er in die Uni so hineingeraten, es war in der Familie immer klar, dass die Kinder studieren würden, also schrieb sich auch Bernhard ein. Er hatte seinen Zivildienst in einer Kindertagesstätte abgeleistet, wo es ihm ganz gut gefallen hatte. Warum sollte er also nicht Pädagogik studieren? Das Studium war »irgendwie auch ganz okay«. Manchmal machte er sich Sorgen wegen der Berufsperspektiven, aber dann fing das nächste Semester an, und da Bernhard mit seinen Scheinen immer hinterherhinkte, hatte er alle Hände voll damit zu tun, seine Leistungsnachweise nach und nach zusammenzubekommen. Als an seiner Universität die Pflichtberatung für Langzeitstudierende eingeführt wurde, war Bernhard erstaunt, dass er mit seinen 15 Semestern unter diese Regelung fiel. Das Gespräch mit dem Professor verlief aus seiner Sicht unergiebig: Er verstand die Fragen nach seiner weiteren Planung nicht und ärgerte sich, als der Hochschullehrer meinte, ihm fehle wohl der richtige Biss!

Schwach ausgeprägte Vorstellungen können sich auf mehrere Faktoren beziehen. Sie können unter anderem Folgendes im Unklaren lassen:

- Ihre gegenwärtige Lebenssituation (einschließlich Ihrer Persönlichkeit),
- die Situationen, die Sie anstreben (Ihre Ziele),
- die verfügbaren Ressourcen (das, was Sie einzusetzen bereit sind),
- Ihr familiäres beziehungsweise soziales Umfeld (einschließlich Ihrer Herkunft),
- die realistische Durchführbarkeit von Plänen (vor dem Hintergrund Ihrer Erfahrung mit ihnen),
- den Zeitfaktor.

Wer die Klärung solcher Dimensionen vernachlässigt, wird in seinem Leben häufig zum willigen Mitläufer anderer, die genauere Vorstellungen haben, und darüber hinaus zum Spielball des Zufalls.

Ingo hatte sich keine Gedanken darüber gemacht, wo er seine Ferien verbringen wollte. Vage dachte er an Last-Minute-Reisen, verbrachte dann aber einen schrecklichen Urlaub an der Cote d' Azur, zu dem ihn ein ehemaliger Schulfreund inspiriert hatte, der in den höchsten Tönen von den dortigen Drei-Sterne-Restaurants schwärmte. Ingo, der sich gerne als Gourmet sah, fuhr hin und litt, denn sein Französisch war nicht so gut, dass er den Erläuterungen der Kellner folgen konnte. Die, ohnehin mit dem Sendungsbewusstsein derjenigen ausgestattet, die einer höheren Sache dienen, behandelten Ingo herablassend. Die monströsen Rechnungen gaben ihm dann den Rest. »Lehrgeld«, versuchte er seine Enttäuschung mit einem bitteren Lächeln abzutun.

Zufällige Ratschläge und begeisterte Empfehlungen geben vor allem jenen einen Anstoß, die vor den Mühen einer eigenen Entscheidungsfindung zurückschrecken oder durch die Flut an Informationen völlig verunsichert sind. Auch wenn der Zufall nützlich sein kann, um überhaupt auf Ideen zu kommen, so ist er allein doch zumeist bei der Festlegung auf Investitionen, Urlaubsziele, Berufs- und Studienfachwahlen ein schlechter Ratgeber, es sei denn, Sie lassen ihm sorgfältigere Recherchen in die Optionen und die eigene Innenwelt nachfolgen. Der optimale Weg, Ihre Vorstellungen zu schärfen, besteht darin, dass Sie Ihre Interessen, Motivationen, Ihre Ziele und Erwartungen präzisieren und als Filter benutzen für die Möglichkeiten, die sich Ihnen bieten. »Wenige Motive, energisches Handeln und gutes Gewissen machen das aus, was man Charakterstärke nennt«, stellte Friedrich Nietzsche fest. Die eigenen Motive intensiv zu spüren und dann entschlossen zu handeln kann für den Weg des Erfolgs essenziell sein. Wer sich zaghaft und unentschlossen bestimmte Dinge nur wünscht, bleibt in der Rolle eines bedürftigen Kindes mit seinem Wunschzettel. »Der Wunsch ist ein Wille, der sich selbst nicht ganz ernst nimmt«, traf Robert Musil den Nagel auf den Kopf.

Menschen haben häufig deswegen schwach ausgeprägter Ziele, weil ihre innere Wunschproduktion und die Bereitstellung von Willenskraft, um Wünsche zu verwirklichen, beeinträchtigt sind. Vor allem depressive Menschen generieren im Inneren keine Wunschvorstellungen von Objekten, Menschen und Zuständen mehr. Andere produzieren zwar solche Phantasien, können diese Bilder aber nicht mehr mit Verlangen besetzen und energiegeladen anstreben. Das Begehren kann ganz auf der Strecke bleiben oder abstrakt, blutleer werden.

Häufig sind es frühe Konflikterfahrungen, die dazu geführt haben, dass jemand eine »selbstauslöschende Lösung« praktiziert. Wenn Sie nichts mehr begehren, nichts wirklich anstreben, dann geraten Sie auch mit nichts und niemandem mehr in Konflikt, weder mit Menschen draußen noch mit eigenen Vorstellungen im Inneren.

»Ich erlebe es mal als Segen, mal als Fluch, dass ich auf nichts so richtig scharf bin«, sagt Corinna, die sich ihre Wünsche im Laufe der Beziehung zu Ulli abgeschminkt hatte, »das kommt ganz auf die Umgebung an.« Neulich, bei einer Party ihres Konzerns, war sie fasziniert von einigen Kolleginnen, die ganz klare Vorstellungen von ihrer Karriere hatten und Pläne machten, wie sie die erforderlichen nächsten Schritte setzen würden: Weiterbildung zur Kontaktlinsenspezialistin, Mitarbeit in einer ausländischen Filiale, eventuell ein Fernstudium. Corinna fühlte sich minderwertig, »wie ein Trabbi unter lauter BMWs«. Als sie Ulli davon berichtet, beruhigt er sie: Nichts zu begehren sei das Merkmal eines guten Buddhisten! Corinna weiß nicht, wem sie glauben soll – machen die Kolleginnen es richtig, oder hat Ulli Recht?

Corinna hat sich bequem eingerichtet, vermeidet aber Herausforderungen, an denen sie wachsen und mit denen sie sich weiterentwickeln könnte. Sie weiß nicht: Hat sie nun die zu ihr passende Lebensform gefunden, oder traut sie sich nur nicht? Meistens erlebt sie auch dieser Frage gegenüber eine eigentümliche Gleichgültigkeit. »Ich lebe, als spiele es keine Rolle, irgendwie festgeklemmt zwischen Jugend und *old age*.«

Der russische Schriftsteller Gontscharow hat in seinem Roman *Oblomow* dieser Haltung ein unsterbliches Denkmal gesetzt. Sein Held, der verarmte Landbesitzer Ilja Iljitsch Oblomow, lebt nicht, sondern vegetiert dahin. Sein höchstes Ideal ist es, in Ruhe und Tatenlosigkeit am Strom des Lebens zu sitzen und ihm zuzuschauen. Arbeit erscheint in seiner Welt als eine bereits den Urvätern auferlegte Strafe, der unbedingt auszuweichen ist. Die Normen des Lebens sind von den Eltern übergeben worden, wozu also nachdenken, grübeln und sich aufregen. »Wenn man nicht weiß, wozu man lebt, dann lebt man einfach in den Tag hinein; man freut sich, dass ein Tag vorbei ist, dass es Nacht geworden ist, und im Schlaf versinkt die langweilige Frage, wozu man diesen Tag gelebt hat und wozu man morgen leben wird.«

Sorglosigkeit und mangelnde Achtsamkeit

Über Achtsamkeit sind viele Bücher geschrieben worden. Besonders in der buddhistischen Tradition ist sie ein hoher Wert. Das Buch *Zen und die Kunst ein Motorrad zu warten*, schon 1974 erschienen, hat es im Laufe der Jahre zum zeitlosen Klassiker gebracht. Es beschreibt vordergründig, wie man eine Harley-Davidson-Maschine nur dann erfolgreich fahren kann, indem man sie mit Konzentration und Aufmerksamkeit wartet. Im Hintergrund handelt das Buch von der Qualität der Achtsamkeit und der Suche nach gültigen Werten jenseits rein materieller Dinge; solcher Werte also, die sich mehr auf Prozesse als auf Ergebnisse beziehen. Mit Qualität verhält es sich ähnlich wie mit Liebe: Niemand kann wirklich sagen, was sie ist, aber man spürt, wenn sie fehlt.

Sorglosigkeit hat viele Ursachen. Es gibt einen robusten Optimismus, der auf Erfahrung und die kritische Selbstbetrachtung pfeift.

»Kein Problem, das schaffe ich locker, wenn ich mich erst einmal ransetze«, sagt mir Carlo immer wieder, wenn es darum geht, ob er sich mit seinem Anrufpensum nicht übernommen hat. In dem Moment, in dem er es sagt, scheint er es wirklich zu glauben. Obwohl ich ihn erst seit kurzem kenne, spüre ich bei seinen vollmundigen Ankündigungen eine tiefe Skepsis. Er verkörpert einen sympathischen Macher-Typ: bullige Figur, joviales Auftreten, große Hände, die etwas Zupackendes signalisieren. Und durch den Blick, das Lächeln, strahlt er das Signal aus: »Alles easy, alles kein Problem, wenn ich erst einmal losgelegt habe.« Er ist ganz zuversichtlich, im geschäftlichen Rennen erfolgreich mithalten zu können. Mag sein, dass das stimmt. Die Schwierigkeit besteht nur darin, dass Carlo das Gaspedal nicht findet.

Durch die hohe Meinung, die Carlo von sich hat, blendet er die Wahrnehmung des komplexen Zusammenhangs zwischen seinem Enthusiasmus, seinen Vorbereitungen, seinen Handlungen und seinen Misserfolgen aus.

Er verweilt nicht beim Problem der Startschwierigkeiten, sondern prescht im Gespräch kühn über diese Barriere hinweg, an der er in der Realität hängen bleibt. Indem er ein Element aus einer längeren Handlungskette isoliert, nämlich seinen Anfangsschwung, und auf ihm seine ganze Zuversicht aufbaut, bringt er sich um jede Chance, seine Probleme lösen zu können. Aber er sichert sich seine gute Stimmung.

Carlos übersteigertes Selbstwertgefühl beruht weitgehend auf illusionären Grundlagen. »Eigentlich bin ich ganz anders, nur komm ich so selten dazu« – mit diesen Worten hat Ödon von Horvath die Haltung der Potenzialität ironisiert, die bei Carlo zur Überzeugung von seiner »wahren Natur« geworden ist.

Seitdem er sich vor zwei Jahren selbständig gemacht hat, passieren ihm durch seine Sorglosigkeit Missgeschicke, die auf den Außenstehenden skurril wirken. Er ist groß darin, Unterlagen von Kunden, Exposés von Grundstücken und Häusern, Zettel mit Telefonnummern und schließlich auch sein Handy zu verlegen.

Vor einem Jahr hatte Carlo jede Menge Schulden, weil er auf Kredit ein paar Grundstücke gekauft hatte, in der zuversichtlichen Hoffnung, seine Verbindlichkeiten schnell zurückzahlen zu können. Aus dem Verkauf einiger Reihenhäuser rechnete er mit großen Einnahmen. Leider waren zwei Kunden abgesprungen, ein Paar, das er zu den sicheren Käufern gerechnet hatte, zierte sich, und seine Finanzierung geriet in eine Schieflage. Carlos Laune trübte sich ein wie ein Sommertag bei einem heraufziehenden Gewitter. Seine Hausbank wurde ungemütlich und verlangte, dass er bis zu einem Stichtag einen Monat spater 50 000 Euro zahlen sollte. »Der absolute Albtraum«, beschrieb mir Carlo diesen Monat. »Ich hatte die reinsten Horrorphantasien, aber dann sagte ich mir, wegen 50 000 kann doch nicht alles den Bach runtergehen.« Außer Daumendrücken tat er drei Wochen lang nichts, weil er sich gelähmt fühlte. »Eigentlich wartete ich auf ein Wunder«, beschrieb er seine Haltung. »Ich hoffte jeden Tag, dass die Interessenten sich wieder melden würden.« »Hoffe auf ein Wunder. Aber mache dich nicht davon abhängig«, rät der Talmud. Carlo begann an Schlaflosigkeit zu leiden und geriet in Panik, je mehr Zeit verstrich. Etwas mehr als eine Woche vor dem Ende der Deadline gab ihm sein Vater den guten Rat, seine potenziellen Käufer doch wenigstens einmal anzurufen. Carlo tat das, verkaufte zwei Häuser, ließ sich gleich beim Notar, mit dem

er befreundet ist, die Courtage auszahlen und knallte dem Banker die
50 000 Euro auf den Tisch. »Immer wenn du denkst, es geht nicht mehr,
kommt von irgendwo ein Lichtlein her«, freut sich Carlo.

Die rosarote Brille, die Carlo bei seiner Selbstbetrachtung aufsetzt, ist
natürlich ein schweres Handicap, da sie ihm zwar als Trost dient, ihn aber
daran hindert, seine tatsächlichen Schwächen zu sehen und aus Fehlern
zu lernen. Der Satz »Ich komme aus dem Nebel und laufe zu großer Form
auf!« gehört zu seinen Selbstsuggestionen, mit denen er sich erfolgreich
vor einer angemessenen Selbstkritik immunisiert. Wegen der Anspannung hat er zwar bereits einmal einen Hörsturz davongetragen, andererseits braucht er das viele Adrenalin, um sich lebendig und energiegeladen
zu fühlen. Mit vielen anderen Machern, Workaholics und Menschen, die
Dinge lieber anschieben, als sie auch zu Ende zu bringen, teilt Carlo die
Überzeugung, dass es ihm bei sorgfältigerem Arbeiten gehen würde wie
dem Tausendfüßler, der – kaum dass er seine Aufmerksamkeit auf die fäl-
ligen Aktionen seiner vielen Beine richtete – zu koordinierten Handlungen unfähig wurde.

Lassen Sie uns zum Schluss noch einen Blick auf drei weitere Feinde
Ihres Erfolgs werfen, die eng mit mangelnder Achtsamkeit zusammenhängen. Sie können Ihre Konzentration nämlich leicht auch durch Ablenkungen, Langeweile und Ungeduld verlieren.

Ablenkungen

Zur mangelnden Achtsamkeit gehört die Ablenkbarkeit. Während jeder
noch so sorgfältig geplanten Tätigkeit tauchen Tausende von Einfällen
auf, die sich auf alternative Handlungsmöglichkeiten beziehen. Sie denken an das, was Sie jetzt gerade machen könnten, wenn Sie hier nicht wei-
terlesen würden. Wichtig ist die Fähigkeit, sich diesen Ideen gegenüber
abzugrenzen und nicht der falschen Überzeugung aufzusitzen, dass Sie
irgendetwas sofort tun müssen, nur weil es Ihnen gerade eingefallen ist.
Sich abgrenzen zu können ist ein »Nein«, das Sie zu sich selbst sagen. Je
geübter Sie darin sind, »Nein« zu sagen, desto leichter wird es Ihnen fal-

len. Je desorganisierter Sie sind und je planloser Sie vorgehen, desto schwieriger wird es für Sie sein, auf dem einmal eingeschlagenen Weg zu bleiben. Und mit nahezu 100-prozentiger Wahrscheinlichkeit werden Sie sich unachtsam von Ihrem jetzigen Vorhaben dann abwenden, wenn Sie es nicht in leicht zu bewältigende Teilschritte gegliedert haben, sondern es sich wie ein bedrohliches Gebirge vor Ihnen auftürmt.

Langeweile

Wenn Sie bei einem Vorhaben von Anfang an befürchten, dass es Ihnen langweilig werden wird, und Sie dennoch einfach anfangen, dann werden Sie Probleme bekommen. Denn Ihre Vorahnung hat Ihnen signalisiert, dass Sie kein echtes inneres Interesse spüren und sich möglicherweise von der Sache auch keinen Nutzen versprechen, also eigentlich nicht motiviert sind, sich überhaupt darauf einzulassen. Wären Sie achtsam, würden Sie das ernst nehmen. Und auch, wenn Sie bereits mitten drin sind und Ihnen dann langweilig wird, macht es wenig Sinn, einfach weiterzumachen, als wäre nichts geschehen.

Jemand hat einmal geulkt, dass die Angst vor der Langeweile die einzige Entschuldigung für die Arbeit sei. Wenn dabei jedoch Routine und Eintönigkeit Ihre Einsatzbereitschaft auf null herunter regulieren, wenn Sie es sich leisten können, dann gibt es nur eins: sofort aufhören!

Scheinbar langweilige Tätigkeiten können hingegen ausgesprochen inspirierend sein, wie alle bestätigen werden, die jemals meditiert haben oder Autogenes Training beherrschen. Was bei Entspannungsverfahren und in der Meditation überwunden werden muss, nämlich dem nicht abreißenden Strom innerer Bilder und Gedanken zu folgen, ist im Alltag ein hervorragender Weg, der Langeweile zu entkommen: durch Phantasie. Je mehr Gefühle, Vorstellungen, Bilder und lebendige Erinnerungen Sie in Ihrem Inneren beherbergen, desto weniger werden Sie sich überhaupt langweilen können. Depressive Menschen haben zwar oft noch innere Objekte und Bilder, diese haben aber ihren Charakter als Motoren, Attraktoren und Motivierer verloren. Von ihnen geht keine Sogwirkung mehr aus, und sie entfalten keinen Schub mehr. Stillstand ist die Folge, mit der emotionalen Begleiterscheinung des Sich-Langweilens.

Ungeduld

Ungeduld tritt dann auf, wenn Sie in Zeitnot geraten. Das ist umso eher der Fall, je enger Sie auf Termin geplant haben. Oder wenn Sie Ihre Fähigkeiten, bestimmte erforderliche Handlungen auszuführen, überschätzt haben und nun feststellen, dass die Sache länger dauert als erwartet. Frustration stellt sich ein, und dieses Gefühl einer zunehmenden angespannten Verärgerung führt in aller Regel dazu, dass Dinge schief gehen. Unter Zeitdruck werden Sie fahrig, Sie konzentrieren sich nicht mehr auf die Handlungen selbst, sondern wollen endlich fertig werden, und so dauert nun alles noch länger. »Was man nicht erfliegen kann, muss man erhinken«, riet der Dichter Friedrich Rückert, aber dem Ungeduldigen fehlt dazu die Gelassenheit.

Action suchen

Ein wirksamer Weg, anstehenden Aufgaben aus dem Weg zu gehen, besteht darin, *Action* zu suchen, Spannung, den *Thrill*. Er ist zu bekommen, indem man sich in eine Fülle von Aktivitäten stürzt oder sich solche sucht, mit denen eine hohe Spannung verbunden ist: Whitewater-Rafting, Glücksspiel, Day-Trading, harte Sauftouren, Bungee-Jumping, Paragliding – all das, wo Gefahr für Leib, Leber und Leben droht. Der amerikanische Soziologe Ervin Goffmann hat vor 40 Jahren einen Typ Mensch beschrieben, der überall hingeht und nirgends ankommt. Damals war dieser Typ eher in gesellschaftlichen Randgruppen wie Spielern und Pferdewettern zu suchen. Inzwischen ist er in der Mitte der Gesellschaft unterwegs, rastlos, reizbar und erlebnishungrig. Viele Aufgaben sind aber nur in Ruhe, mit Sorgfalt und Ausdauer zu erledigen. Das erfordert Triebverzicht, wie es früher hieß. Heute sagt man eher, es erfordert Selbstmanagementfähigkeiten.

Action, Nervenkitzel und Risiko zu suchen hat einen großen Vorteil gegenüber dem Durchhaltevermögen bei Aufgaben: Sie geraten in unvorhersehbare Situationen, können sich in Neuem bewähren, Ihre Grenzen spüren und aufregende Erfahrungen machen. Sich an einer Aufgabe abzuarbeiten, Versuchungen niederzuringen und schließlich zu erledigen, was Sie sich vorgenommen haben, hat hingegen mehr mit einer charakterlichen Wettkampfhaltung zu tun, bei der nicht der Kitzel der neuen Herausforderung im Vordergrund steht, sondern das Standhalten trotz Drückens und Schiebens – wie beim Sumo-Ringkampf. Es liegt auf der Hand, dass wahrscheinlich den meisten von uns eine gesunde Mischung von beidem gut tut, um zwischen Alltagstrott und Neuheit eine Balance zu finden. Manche aber geraten aus diesem Gleichgewicht und kommen in einen Bereich, in dem Action überwiegt. Ich denke an zwei sehr unterschiedliche, aber eindrucksvolle Beispiele.

Carsten macht sein Abitur auf einem Kolleg nach, aber er kommt nicht voran und lässt sich deswegen beraten. Er könnte in einem knappen Jahr das Abi ablegen. Seine Familie, seine Freunde und er selbst sind sich einig: Das ist sein Ziel, dem anderes untergeordnet werden müsste. Davon gibt es eine ganze Menge: Carsten jobbt nachts als Barkeeper in einem Club, er hat nachmittags einen Job als Aushilfe in einem Büro, bei dem er vor allem Übersetzungen ins Englische macht, und einen weiteren Job in einem Call-Center. Außerdem spielt er in einer Band mit, muss üben und hat Auftritte, und er ist permanent auf Frauenjagd. Klar, von diesen Aktivitäten müsste er einige sein lassen. Aber welche? Die Arbeit braucht er, um Geld zu verdienen. »Die Musik ist mein Lebensinhalt«, sagt er, »die kann ich nicht aufgeben. Frauen sind mein Lebenselixier, wenn ich da nichts mehr mache, kann ich mich gleich beerdigen lassen.«

Als wir in ein paar Gesprächen Carstens Alltag nachzeichnen, wird mir allein vom Zuhören schwindlig. Er ist eigentlich immer auf Achse, schläft gelegentlich mal, meistens zu wenig, isst unregelmäßig und ungesund, raucht 40 Zigaretten am Tag, ist immer unter Strom, meint aber, alles unter Kontrolle zu haben.

Er sitzt Montag früh im Kolleg, Englischunterricht. Er ist übermüdet, denn Sonntag ist es sehr spät geworden, weil er mit Sylvia, die er neu kennen gelernt hatte, die Nacht verbracht hat. Er denkt an seine Gitarre, die er bei ihr hat liegen lassen, an die nächste Bandprobe heute Abend, die sich mit seinem Job in der Bar überschneidet. Er muss also Jens anrufen, damit der als Ersatzkeeper einspringt. Außerdem hatte er sich mit Bianca verabredet, der muss er absagen. Wo ist das Handy eigentlich? Er sucht es in seiner Mappe, findet es nicht. Warum schaut ihn die Lehrerin so fragend an? Ach, sie hat ihn tatsächlich etwas gefragt. Hat er gar nicht gehört, sorry. So, bald ist die Stunde überstanden. Wie sieht es eigentlich bei seinem Bürojob aus, da sollte er doch in dieser Woche drei Mal arbeiten. Wann war das nur? Und wann war das Call-Center dran? Außerdem gibt es noch die Arbeitsgruppe, die sich vor ein paar Monaten gebildet hat, die tagen immer Mittwochabends, ganz ungünstig, aber vielleicht kann er die Treffen in die Bar verlegen, dann könnte er den Job machen und gleichzeitig mit den anderen lernen.

Carsten hat panische Angst vor Abhängigkeit und versucht alles im Schnellzugtempo zu erledigen. Wie der ICE durch die meisten Bahnhöfe einfach durchfährt, so ist auch er bestrebt, immer in Bewegung zu sein. Die Probleme, die er dabei heraufbeschwört, machen es ihm einerseits leicht, andererseits leidet er natürlich unter den Folgen. So würde er gerne häufiger mit Sylvia zusammensein, die aber schnell angefangen hat, an seiner Unrast Kritik zu üben. Das klang nach Stress, den wollte Carsten sich nicht antun, also bändelte er an der Bar mit Conny an, und dann tauchte da auch noch Juliane wieder auf, mit der er vor einem halben Jahr eine Affäre hatte. Nun pendelt er zwischen drei Frauen und zwei Arbeitsstellen, dem Kolleg, seiner Arbeitsgruppe und seiner Band – und kommt nirgendwo voran.

Carsten hat Angst davor, irgendwann als Loser dazustehen. Er kriegt das Abitur einfach nicht in den Blick, denn dazu müsste er sein Leben in ruhigere Bahnen lenken. Nun ist Action nicht beschränkt auf Verlierer. Ganz im Gegenteil, unter erfolgreichen Menschen finden sich jede Menge Leute, die von außen betrachtet alles auf die Reihe kriegen, aber dennoch wichtigste Dinge unerledigt lassen.

Arnulf kam vor ungefähr einem Jahr zu einem einmaligen Beratungsgespräch zu mir, nachdem er scheinbar grundlos und wie aus heiterem Himmel eine Panikattacke erlebt hatte. Arnulf beschrieb mir sein Leben, das wie eine ununterbrochene Serie von Erfolgen aussieht. Nach einem guten Abitur begann er zu studieren und engagierte sich für die Dritte Welt. Er kämpfte gegen Ungerechtigkeit in unserer Gesellschaft, die er als Politologe nicht nur analysieren, sondern auch verändern wollte. Arnulf hatte einige Zeit für Greenpeace im Ausland gearbeitet. Natürlich blieb ihm nicht erspart zu lernen, wie zäh und langwierig Veränderungsprozesse sein können, und der Enthusiasmus, mit dem er die Welt verbessern wollte, wich allmählich einer leicht sarkastischen Haltung über das Beharrungsvermögen der Ölkonzerne. Aber Arnulf blieb wach und engagiert. Er kehrte nach ein paar Jahren in seine alte Heimat zurück und heiratete Grit, eine ruhige, ein paar Jahre ältere Apothekerin, die bodenständig und häuslich war. Sie und Arnulf bauten ein Haus, was für ein, zwei Jahre viele Energien band und den Mittelpunkt ihres gemeinsamen Lebens darstellte. Arnulf war nach etlichen erfolgreichen Publikationen an einem Forschungsinstitut gelandet und träumte davon, eine Doktorarbeit zu schreiben, nach Südamerika zu gehen und vielleicht später einmal Professor zu werden. Aber es kam ganz anders, nachdem Arnulf auf Vermittlung des Institutsleiters als Referatsleiter in ein Landesministerium ging. Er machte eine steile Karriere und ist heute einer der höchsten Beamten in einem Bundesministerium. Sein Fleiß, sein profundes Wissen und seine Einsatzbereitschaft werden gerühmt. Arnulf findet es schwer, Dinge zu delegieren, die anderen sind ihm oft zu langsam, also macht er vieles selbst und verdankt gerade dem seine außerordentliche Detailkenntnis von Sachverhalten. Doch Arnulf geht nicht nur in seinem Beruf auf, sondern scheint auch sonst über unerschöpfliche Energiequellen zu verfügen: Er veröffentlicht weiterhin Aufsätze, er hält Vorträge, er ist Dauergast in Diskussionsrunden und Talkshows, die weit über sein Kerngeschäft hinausgehen. Da er auch parteipolitisch aktiv wurde, reicht die Spannweite seiner Themen von Abfallwirtschaft über Filmförderung und Sportpolitik bis hin zur Zahlungsmoral der öffentlichen Hand. Hinzu kommt, dass er durch sein charmantes Auftreten ein gern gesehener Gast im gesellschaftlichen Leben ist. Um den Kontakt zur akademischen Jugend nicht zu verlieren, nimmt er mehrere Lehraufträge an Hochschulen wahr. Selbstverständlich sitzt er in ein paar Aufsichtsräten, pflegt aber auch Kontakte zu den Gewerkschaften. Er ist an Fragen der Regionalentwicklung ebenso interessiert wie an denen der Globalisierung. Arnulf versucht, allen Anforderungen gerecht zu werden, vor allem seinen eigenen, die besonders hoch sind. Überall gilt Arnulf als ein außerordentlich sympathischer, außerordentlich leistungsfähiger Mensch, der er zweifellos auch ist. Er jedoch wehrt diese Wahrnehmung bescheiden mit dem Spruch ab, der auf Willy Brandts Grabmal steht: Man hat sich bemüht!

Ist Arnulf nicht ein Musterbeispiel für Erfolg, beruflichen wie gesellschaftlichen? Sollte es bei ihm Unerledigtes geben, gar Niederlagen? Gut, sein Traum vom Gelehrtendasein ist auf der Strecke geblieben. Das ist

aber auch schon alles. Oder? Familienleben? Grit sieht ihn morgens kaum
noch, da er um 5 Uhr aus dem Haus geht, sie kann froh sein, wenn sein
Fahrer ihn einmal vor Mitternacht daheim abliefert. Verlässlich verabre-
den können die beiden schon lange nichts mehr, da immer etwas dazwi-
schenkommt. Gemeinsame Unternehmungen sind kostbar und selten geworden, ob Urlaube wie geplant und ungestört verlaufen, ist ein Glücksspiel. Grit und Arnulf sind sich aber einig geworden: So ist das Leben
eben, man kann nichts anderes erwarten, wenn man in der Verantwortung steht.

Vor der Panikattacke war Jochen, ein alter Freund von Arnulf, zu Besuch
gewesen. Er zeigte sich von dessen beruflichem Aufstieg beeindruckt, war
aber entsetzt über die Veränderung, die er an Arnulf wahrnahm. Jochen ist
Chefarzt einer psychosomatischen Kurklinik. Es hatte mehrere Wochen
gedauert, bis Arnulf sich für ein Mittagessen mit Jochen freimachen
konnte. Arnulf entschuldigte sich wegen seiner vielen Termine, Jochen
jedoch wischte alle Entschuldigungen als Ausreden vom Tisch: Wenn
Arnulf so ein hohes Tier war, wieso war er gleichzeitig ein solcher Sklave,
dass er nicht einmal von heute auf morgen sagen konnte: Ich gehe jetzt mit
meinem alten Freund essen? Arnulf verteidigte sich mit seinen vielen Verpflichtungen, Jochen wollte wissen, wie es mit seiner Verpflichtung sich
selbst und seiner Freiheit gegenüber stand. Arnulf erhitzte sich, Jochen
habe Illusionen, er sei nicht richtig angekommen in der Welt der Erwachsenen, sondern hocke da auf seinem Zauberberg, pflege seine beschauliche
Idylle und veranstalte mit seinen Patienten Rollenspiele. »Meine Klinik ist
voll von Typen wie dir«, sagt Jochen, »die sich an ihrer Macht und ihrer
Unersetzlichkeit berauschen,« – Arnulf setzte zu einem heftigen Protest
an – »die sie natürlich nicht wahrhaben wollen, verschanzt hinter angeblich
unabänderlichen Sachzwängen. Bis der erste Herzinfarkt kommt.«

Arnulf sieht sich nicht als Action-Sucher, weil er nicht das Gefühl hat, ein
Getriebener zu sein. Er hat die Ängste, die Carsten quälen, gut wegge-
packt, und lebt als Workaholic. Dass etwas nicht stimmt, zeigt sich allen-
falls darin, dass Arnulf sich seit langem nicht mehr richtig entspannen
kann, ohne Schuldgefühle zu bekommen oder in Unruhe zu geraten. Er
kennt seit Jahrzehnten nur zwei Zustände: bis zur Halskrause in Arbeit zu
stecken oder total erledigt zu sein, zumeist durch eine Erkältung, gegen

die er sich mit Medikamenten wehrt, bis ihn eine schwere Bronchitis ins Bett fesselt. Freie, unstrukturierte Zeit zu haben fühlt sich nicht richtig an. Arnulf hat vor sieben Jahren zum letzten Mal drei Wochen hintereinander Urlaub gemacht, in den vergangenen drei Jahren hat er sich gar keine Ferien genommen. Ich frage Arnulf nach seiner Einstellung zum Leben und zur Arbeit. Er sieht sich ständig von unerledigten Aufgaben umgeben, die darauf warten, von ihm aufgegriffen und gelöst zu werden. »Warum von Ihnen?«, frage ich. »Sie haben doch schon mehr als genug getan.« Aber Arnulf fühlt sich nicht befriedigt durch das Erreichte, sondern hat das Gefühl, immer weiterarbeiten zu müssen und sich keine Pause leisten zu können. »Wie soll das weitergehen?«, will ich wissen. Arnulf hofft, eines Tages die Dinge so schnell erledigen zu können, dass er sein Leben mehr genießen kann. »Nachdem alles getan ist?«, frage ich provozierend. »Warum erst danach?« Arnulf sieht immer jede Menge Aufgaben, die für ihn etwas Unersättliches haben, die Opfer und Entbehrungen verlangen, zu denen er bereit ist.

In dieser Sichtweise sind sich die scheinbaren Vertreter der Extrempole – Workaholics und Aufschieber – ganz ähnlich. Workaholics bringen diese Opfer dem Monster Arbeit dar, oft aus Angst vor Depression und Intimität. Aufschieber fliehen halbherzig vor ihren Aufgaben aus der Angst heraus, nie wieder Zeit zur eigenen freien Verfügung zu haben, sondern von den Pflichten aufgefressen zu werden. Workaholics sind gehorsam, damit gesellschaftlich akzeptabler. Aufschieber sind aufsässig, also skandalöser, aber vielleicht ein wenig gesünder.

5
Hartnäckig im Widerstand

»Könnte ich umsetzen, was Ihr Buch mir rät,
ich hätte das Problem nicht!«

Ein Nicht-Leser

Mit Hilfe dieses Fragebogens können Sie überprüfen, wie sehr Konflikte Ihr zielgerichtetes, gradliniges Handeln beeinträchtigen. Lösen Sie die falschen Probleme, erhoffen Sie sich zu viel von mehr Selbstzwang? Kreuzen Sie – ohne lange nachzudenken – an, inwieweit die Aussagen auf Sie zutreffen, und addieren Sie dann die Punkte. Die Auswertung gibt Ihnen einen Anhaltspunkt dafür, wie sehr Sie von diesen Problemen beeinflusst werden.

Fragebogen: Hartnäckig im Widerstand

Frage	Stimmt genau (2 Punkte)	Stimmt teilweise (1 Punkt)	Stimmt gar nicht (0 Punkte)
1. Ich habe öfter das Gefühl, mich meinen wirklichen Problemen nicht zu stellen.	2	1	0
2. Ich lebe eigentlich dauernd in Konflikten.	2	1	0
3. Ich bräuchte einfach mehr Selbstdisziplin.	2	1	0
4. So viel ich auch mache, meine Probleme werden einfach nicht weniger.	2	1	0

5. Ich fühle mich innerlich oft zerrissen, auch wenn ich das nicht zeige.	2	1	0
6. Wenn mir jemand sagen würde, was ich zu tun habe, wäre alles viel einfacher.	2	1	0
7. Manchmal weiß ich genau, dass ich jetzt das Falsche tue, aber ich mache trotzdem weiter.	2	1	0
8. Ich bewundere Menschen, die genau wissen, was sie wollen.	2	1	0
9. Am liebsten wäre es mir, jemand würde mich zu meinem Glück zwingen.	2	1	0
10. Bei mir wird immer das zuerst gemacht, was gerade aktuell anliegt.	2	1	0
11. Ich habe oft das Gefühl, zwischen allen Stühlen zu sitzen.	2	1	0
12. Manchmal wünsche ich mir, dass jemand mit gezückter Pistole hinter mir stünde, dann würde ich bestimmt in Gang kommen.	2	1	0

Auswertung:

0–5 Punkte: Glückwunsch, Sie wissen, was Sie wollen und lösen die Probleme, auf die es wirklich ankommt. Sie versprechen sich auch nichts davon, sich unter Druck setzen zu lassen. Offenbar haben Sie Ihren Weg im Leben gefunden.

6 – 11 Punkte: Gelegentlich mag Ihnen mal ein Konflikt in die Quere kommen, aber im Großen und Ganzen lösen Sie stets die richtigen Probleme und können Ihre Handlungen nach Ihren eigenen Wünschen steuern. Oberflächliche Probleme lenken Sie nicht von denen ab, um die es tatsächlich geht.

12 – 17 Punkte: Sie sehen mehr Konflikte als Lösungen? Sie wissen häufig nicht so genau, welchen Problemen Sie sich zuerst zuwenden sollen? Sie hätten es gerne, dass Ihnen jemand sagt, wo es langgeht, und wünschen sich manchmal mehr Druck von außen? Schade, dass Sie Ihren eigenen Entscheidungen und Selbststeuerungsfertigkeiten so wenig vertrauen. Sie werden sicher von den Tipps und Übungen im zweiten Teil dieses Buches guten Gebrauch machen können.

18 – 24 Punkte: Bingo, Konflikte sind Ihr Leben, auch wenn Sie vielleicht schon länger nicht mehr wissen, welche Sie ernst nehmen sollen und welche die falschen sind, mit denen Sie sich leider oft viel zu lange abplagen. Ihnen helfen kein Gefängniswächter und kein Sklavenhalter, auch wenn Sie sich davon viel versprechen. Nein, Sie brauchen bessere Selbstregulierungsfähigkeiten, von denen Sie im zweiten Teil des Buches etwas erfahren können. Mehr noch aber brauchen Sie eine andere Haltung zu Selbstvertrauen und Selbstverantwortung, zu Konflikten und zu Problemen. Sie werden es nützlich finden, sich im dritten Teil dieses Buches Anregungen zu einer anderen Sicht auf die Dilemmata und Zwangslagen des Lebens zu holen.

Eine der schönsten Beschreibungen für das, was mit hartnäckigen Widerständen gemeint ist, verdanke ich einem Nicht-Leser meines Buches *Schluss mit dem ewigen Aufschieben*, der durch einen Zeitungsartikel darauf aufmerksam geworden war. Er schrieb mir einen ausführlichen Brief: »Spontan kam mir nach der Lektüre des Artikels die Idee, nach Ihnen im Internet zu suchen. Es dauerte – wie immer bei mir – ein wenig, aber dann war ich endlich online, habe dann aber nicht nach Ihnen gesucht, sondern nach allem Möglichen, was mich vom Weg abbrachte. Schließlich habe ich aber doch das Inhaltsverzeichnis und das Vorwort Ihres Buchs gefunden und auch gleich gelesen. Ich hatte das Gefühl, dass Sie mich sehr gut kennen, ohne mich jemals getroffen zu haben, denn alles passte genau. Aber wahrscheinlich können selbst Sie sich nicht im Entferntesten vorstellen, welche Ausmaße meine Aufschieberei eingenommen hat!« Danach schildert der Briefschreiber, was er alles aufschiebt, wie lange schon und mit welch verheerenden Folgen. Ich bin berührt durch die Ehrlichkeit der Schilderung, aber auch ein wenig verblüfft, denn manches klingt so, als wollte der Autor jener Zeilen mich wirklich davon überzeugen, ein noch viel schlimmerer Fall zu sein, als ich – so wie er schreibt – es mir auch nur im Entferntesten vorstellen könne. Aber er spricht auch von einer großen Sehnsucht: »In mir lebt eine Vorstellung von der Ordnung, in der die Dinge sein müssten, ein Bild dieser Ordnung und ein tiefes Wissen davon, wie sehr ich dann mein Leben genießen könnte. Aber ich kann mir nicht vorstellen, diesen Zustand jemals zu erreichen, einfach das zu tun, was zu tun ist, ohne dass alles vom schlechten Gewissen und dem Gefühl, dass es immer schon zu spät und nur Flickwerk ist, vergiftet ist. Dennoch sehne ich mich so sehr danach, aus meiner Misere herauszukommen. Ich hoffe, Ihr Buch wird mir dabei helfen.«

Anschließend beschreibt er, wie diese Hoffnung einer tiefen Resignation weicht: Er werde sich das Buch nicht gleich jetzt kaufen können, denn es sei mitten in der Nacht. Morgen früh werde die Zuversicht erfahrungsgemäß ganz verflogen sein, begraben unter der niederschmetternden Erkenntnis, dass er sich wohl doch nicht ändern könne. Dann kommt noch ein verzweifeltes Auskeilen: Alle diese Selbsthilfebücher, auch die klugen, verlangten immer das Unmögliche, genau das, was man nicht kann. »Wenn ich das, was Ihr Buch mir rät, verwirklichen könnte, dann bräuchte ich es nicht, weil ich das Problem dann nicht hätte!« Ein Buch, das der Schreiber dieser Zeilen noch nicht einmal angerührt hat!

»Was immer die Fortsetzung der Arbeit stört, ist ein Widerstand«, hat Sigmund Freud festgelegt, bezogen auf die psychoanalytische Kur. Manche Widerstände setzen so früh ein, dass die Arbeit gar nicht erst aufgenommen wird. Wann immer, wie in dem Beispiel oben, die Phantasie mit uns durchgeht und die Geschichten, die wir uns im Kopf zurecht legen, darauf hinauslaufen, dass wir ohnehin keine Chance haben, sind Widerstände im Spiel. Ein weiser Spruch besagt: »Nicht weil die Dinge schwierig sind, wagen wir sie nicht, sondern weil wir sie nicht wagen, sind sie schwierig!« So ist es!

Es gibt *bewusste* Widerstände, die wir immer dann ernst nehmen, wenn es darauf ankäme, gerade das nicht zu tun. Sobald wir beschlossen haben, unsere Fitness durch regelmäßiges Krafttraining zu steigern, und nun ins

Sportstudio gehen müssten, fühlen wir uns schlapp und unlustig. Genau um das zu überwinden, wollten wir ja Sport treiben. Nun konkurriert das Motiv mit dem Zustand, und wenn wir vergessen, dass wir die Schlappheit überwinden müssen, um kräftiger zu werden, dann kommen wir niemals in Gang. Wenn Sie Ihre Angst vor Spinnen überwinden wollen, dann müssen Sie eine Spinne hinreichend oft auf die Hand nehmen. Dabei spüren Sie natürlich die Angst, die Sie loswerden wollen und die Sie bisher stets daran gehindert hat, sich mit diesen Tierchen näher zu befassen. Die Angst, die Ihnen früher die natürlichste Reaktion zu sein schien, tritt Ihnen jetzt als der hauptsächlichste Widerstand gegen die Veränderung entgegen. Sie dürfen das Angstgefühl auf keinen Fall mehr als Motiv akzeptieren, die Finger von der Spinne zu lassen, sonst wird sich nie etwas ändern. Sie müssen die Reaktionsrichtung genau umpolen: Angst wird zum Signal, drauf loszugehen, Unlust bedeutet das Startzeichen, sie zu überwinden, Trägheit wird zum Impuls, sich in Bewegung zu setzen.

Die meisten *bewussten* Widerstände stammen aus den folgenden Quellen:

- Angst vor Unbequemlichkeit, Anstrengung und Veränderung an sich,
- Hoffnungslosigkeit mit dem Gefühl, doch nichts ändern zu können,
- Ärger, Auflehnung und Rebellion gegen Anforderungen.

Unbewusste Widerstände sind daran erkennbar, dass jemand sich fleißig Mühe gibt, der gewünschte Erfolg sich aber nie einstellt. Sie haben häufig die folgenden Ursachen:

- Selbstbestrafung zur Befriedigung von Schuldgefühlen,
- Festhalten an Vorteilen und Gewinnen, die mit den Problemen verbunden sind,
- Verfolgen von Zielen, die auf einer »geheimen Tagesordnung« stehen.

Nicht alle Widerstände sind eindeutig. Es gibt das gleichzeitige Gasgeben und Bremsen, das sich ausschließlich in der eigenen Garage abspielt, das Jein, das nicht immer ein kluger Kompromiss sein muss. Oft liegen dahinter ungelöste Konflikte, die sich sowohl auf die gegenwärtigen Vorhaben beziehen als auch eine lange Vorgeschichte mit unklaren oder gegensätzlichen Motivationen haben können.

Viele von uns sind unentwegt damit beschäftigt, sich mit oberflächlichen, jetzt nicht vordringlichen und möglicherweise ohnehin unlösbaren Problemen zu befassen. Von der Oberfläche in die Tiefe vorzudringen kann eine gute Methode sein, um auf die wirklich wichtigen Dinge zu stoßen. Sich ausschließlich an der Oberfläche zu verbreiten führt oft zum Sich-Verzetteln, zu endlosen Wiederholungen von Handlungen, bei denen wir schon vorher wissen, dass sie uns nicht froh machen und unseren Stolz nicht nähren werden.

Aus der Erfahrung heraus, sich selbst nicht positiv motivieren zu können, leiten einige den Wunsch ab, dass jemand sie zwingen möge. »Jetzt bin ich ein willenloses Werkzeug meiner Ängste und Befürchtungen, die mich daran hindern, meine Ziele zu erreichen«, sagt mir eine Zuhörerin nach einem Vortrag. »Genauso willenlos würde ich tun, was ein anderer, stärkerer Wille mir befiehlt.« Nach meinem Vortrag ist sie enttäuscht: »Ich hätte es besser gefunden, wenn Sie mir und den anderen in den Hintern getreten hätten. Wir müssen hart angepackt werden, damit wir in Gang kommen«, empfiehlt sie mir. Nein, das sind keine echten masochistischen Unterwerfungsbedürfnisse, auch wenn sich meistens ein sadomasochistisches Spiel entwickelt, wenn jemand, ein Elternteil, ein Lehrer, ein Partner über längere Zeit die Rolle des Zwingherrn übernimmt. Aber die Zuhörerin wünscht sich nicht wirklich, permanent gewaltsam angetrieben zu werden. Sie hofft vielmehr, auf magische Weise ihr konflikthaftes, schwaches Wollen durch einen fremden, starken Willen zu ersetzen, der ihr dort helfen soll, wo ihre eigene Handlungskraft nicht ausreicht. Das Modell, das hinter dieser Motivationstheorie steht, ähnelt der Transplantation eines fremden Herzens bei eigener Insuffizienz. Allerdings setzen auch derart radikale Eingriffe den Widerständen kein Ende, wie man weiß: Bei der Organtransplantation stellt sich eine Abstoßungsreaktion ein, die medikamentös unterdrückt werden muss. Der Körper wehrt sich gegen das fremde Gewebe, auch wenn es seinem Überleben dient. Wenn Sie sich einen fremden Willen einverleiben, dann ist es genauso. Sie müssen dann Ihre eigenen gegenläufigen Tendenzen permanent unterdrücken. Das kostet Kraft, die Ihnen an anderer Stelle fehlt. Besser ist es, rechtzeitig durch Ausdauertraining die Leistungsfähigkeit Ihres Herzens wie Ihres Willens zu steigern oder sie wiederherzustellen, statt vom Austausch zu träumen.

Ein entschlossenes Jein

Wir alle leben ständig in Konflikten, zwischen Pflichten und Neigungen, zwischen Lüsten und Ängsten, zwischen Gehorsam und Auflehnung. Vielleicht beginnt der erste Konflikt für Sie schon frühmorgens mit der Klemme: Muss ich wirklich aufstehen, oder kann ich noch zehn Minuten liegen bleiben? Später fährt Ihnen der Bus vor der Nase weg, und Sie fragen sich, ob Sie auf den nächsten warten oder lieber laufen sollen. Im Büro müssen Sie entscheiden: erst die unangenehmsten Anrufe des Tages, damit die abgehakt sind, oder lieber erst ein wenig Small Talk mit den Kolleginnen? Banaler Alltag bedeutet Leben mit Konflikten. Aber es gibt auch alte, unerledigte Konflikte, die man mit sich herumschleppt und deren Existenz man vergessen oder verdrängt hat, bis sie einen wieder einholen.

Konflikte bedeuten bewussten oder unbewussten Kampf und binden dadurch Energien. Impulse, Wünsche und Neigungen blockieren sich gegenseitig oder schließen einander aus. Sie lieben zwei Menschen und wollen auf keinen der beiden verzichten. Sie wünschen sich einen geschäftlichen Erfolg, möchten aber nichts riskieren. Sie möchten sich verlieben, haben aber Angst vor Hingabe. In Konflikten wie diesen kommt Ihr Schwung leicht zum Stillstand. Wenn Sie jetzt nicht achtsam sind, dann übersehen Sie leicht das Spiel von Kräften und Gegenkräften, stellen nur Ihren Stillstand fest und versuchen, sich mit der Peitsche wieder auf Trab zu bringen.

Nach einer gewissen Zeit werden Sie sich durch die Stagnation und Ihre vergeblichen Versuche, sie zu überwinden, erschöpft und ausgelaugt fühlen. Wer sich depressiv niedergedrückt vorwirft, schon viel zu lange herumzuhängen, raubt sich noch mehr Kraft, die er für konstruktives Handeln benötigte. Sie meinen, Sie müssten sich einfach mal zusammenreißen und sich in Bewegung setzen? Ja, aber in welche Richtung denn? Wenn bei einem ernsthaften Konflikt Ihr innerer Kompass mal nach Norden, dann sofort wieder nach Süden zeigt, kommen Sie ganz schön ins Rotieren, wenn Sie versuchen, sich nach ihm zu richten. Wenn Ihre Gedanken sich wie Mühlräder mal in die eine, dann wieder in die andere Richtung drehen, dann fühlen Sie sich schnell zerrieben, wenn Sie den roten Faden, die Leitidee, suchen. Und wenn Sie in der Boutique unschlüssig vor den Kleiderständern stehen, schon dreimal das Kostüm und ebenso oft den Hosenanzug anprobiert haben, dann wird Ihnen ein weiterer Gang in die Umkleidekabine wahrscheinlich auch nicht mehr Klarheit bringen.

Man kann daraus einen Grundsatz ableiten: Bei Konflikten mit widerstreitenden Emotionen hat es keinen Sinn, Entscheidungen nach dem Gefühl zu treffen, weil keine Klarheit herrscht. Bei unentscheidbaren Gedanken bringt weiteres Denken auch nichts, bei Handlungen nach dem Motto »Eins-vor-eins-zurück« können Sie Aktionen als hilfreiche Ratgeber vergessen.

Manch einer versucht, entgegenstehende Gefühle und Gedanken zu unterdrücken, um handlungsfähig zu bleiben oder es wieder zu werden. Aber auch Unterdrückung kostet Kraft, und die fehlt Ihnen dann, um zu besseren Lösungen zu kommen.

Oft zeigen sich ungelöste Konflikte darin, dass gar nichts mehr geht. Ins Auge gefasste Lösungen werden nicht umgesetzt oder scheitern immer wieder. Je länger das so geht, desto belastender ist es und umso mehr neigt man dazu, sich darauf zu fixieren, dass nun aber endlich Ergebnisse fällig seien. Was wirklich erforderlich wäre, kommt zu kurz, nämlich:

- offen zu legen, welche Ziele eigentlich erreicht werden sollen,
- klarzumachen, welche Schritte erforderlich wären,
- herauszuarbeiten, welche Gegenkräfte erfahrungsgemäß auftreten,
- festzustellen, welche alternativen Möglichkeiten gegebenenfalls bestehen.

Den Blick tunnelartig allein auf ein Endergebnis zu richten, blendet alle diese Aspekte aus. Hilfreicher wäre eine Analyse Ihrer Motive und der Art der Widerstände.

Birgit ist in ihrer Kanzlei gut ausgelastet, aber sie denkt öfter an etwas Unerledigtes: ihre Doktorarbeit. In den letzten Semestern an der Uni hatte sie die Aufmerksamkeit eines Professors für Strafrecht erregt, der sich angesichts der neueren Ergebnisse der Hirnforschung mit dem Thema des freien Willens beschäftigte. Als sie damals mit ihm über ein Dissertationsprojekt sprach, begeisterte der Hochschullehrer, Herr Leonardi, sich: »Das ist das Thema der Zukunft, wer fasst eigentlich Vorsätze, wo sitzt das Ich, wie ist Verantwortlichkeit zu definieren, wenn es keinen freien Willen gibt?« Birgit las sich in die Materie ein, fand alles aber vage und unabgegrenzt und hatte keine Vorstellung, wie daraus ein handhabbares Thema für eine Promotion werden könnte. Dann kam ihr erstes Staatsexamen, danach das Referendariat, darauf das zweite Examen, schließlich der Berufseinstieg. Nach zwei Jahren juristischer Tätigkeit und der Begegnung mit promovierten Kolleginnen wurde ihr Ehrgeiz wieder geweckt. Das Renommee des Professors, der sich als Doktorvater angeboten hatte, versprach einen deutlichen Karriereschub. »Ach, bei Leonardi haben Sie promoviert!«, hörte sie in ihren Wunschträumen schon die ehrfürchtig klingenden Stimmen ihrer Kanzleikollegen. Sie hatte Leonardi auch in den zurückliegenden Jahren immer wieder einmal getroffen. Er war dabei erneut auf das Thema Willensfreiheit zurückgekommen und hatte sie wiederum ermuntert, dazu »etwas zu machen«. Natürlich ist ihr klar, dass sie das mit ihm konkretisieren müsste, und genau davor schreckt sie zurück. Leonardi ist streng, er erwartet, dass man seine Gedanken liest. Man kann sich mit ihm nicht hinsetzen wie mit irgendeinem Mandanten, der ein Problem hat, das man erst einmal definieren und klarlegen muss. Birgit hat in einem Exposé ihre ersten Überlegungen niedergelegt, aber sie schreckt davor zurück, Leonardi diese Blätter zu schicken. Das ist doch nur leeres Stroh, das sie gedroschen hat, nichts, was den Ansprüchen des Professors auch nur im Entferntesten nahe käme. Was für einen Sinn sollte es haben, ihn von Anfang an zu enttäuschen, statt ihn in ein paar Wochen mit einem überzeugenden Konzept zu beeindrucken? Leonardi ist übrigens wegen seiner vielschichtig changierenden Abhandlungen berühmt. Sein juristisches Genie zeigt sich gerade darin, dass er nicht in den Niederungen reiner Rechtsauslegung stecken bleibt, sondern in philosophische Höhen aufsteigt. Dorthin möchte Birgit ihm folgen, auch wenn sie nicht weiß, wie sie es anfangen soll. Und dann heißt es auch immer wieder, dass Leonardi seine Doktoranden nicht wirklich betreut, sondern ein Höchstmaß an Eigenständigkeit verlangt.

Je deutlicher es ihr wird, dass sie klare Anleitung braucht, Leonardi aber genau das nicht geben kann, desto verzagter wird sie. Obwohl auch in Birgits Augen alles dafür spricht, ein anderes Thema und einen anderen Betreuer zu wählen, packt sie die Verzweiflung: Nein, sie will keinen anderen als den großen Leonardi, eine Dissertation bei einem anderen Betreuer hätte für sie gar keinen Wert.

Ganz offensichtlich steckt Birgit in einem Konflikt zwischen ihrer Vernunft, die ihr von dem idealisierten Professor abrät, und ihren Gefühlen, die ihr signalisieren: der und niemand sonst! Wenn sie ganz rational an die Notwendigkeit denkt, vernünftig betreut zu werden, dann ist sie mit Leonardi nicht gut bedient. Aber es wäre so toll, am Nimbus des von ihr verehrten Professors teilzuhaben und gerade ihn zu beeindrucken. Und es wäre wunderbar, sich mit Hilfe eines Doktortitels auch selbst Bewunderung zu verschaffen. Hinter diesem Konflikt verbirgt sich jedoch noch ein anderer, der sehr mit handfester Realität zu tun hat. Birgit fühlt sich nämlich durch die viele Arbeit in der Kanzlei überlastet. Sie müsste Mandate, die ihr angetragen werden, ablehnen. Aber es fällt ihr schwer, Nein zu sagen. Durch die vielen Fälle, mit denen sie sich herumschlägt, kann sie aber gleichzeitig eine äußerst peinliche Erkenntnis vor sich verbergen, die ihr in der letzten Zeit gekommen ist: Sie hat nämlich gemerkt, dass viele Dinge bei ihr dreimal so lange dauern, als sie es eigentlich von sich erwartet. Sie hat sich ein paar Wochen selbst beobachtet, sich Fristen gesetzt, um bestimmte Sachverhalte zu recherchieren oder einen Schriftsatz zu verfassen, und immer lag sie über ihrem Limit. Als ich ihr vorschlage, die Zeit zu verdoppeln, ist sie entsetzt. Ob sie damit etwa langsamer wäre als die anderen in der Kanzlei? Nein, keinesfalls, denn dank ihrer schnellen Auffassungsgabe und ihrer Intelligenz hat Birgit meistens die Nase vorn. Aber für sie selbst ist es eine kaum zu verkraftende Kränkung ihres Selbstwertgefühls, dass sie gemessen an ihren Standards »soooo langsam!« ist.

Birgit richtet idealisierte, perfektionistische Erwartungen an sich, die mit der Realität kollidieren, dass sie als vollbeschäftigte, erfolgreiche Anwältin gar nicht die Zeit hat, eine Doktorarbeit zu schreiben, ohne sich Freiräume zu schaffen und ihr eigenes Arbeitstempo zu akzeptieren. Je mehr wir über diese Voraussetzungen sprechen, die Birgit erst einmal schaffen müsste, desto klarer wird, dass sie die Dissertation eigentlich gar nicht schreiben möchte, sondern sie am liebsten schon fertig geschrieben hätte. Sie erlebt keine Vorfreude auf eine Phase eigener schöpferischer Forschungstätigkeit, aber würde liebend gerne bereits den Titel vor ihren Namen setzen dürfen.

Birgit hat also einen vordergründigen Konflikt, bei dem es um die Frage des Betreuers geht, und einen fundamentaleren, der die Frage betrifft, ob sie in ihrer Situation überhaupt eine Doktorarbeit anfertigen will, wenn das bedeutet, erst einmal in verschiedenen Bereichen realistisch kleine Brötchen zu backen.

Unbewusste Konflikte

Aus der Arbeit mit Carlo ergab sich ein eindrucksvolles Beispiel für unbewusste Konflikte:

> Carlo und ich arbeiten immer noch an seinem Vorhaben, die Kontakte zu Kunden zu intensivieren. Carlo möchte seiner Familie, die ihn für einen Versager hält, beweisen, dass er sehr wohl Verkaufserfolge haben kann. Die dafür erforderlichen Aktionen führt er aber immer noch mit angezogener Handbremse durch: zu selten, zu unsystematisch und mit zu wenig Biss. Wir machen eine Liste der Vorteile, die es hätte, wenn er viel mehr Verkaufsgespräche führte. Carlo kann dazu eine ganze Menge sagen, aber merkwürdigerweise fällt ihm »Geld verdienen« gar nicht ein. Genau darum geht es jedoch in seiner Branche, denn als Immobilienmakler erntet man selten Ruhm, Aufsehen und Anerkennung. Aber reich werden kann man. Das darf jedoch offenbar kein wichtiges Motiv sein. Jetzt fallen Carlo viele Erinnerungen ein, an seine christliche Erziehung und dass eher ein Kamel durch ein Nadelöhr gehe, als dass ein Reicher in den Himmel komme; an die Verachtung, mit der ein enger Freund in seiner Jugend über die Kapitalisten herzog, und wie er, Carlo, sich da für seine Herkunft schämte, denn seine Eltern waren durchaus wohlhabend. Allerdings konnten sie ihr Geld nicht genießen, das sei »im Ländle« verpönt gewesen. Sie hätten ihm vermittelt, wie sehr Besitz belaste, wie sehr Geld einhergehe mit der Angst, Neid und Ablehnung auf sich zu ziehen, und mit der panischen Sorge, das Geld auch wieder zu verlieren. »Wie gewonnen, so zerronnen«, sei im Elternhaus ein geflügeltes Wort gewesen. Ein Onkel habe sein Geld im Casino verspielt, ein anderer habe es vertrunken. Geld scheint in dieser Familie nicht nur nicht glücklich zu machen, sondern geradezu vergiftet zu sein mit Katastrophendrohungen. Carlo fürchtet unbewusst genau das, was er bewusst anzustreben vorgibt, aber nicht wirklich anpackt. So paradox es erscheinen mag: Solange er nichts verdient, ist er auf der sicheren Seite, bleibt der Familientradition treu, bestätigt die Vorurteile der Familie und muss sich nicht mit den Ängsten auseinander setzen, die mit Reichtum verbunden sind.

Soll ich, oder soll ich nicht?

»Soll ich wirklich Betriebswirtschaftlehre studieren?« Jeweils vor dem Ende der Bewerbungsfristen stellen Tausende von Abiturienten diese Frage in den Beratungsstellen der Hochschulen, und keinesfalls nur bezogen auf BWL. Die Standardrückfrage der Berater lautet: »Wer sagt denn, dass Sie studieren *sollen*? Ihre Eltern? Ihr gutes Abitur? Die Lehrer? Was wollen Sie? *Wollen* Sie studieren?«

Wer sagt: »Ich weiß nicht, was ich machen *soll*«, signalisiert eine schwach entwickelte eigene Motivation. Oft deutet sich in diesem Satz aber auch so etwas wie ein Auftrag an, während gleichzeitig eine erhebliche Zwiespältigkeit anklingt. Wenn vom »Sollen« gesprochen wird, ist der innere Widerstand meistens größer als die Bereitschaft, diesen Auftrag zu befolgen. Wann immer Sie etwas sollen, dann gibt es in Ihrer Umgebung Menschen, die das für richtig halten, empfehlen oder gar anordnen. Wichtig ist zu erfahren, wie Sie zu diesem Rat, der Empfehlung oder dem Befehl stehen – also: was Sie *wollen*.

Wenn Sie dieser Frage nachgehen, dann werden Sie möglicherweise in Spannungen geraten. Es ist nicht immer leicht, die eigene Unsicherheit erst einmal zuzulassen, schon gar nicht, wenn man von außen unter Entscheidungsdruck gesetzt wird. Aber Identität entwickelt sich unter anderem durch die Bewältigung von Konflikten. Herauszufinden, was Sie wirklich anstreben, was Sie herbeisehnen, wofür Sie bereit sind, sich mehr als üblich einzusetzen, stärkt Ihr Selbstvertrauen und hilft Ihnen dabei, sich besser kennen zu lernen.

Sicher sind die Risiken durch falsche Entscheidungen in Konfliktlagen manchmal erheblich. Viele psychologische Studien zeigen beispielsweise, dass wir die Einsicht scheuen, Verluste erlitten zu haben. Stattdessen verbleiben wir in schlechten Verhältnissen, in der unverdrossenen Hoffnung auf einen künftigen Gewinn. Das gilt für das Festhalten an Aktien, die unter alle »Stop Loss«-Marken gefallen sind, ebenso wie für das Verharren in einer erkalteten Liebesbeziehung. Sich eingestehen zu müssen, dass man vergeblich investiert hat, bedeutet für viele Menschen Gesichtsverlust und Kränkung ihres Wunsches nach Selbstwerterhöhung. Dabei spielt der Moment der Realisierung des Verlustes eine entscheidende

Rolle: Der Tiefstand auf Ihrem Depot ist zwar unangenehm, aber noch schlimmer wäre es, das Depot aufzulösen und den kläglichen Rest Ihres Investments auf Ihr Girokonto überweisen zu lassen. Auf dem Depot ist der Verlust sozusagen noch virtuell, latent. Wenn Sie gar nichts unternehmen (wie schon seit den Monaten, in denen der Kurs verfiel), dann können Sie sich mit der Hoffnung trösten, dass die Aktien irgendwann wieder anziehen und Sie alle Ihre Einbußen wieder wettmachen können. Den verbliebenen Rest einzustecken kommt der Aufgabe dieser Illusion gleich.

Was Jein bedeutet

Im Titelsong der CD *Jein* von der deutschen Hip-Hop-Band »Fettes Brot« geraten die Bandmitglieder in diverse Zwangslagen: Einer ist in Versuchung, mit seiner ersten Liebe anzubändeln, während sich seine Freundin in der Südsee bräunt, ein anderer fühlt sich von der Freundin seines besten Freundes begehrt.

Der Dritte schließlich hat ein Rendezvous mit seiner Freundin, aber die Kumpel aus der Band wollen nach dem Konzert noch einen trinken gehen. Auch hier der Loyalitätskonflikt, der immer nach demselben Muster beantwortet wird:

> »Ja, äh: Nein, ich mein Jein!
> Soll ich's wirklich machen oder lass ich's lieber sein? Jein ...«

Jein bedeutet, nichts aufgeben zu wollen, den Apfel aufzubewahren und ihn zu essen. Man kann versuchen, das Jein gleichzeitig oder hintereinander zu praktizieren. Das simultane Jein führt meistens zum sofortigen Stillstand, wie bei Oleg, dem Hörspielautor. Gleichzeitig Manuskripte zu verfassen mit der Erwartung, dass sie perfekt sein sollen, lässt ihn nach ein paar Seiten aufhören.

Ein Fleisch gewordenes Jein stellt die Diätberaterin dar, die ich neulich traf, eine Fachfrau, die bestens Bescheid weiß über die Gefahren der Fettsucht und sich bei einem Empfang in einer geradezu unglaublichen Leibesfülle präsentierte – ein lebender Kompromiss, ebenso wie jene Ärzte, die rauchen, Psychologen, die keinerlei Menschenkenntnis haben, Bankiers, die ihren Kunden die Kredite sperren und sich selbst schwindelerregend verschulden, Manager, die sich für Spitzenfachleute halten und ungeniert ein Unternehmen nach dem anderen gegen die Wand fahren. Bei dieser Art von Jein wissen wir fast immer, was für andere am besten ist, machen aber für uns eine Ausnahme, weil wir uns für unverwundbar halten. Und selbst dann, wenn wir zugeben, dass auch für uns Übergewicht nicht gesund und Rauchen schädlich sei, zählt dieses Wissen vielleicht wenig gegenüber dem, was wir in einer bestimmten Situation empfinden: gewohnheitsmäßiges Verlangen. Also: Jein. »Zwei Seelen wohnen, ach, in meiner Brust«, lässt Goethe seinen Faust klagen, und man kann beiden Seelen das ihre zukommen lassen, erst das eine, dann das andere. Die Diätassistentin hält gerade noch einen Vortrag über die Schädlichkeit des fetten Essens, dann genehmigt sie sich am Buffet ein Eisbein.

Mental kann man zusammengehörige Sachverhalte »kompartmentalisieren«, also in zwei verschiedene Abteile setzen und die Tür zwischen beiden schließen. Früher wurde das als ein Zeichen seelischer Krankheit gesehen. Wenn jemand Widersprüche nicht mehr als solche erlebt, nicht unter ihrer Unvereinbarkeit leidet, sondern zwischen verschiedenen Erkenntnissen, Sätzen von Spielregeln und Ich-Zuständen hin und her wechselt, ohne den Versuch zu machen, eine einheitliche Linie zu finden und womöglich sogar ohne Zerrissenheit zu erleben, dann galt das lange Zeit als äußerst bedenklich. Allerdings wurde diese Haltung auch immer bewundert, beispielsweise an Konrad Adenauer, der – konfrontiert mit einem Widerspruch – die berühmt gewordenen Worte sprach: »Was schert mich mein Geschwätz von gestern!« Der amerikanische Dichter F. Scott Fitzgerald sah sogar ein Merkmal für erstklassige Intelligenz in »der Fähigkeit, zwei gegensätzliche Ideen gleichzeitig festzuhalten und sich dabei trotzdem die Fähigkeit zu bewahren, weiter zu funktionieren«.

Wir werden auf die Frage, wie zweckdienlich es ist, sich ganzheitlich oder teilweise zu sehen, im dritten Teil dieses Buches zurückkommen.

Wenn mich nur jemand zwingen würde

Die Idee, durch Zwang zu Veränderungen gebracht zu werden, ist für manche Menschen ungeheuer anziehend. Prototyp dieser Art von Motivation ist der Sparkassen-Filialleiter, der wegen der Pistole, die der Bankräuber ihm unter die Nase hält, Dinge tut, die er sonst nie tun würde:

einen Fremden in den Tresorraum führen, den Panzerschrank öffnen, ihm das der Bank anvertraute Geld aushändigen. Klar ist, dass der Banker völlig fremdbestimmt handelt, der Ganove setzt sein Vorhaben mit blanker Gewalt durch. Der Bankier ist für sein Handeln nicht verantwortlich zu machen, da seine Entscheidungsfreiheit gewaltsam reduziert wurde.

Genau diese Vorstellung, dass der eigene Wille vollständig beiseite geschoben und durch einen fremden ersetzt wird, ist attraktiv für diejenigen, die es schwierig finden, ihre Vorhaben aus eigener Kraft durchzuziehen. Manche von ihnen fühlen sich ja tatsächlich so, als werde ihr eigener Wille, der darauf abzielt, Dinge zu erledigen, immer wieder von einer fremden Macht unterlaufen, die sie zwingt, den Anfang oder die Beendigung der Vorhaben immer weiter hinauszuschieben. So ist es nahe liegend, dass sie sich die Umsetzung ihrer Projekte ähnlich vorstellen, auch von außen erzwungen, aber diesmal in Übereinstimmung mit den eigenen Wünschen.

»Ich müsste zu meinem Glück gezwungen werden«, sagt Tanja, die auf ihren Studienabschluss hinarbeitet, aber nicht mit dem Lerneifer bei der Sache ist, den sie sich wünscht. Viel zu oft ertappt sie sich dabei, wie ihre Gedanken von ihrem Text wegwandern, wie sie sich in Tagträumereien verliert, wie sie an die schönen Ereignisse des letzten Urlaubs denkt, an ihre Freundin Stephanie, mit der sie sich jetzt leider zerstritten hat, an ihre Arbeitsgruppe, in der sie schon mehrfach kritisiert wurde, weil sie unvorbereitet erschienen war, und natürlich immer wieder an Jan, den sie vor vier Monaten kennen gelernt hat und in den sie bis über beide Ohren verliebt ist. Sie kann sich nicht auf die Bücher konzentrieren, dabei wünscht sie sich wirklich, dass sie mit dem Lernen vorankäme, denn der Termin ihrer Prüfungen rückt näher. »Ich selbst kann mich nicht dazu zwingen, mich zu konzentrieren, aber wenn ich keine Wahl hätte, wenn ich von außen, durch jemand anderen gezwungen werden würde, dann würde ich es können«, versichert sie. Woher weiß Tanja das? Hat sie sich schon einmal in einer solchen Situation befunden?

Die traurige Antwort lautet mit hoher Wahrscheinlichkeit: Ja. Tanja ist in manchen Bereichen so erzogen worden, dass ihre eigenen Impulse dem Willen ihrer Eltern untergeordnet wurden. Leider haben sich ihre Eltern nicht primär an Tanjas Bedürfnissen orientiert, sondern an Erziehungsregeln. Tanja wurde zu einer bestimmten Zeit ins Bett gebracht, egal ob sie noch munter war oder nicht. Auch gefüttert wurde sie als Baby stets zu einer bestimmten Zeit und nicht dann, wenn sie Hunger hatte. In der Schulzeit hatte ihre Mutter sie anfangs durch Überreden, später manchmal auch durch Druck und Drohungen dazu gebracht, zunächst sofort nach dem Mittagsessen das abgewaschene Geschirr abzutrocknen und dann ihre Hausarbeiten zu machen. Tanja erinnert sich lebhaft, wie sie dagegen opponierte, wie sie klagte, schimpfte, stritt und schmollte – und schließlich doch nachgab, denn ihre Mutter hatte diesen Dreh drauf, sich ab einem bestimmten Punkt tödlich beleidigt zurückzuziehen, mit den Worten: »Wenn ich mal nicht mehr bin, dann wirst du dich noch nach jemandem sehnen, der sich um dich kümmert!« Dagegen kam Tanja einfach nicht an, vorweggenommene Trauer und Schuldgefühle überwältigten sie, und sie musste sich durch Klein-Beigeben wieder mit ihrer Mutter versöhnen.

Auf eine merkwürdige Art scheint sich der Spruch ihrer Mutter wie ein Fluch ausgewirkt zu haben. Jetzt lebt Tanja allein und sehnt sich in der Tat nach genau der Art von Druck, den die Mutter ausübte. Ihre Erfahrungen haben sie an die Vorstellung fixiert, dass sie von außen gelenkt werden muss. Eigentlich wollte ihre Mutter natürlich, dass Tanja lernt, Notwendigkeiten einzusehen und freiwillig Dinge zu erledigen. Aber das hat Tanja nicht verinnerlicht. Sie hat eine solche Regel nicht als attraktiv kennen gelernt, sie hat nicht erlebt, dass sie durchaus auch Raum lassen kann für Bedürfnisse und Wünsche, mit denen ein Kompromiss möglich ist. Tanja hat sich gewehrt, so lange es möglich war, aber unter dem Druck von Schuldgefühlen hat sie sich schließlich dazu erpresst gefühlt, das von ihr verlangte Verhalten auch zu zeigen. Und genau dieses Zwei-Personen-Stück wünscht sie sich jetzt herbei.

Der Zivilisationsforscher Norbert Elias hat in seinem Buch *Über den Prozess der Zivilisation* beschrieben, wie mit der fortschreitenden Arbeitsteilung in der Gesellschaft bestimmte innerseelische Notwendigkeiten entstehen, die aus Verinnerlichungen bestehen:

»Überlegung, Berechnung auf längere Sicht, Selbstbeherrschung, genaueste Regelung der eigenen Affekte, Kenntnis der Menschen und des gesamten Terrains werden zu unerlässlichen Voraussetzungen jedes sozialen Erfolgs.«

Ziel des Zivilisationsprozesses ist es, dass aus zunächst von außen auferlegten Zwängen durch Verinnerlichung ein »Selbstzwang« entsteht. In

Anlehnung an Sigmund Freud sieht Elias in der Entstehung des Über-Ichs, dem Sitz der Ge- und Verbote, das wesentliche Ergebnis eines Prozesses, mit dem ein erwünschtes Verhaltensrepertoire durch Angst »herausgezüchtet« wird:

»(…) es ist diese als Selbstzwang angezüchtete Furcht vor der Verringerung des eigenen Ansehens in den Augen anderer, mag sie nun die Gestalt der Scham oder etwa die des Ehrgefühls annehmen, die die ständige, gewohnheitsmäßige (…) Triebregulierung (…) im einzelnen Menschen sichert«.

Elias unterscheidet zwischen einem geglückten Ausgang und einem weniger geglückten:

»In dem einen Fall bilden sich nach allen Mühen und Konflikten (…) schließlich im Rahmen einer gesellschaftlichen Erwachsenenfunktion gut eingepasste Verhaltensweisen, eine adäquat funktionierende Gewohnheitsapparatur heraus und zugleich – was nicht notwendig damit Hand in Hand geht – eine positive Lustbilanz; im anderen Fall wird entweder die gesellschaftlich notwendige Selbstregulierung immer wieder von neuem mit einer schweren Anspannung zur Bewältigung von entgegengerichteten Triebenergien, mit hohen Unkosten an persönlicher Befriedigung erkauft, oder die Bewältigung dieser Energien, der Verzicht auf ihre Befriedigung, gelingt überhaupt nicht, und oft genug ist schließlich überhaupt keine positive Lustbilanz mehr möglich, weil die gesellschaftlichen Gebote und Verbote nicht nur durch andere Menschen, sondern auch durch den derart Geplagten selbst repräsentiert werden, weil eine Instanz in ihm verbietet und bestraft, was die andere möchte.«

Heute sehen wir den Unterschied zwischen geglückten und missglückten Verinnerlichungen deutlicher. Im ersten Fall haben wir uns mental, emotional und im Verhalten mit Spielregeln identifiziert, die integraler Bestandteil unserer eigenen Persönlichkeit geworden sind. Im zweiten Fall haben wir unter Druck etwas in unser System hineingepresst bekommen, und wir haben es geschluckt. Es liegt uns aber wie ein Fremdkörper schwer im Magen, ist unverdaulich und verursacht Beschwerden. Oder wir haben das uns nahe gelegte System von Ge- und Verboten idealisiert, auf einen Sockel gestellt, ohne es wirklich zu einem Teil von uns werden zu lassen. Diese Art von Idealisierung ist eigentlich auch eine Form von Abwehr, weil der Maßstab uns innerlich fremd bleibt, so sehr wir uns auch abwerten, weil wir ihm nicht gerecht werden.

Wenn adäquate Modelle (meistens die Eltern) uns mit Hilfe optimaler

Frustration und durch ihr eigenes Vorbild Regeln vermitteln, die zu unserem jeweiligen Lebensalter passen, dann werden sowohl positive Erfahrungen wie Einsichten möglich. Bei einfühlsamerem Verhalten ihrer Mutter hätte Tanja erleben können, dass es sinnvoll sein kann, unmittelbare Befriedigungen aufzuschieben und sich erst dann zu belohnen, nachdem ein gewünschtes Verhalten gezeigt wurde.

Carlo klagt über den Druck, den die Banken auf ihn ausüben. »Sie wollen mich in die Knie zwingen, aber das werden sie nicht schaffen!« Obwohl seine eigenen Ziele mit denen seiner Gläubiger vollkommen übereinstimmen – beide wollen Geld verdienen –, erlebt er einen von Fremden ausgeübten Zwang, mit dem er sich nicht identifizieren kann. Der vorhandene Druck reicht ihm in gewisser Weise aber nicht aus, damit er seine Arbeit ernster nehmen würde. Carlo erinnert sich an früher, an die Schule, als er seine Hausaufgaben immer auf den letzten Drücker oder auch gar nicht machte und dabei nie so richtig auf die Nase fiel. Irgendwie ist das auch jetzt so, er glaubt letztlich nicht, dass die Lage ernst ist, sondern vertraut darauf, dass er den Filialleiter schon überreden kann, seine Kreditlinien zu erhöhen. Und falls der hart bleibt und ihm die Daumenschrauben ansetzt, dann wird sich Carlo eben fügen und sich ein paar Wochen lang wirklich Mühe geben. »Man muss wissen, wann man dem Druck nachgeben muss«, sagt er.

Wer auf äußeren Druck setzt, ist mit seiner Aufgabe nicht identifiziert. »Wer will, der kann. Wer nicht will, muss«, wusste schon der alte Römer Seneca.

Wer äußeren Druck als Motivation braucht, sieht sich als Opfer, das sich einem fremden Willen unterwirft. Es geht gar nicht darum, ob Sie das, was Sie sich vorgenommen haben, wirklich wollen, sondern von vornherein steht schon fest, dass Sie es aus irgendwelchen Gründen tun »müssen«. Prototyp ist die Abgabe der Einkommensteuererklärung, tatsächlich ein Muss, wenn Sie es vermeiden wollen, im Wege der Schätzung besteuert zu werden. Besonders schlimm wird es, wenn Sie eine erhebliche Steuernachzahlung zu erwarten haben. Bis zum allerletzten Zeitpunkt wird dann die Abgabe der Unterlagen hinausgezögert.

Für die meisten von uns reicht der äußere Druck durch Fristen und die Androhung von erhöhten Zahlungen bei Überschreiten dieser Deadlines dafür aus, dass wir uns trotz erheblicher innerer Widerstände ans Werk machen. Für manche aber ist die Strafandrohung zu gering, sie brauchen weiteren Druck. Menschen wie Carlo brauchen ihren äußeren Zwingherrn, gegen den sie sich durch inneren Widerstand, Trödeln und Herauszögern auflehnen, bis die angedrohten Strafen zu schlimm werden. Dann unterwerfen sie sich, erledigen die längst schon fällige Sache, holen aber im Inneren das Messer raus und machen einen Eintrag auf dem Kerbholz. Das nächste Mal wird der äußere Gegner noch mehr Druck aufbieten müssen, bevor Carlo klein beigibt. Die Carlos dieser Welt fühlen sich lange ganz unabhängig. Erst wenn sie letztlich doch kapitulieren müssen, zeigt sich, dass sie das Leben von Sklaven, nicht von freien Menschen führen.

Die falschen Probleme lösen

Die halbwegs gute Nachricht vorweg: Die falschen Probleme zu lösen bedeutet immerhin, überhaupt irgendwelche Schwierigkeiten anzugehen, um aus einer als schlecht empfundenen Lage herauszukommen. Erfolg ist dabei allerdings nicht garantiert, denn Aktivismus am falschen Ort kann die bereits vorhandenen gravierenden Probleme noch vergrößern. Leider scheint es eine menschliche Tendenz zu sein, gerade dann zur Lösung der falschen Probleme Zuflucht zu nehmen, wenn die richtigen, ernsthaften als zu bedrängend erlebt werden. Das ist insbesondere in Situationen der Fall, die folgende Merkmale aufweisen:

- Komplexität: Eine Situation enthält viele verschiedene Merkmale, die womöglich miteinander in irgendeiner Weise in Verbindung stehen.
- Dynamik: Die Situation entwickelt sich auch ohne Eingreifen weiter, einfach weil die Zeit vergeht und sich eventuell Trends bemerkbar machen.
- Intransparenz: In der Situation ist nicht all das klar erkennbar, was man gerne wissen möchte.
- Fehlendes Wissen über die Gesamtsituation: Die Situation ist in einen Gesamtzusammenhang eingebettet, über den man Wissen braucht, um Hypothesen bilden zu können.

Die Probleme des wirklichen Lebens sind – im Gegensatz zu manchen wissenschaftlichen Laborversuchen – stets durch diese Merkmale gekennzeichnet. Wer immer Lösungen sucht, ob als Privatperson oder Regierungsverantwortlicher, muss in diesen Zusammenhängen handeln.

Dietrich Dörner, ein Denkforscher, hat Versuchspersonen am Computer ein Gemeinwesen steuern lassen, ein Entwicklungsland oder auch eine deutsche Kleinstadt. Als Ziel war ihnen vorgegeben, für das Wohlergehen der Bevölkerung zu sorgen. Dabei mussten sie verschiedene, miteinander in Verbindung stehende und aufeinander einwirkende Parameter berücksichtigen, herausfinden, welche Trends wirksam sind, Informationen einholen, um die Verhältnisse durchschaubar zu machen, und ihr Wissen in Strategien umsetzen, über deren Güte der Computer ihnen eine Rückmeldung gab. Die Ergebnisse dieser Forschung, die Dörner in seinem Buch *Die Logik des Misslingens* beschreibt, sind deprimierend, weil nur wenige Versuchspersonen in der Lage waren, gut für die ihnen Anvertrauten zu sorgen. Außerordentlich aufschlussreich sind die Verhaltensweisen der Versuchspersonen, die dazu führten, dass die Systeme außer Kontrolle gerieten. In vielen Versuchsreihen zeigte sich, dass die Regierenden besonders dann, wenn die Probleme als zu unübersichtlich und zu schwierig eingeschätzt wurden, lieber darüber nachdachten, in der Nähe des Altersheimes neue Telefonzellen aufzubauen, als sich noch mit dem im Zusammenbruch befindlichen Gesamtsystem zu befassen, das sie längst nicht mehr überschauten. Sie waren konsequent damit beschäftigt, die falschen Probleme zu lösen.

Dörner weist auf einige Quellen für diese fatale Tendenz hin:

- *Die Langsamkeit unseres Denkens:* Eines nach dem anderen zu analysieren und zu tun, statt vernetzte Zusammenhänge zu betrachten, hindert uns oft daran, mit den stürmischen Entwicklungen in der Realität Schritt zu halten.
- Leider ist auch die *Zuflusskapazität unseres Gedächtnisses begrenzt,* und neue Informationen werden oft gar nicht wirklich gespeichert. Beides begünstigt, wie gebannt nur auf einige wenige Faktoren zu starren.
- Die *Tendenz, Dinge dramatisch zu vereinfachen:* Indem wir nicht mehr das komplexe Gesamtsystem von vernetzten Zusammenhängen betrachten, sondern einzelne Faktoren herausgreifen, die wir zu zentralen oder besonders wichtigen Einflussgrößen erklären, um die wir uns

dann kümmern, schaffen wir eine trügerische Vereinfachung. Oder wir reagieren nach scheinbarer Dringlichkeit auf das, was als Letztes passiert ist. Manche verfügen über eine einzige Entscheidungsregel, die sie auf jede Situation anwenden, andere schreiben Entwicklungen immer nur linear fort, ohne sich über explosiv verlaufende Prozesse wie exponenzielle Zuwächse Gedanken zu machen.

- *Selbstschutz:* Es sieht so aus, als ob wir in Problemlösungsprozessen nicht nur die objektiven Sachverhalte betrachten, sondern uns selbst immer mit mindestens einem Auge im Spiegel beobachten, ob wir auch *bella figura* machen. Unser Denken scheint gerade dann, wenn Schwierigkeiten auftauchen, oft von dem Bedürfnis bestimmt zu werden, ein positives Selbstbild als kompetent und handlungsfähig zu bewahren oder wiederherzustellen. Also Imagepflege statt Lösungskompetenz.

Carlo hat einen komplexen Übersichtsplan über seine Geschäfte gemacht. Seine Steuerberaterin Inka, die Betriebswirtin ist, hat ihm dabei geholfen, ein richtiges Business-Case für seine Expansionspläne zu entwickeln: Carlo möchte eventuell als Bauträger in ein Sanierungsprojekt einsteigen, bei dem er durch die Umwandlung von ehemaligen Altbau-Mietwohnungen in Eigentumswohnungen das große Geld machen könnte. Gerne würde er den Käufern auch die Finanzierung anbieten. Er hofft auf Synergien. Das Geschäftsmodell, das sich daraus ergibt, erfordert die richtige Rechtsform und macht von vornherein die Berücksichtigung steuerlicher Aspekte erforderlich. Neue Liquidität muss her, komplizierte Verhandlungen mit Banken und der Wohnungsbaugesellschaft stehen an, ein umfangreiches Marketing muss sich anschließen, um die Wohnungen später auch zu verkaufen. Jetzt sitzt Carlo da und starrt auf das Mindmap, das Inka aufgemalt hat, auf die vielen Querpfeile und Ablaufschemata. Vor so viel Komplexität graust ihm, er findet es außerordentlich anstrengend, im Kopf die vielen verschiedenen Aspekte auseinander zu halten beziehungsweise »zusammenzudenken«. »Na ja, morgen ist auch noch ein Tag«, murmelt er und bricht auf zum Katasteramt, um sich genauer über die Besitzverhältnisse bei einem kleinen Grundstück am Stadtrand zu informieren, das ihn interessiert.

Carlo schreckt vor den komplizierten Zusammenhängen zurück, die eine Ausweitung seiner Geschäfte mit sich bringen würde. Da ist es doch leichter, was Überschaubares zu tun. Lieber löst er ein kleines, unbedeutendes Problem.

Betrüblicherweise machen wir es auch im globalen Maßstab nicht anders. Längst gehört es zum Allgemeinwissen, dass Probleme wie Raubbau an der Natur, Krieg und Unterdrückung, Ausbeutung und Armut in der Dritten Welt, Terrorismus und die »geistige Verelendung in den Industriestaaten«, wie der Stifter des alternativen Nobelpreises, Jacob von Uexküll, unsere einzigartige Mischung von Bewusstlosigkeit und Raffgier nennt, zusammengehören. Diese Probleme werden nicht nur nicht gelöst, sondern bagatellisiert, ignoriert oder durch ein radikal durchgesetztes Profitinteresse der 52 weltweit bestimmenden multinationalen Großkonzerne, die in einer Art von »globaler Planwirtschaft« agieren, geradezu noch gesteigert. Währenddessen führen uns die von ihnen abhängigen oder mit ihnen verflochtenen Politiker vor, wie man mit viel zu kleinen Schritten, die nichts bewirken, die falschen Probleme löst, und wir erleben, wie diese Lösungen an unserer Situation nichts verändern.

6
Die Problembilanz

»Ich sinke zu Boden unter der Last all dessen,
was ich nicht getan habe!«
Paul Valéry

Auf den folgenden Seiten geht es darum, aus der Beschreibung der Erscheinungsformen dessen, was alles schief gehen kann, wenn man die besten Absichten hat, eine Bilanz zu ziehen. Zwanghafte Handlungsstörungen, Aufschieben als Feind von Erfolg und Genuss, Leben im Alltagstrott und in hartnäckigen Widerständen schaffen Probleme. Diese haben eine Erlebens- und eine Ergebnisseite.

Erleben

Die Erlebnisseite dieser Störungen ist ziemlich eindeutig: Man fühlt sich blockiert, gereizt, verärgert, erschöpft und geängstigt. Im naiven Zustand glaubt man vielleicht noch zuversichtlich, es werde eines Tages alles von allein besser. Diese Zuversicht verflüchtigt sich irgendwann, und nach Monaten oder Jahren fühlen sich viele wirklich so, wie Paul Valéry, der französische Dichter, es beschrieb: vom Zusammenbrechen bedroht unter dem Gewicht der Dinge, die liegen geblieben sind. Ängste vor der Zukunft und davor, dass man sich nie werde ändern können, bedrücken den einen, Wut und Ärger auf sich selbst, bis hin zu Selbsthass, quälen andere. Für nahezu alle jedoch sind die Probleme, nicht Herr im eigenen Haus zu sein und keine vorzeigbaren Ergebnisse zu erzielen, zutiefst mit Scham verbunden. Manche resignieren: »Ich hielt das immer für eine Charakterschwäche, mit der ich auf die Welt gekommen bin«, sagte mir jemand, »ich hatte keine Ahnung, dass das ein Problemverhalten ist, das man verändern kann!«

Es ist sehr schwer, sich damit zu arrangieren, dass man selbst viele

Dinge, die anderen Menschen scheinbar mühelos möglich sind, nicht konfliktfrei tun kann. Man fühlt sich dann ausgesperrt von den Glücksquellen, die andere sich erschließen, und das kann bitter und neidisch machen. Besonders traurig ist das Erleben derjenigen, die sich in eine negative Größe flüchten und hochmütig all das als unwichtig niedermachen – Erfolg, Zufriedenheit, Erfüllung, Glück –, was ihnen selbst verschlossen bleibt.

Ergebnisse

Während bei der Erlebnisseite von Handlungsstörungen also die Kosten klar im Vordergrund stehen, gibt es bei der Frage nach den Ergebnissen häufig ein uneindeutiges Bild: Auch hier sind Preise zu zahlen, aber es lässt sich auch der eine oder andere Nutzen feststellen. Wenn jemand nicht zum Säen kommt, dann wird er auch nichts ernten können. Zu den Null-Erträgen hinsichtlich der Outcomes gesellen sich weitere negative Folgen wie üble Gefühlslagen, fehlende Anreize und Auseinandersetzungen mit der Umwelt. Belohnungen und Freuden bleiben aus, stattdessen entstehen Kritik, Stress, Hektik, und Terminnot.

Auf der anderen Seite der Bilanz steht jedoch so etwas wie Selbstschutz. Handlungsstörungen zersieben unsere Pläne, aber gerade dadurch minimieren sie auch bestimmte Risiken: Wer gar nicht erst aus den Startblöcken kommt, kann auf der Rennstrecke nicht spektakulär stürzen, zum Gespött der Zuschauer werden, sich eine Zerrung holen – oder als Letzter durchs Ziel kommen. Und auch nicht als Erster, was für manch einen unbewusst neben allen Lockungen auch ein Risiko darstellt: Siegt man, erwartet man selbst (oder andere) das nächste Mal wieder einen Triumph. Oder man muss die Folgekosten von Ruhm und Ehre auf sich nehmen.

Wir alle haben Wünsche nach Selbstwerterhöhung, nach Kontakt mit anderen, danach, uns auszudrücken und aus unserem Leben etwas zu machen. Und gleichzeitig haben wir aus unseren Erfahrungen mit Schmerz, Kummer, Beschämung und Demütigung, mit Neid, Ängsten und Zorn das Bestreben, uns zu schützen. Wenn dieses Motiv übermächtig wird, sodass es alle anderen Wünsche dominiert, dann bleiben wir aus Angst vor Zurückweisung allein zu Hause, dann sagen wir aus Angst vor

Kritik unsere Meinung nicht. Wir nehmen keine Tanzstunden, aus der Furcht heraus, uns zu blamieren. Wer ein gesundes Selbstwertgefühl hat, wird einen Misserfolg nicht besonders schätzen, aber verschmerzen können. Erst wenn die Seele vorbelastet ist, wickeln wir uns in schützende Mullbinden ein, sehen dann zu Lebzeiten schon aus wie Mumien und leben abgestorben vor uns hin. Tatenlosigkeit, Grübeln und Aufschieben sind Ausdruck einer mumifizierten Haltung dem Leben gegenüber.

Wenn wir uns wieder einfädeln wollen in den Strom des aktiven Lebens, dann werden wir vielleicht nicht sofort so groß rauskommen, wie wir möchten. Aber wir werden alleine dadurch, dass wir alte Blockierungen überwinden, immer wieder einen Erfolg haben. So werden wir zu *Small Winners*, die – wenn sie Bilanz ziehen – nicht mit leeren Händen dastehen. Vielleicht sind unsere Siege über die Tücken des Alltags und die Einschränkungen durch unsere Handlungsstörungen nicht spektakulär. Aber wir bekommen die Dinge unter Kontrolle und haben deswegen weniger Angst.

Und darauf kommt es an, wie der französische Schriftsteller François de La Rochefoucauld feststellte: »Die ruhige oder unruhige Stimmung hängt nicht so sehr von den entscheidenden Ereignissen unseres Lebens ab als von der behaglichen oder unbehaglichen Regelung der kleinen Dinge des Alltags.«

Die Kosten des Vermeidens

Handlungsstörungen haben drei Arten von negativen Folgen:

- Sie erreichen nicht das, was Sie sich vorgenommen haben, Ihnen entgehen also potenzielle Gewinne.
- Sie leiden unter Ihrer Erfolglosigkeit.
- Sie leiden darunter, dass Sie so sind, wie Sie sind.

Nur die erste dieser Folgen ist unvermeidlich, denn von nichts kommt nichts. Selbstverständlich kann man sehr unterschiedlich mit dieser Tatsache umgehen.

Stefan hat seit mehreren Jahren keinen Lohnsteuerjahresausgleich durchgeführt. Ihm stünde die Erstattung von zu viel gezahlten Steuern zu. Aber aus Abscheu davor, sich mit den Formularen herumzuplagen, verzichtet er auf das Geld. So wie viele andere auch. Nach Schätzungen schenken die Bürger der Bundesrepublik Deutschland auf diese Weise dem Staat jährlich etwa 500 Millionen Euro! Stefan hat sich damit arrangiert; das Geld ist halt der Preis, den er für seine Bequemlichkeit zahlt. Juliane hingegen ist wütend, wütend, wütend. Auf das Finanzamt ohnehin, aber auch auf sich selbst, denn sie verzichtet ebenfalls auf den Lohnsteuerjahresausgleich. Sie ärgert sich natürlich nicht dauernd, aber immer dann, wenn sie in einem Schaufenster etwas entdeckt, das sie sich mit dem verschenkten Geld leicht hätte kaufen können, packt sie die Wut.

Sich gelegentlich zu ärgern ist noch ganz gut zu ertragen. Schlimmer dran sind diejenigen, die in vielen Bereichen ihre Ziele verfehlen, unter dem Ausbleiben erhoffter Gewinne leiden und sich als generell erfolglos ansehen. Am schlimmsten ergeht es denjenigen, die unter sich selbst leiden.

Susanne hat durch ihre Sorglosigkeit und ihre Unentschlossenheit eine Karrierechance verpasst. Die kleine Filiale der Bank, in der sie arbeitete, sollte dichtgemacht werden, darüber waren sich die Mitarbeiter schon lange im Klaren. Ihr Chef, der sie gut leiden konnte, hatte Susanne ein Jahr zuvor den Vorschlag gemacht, sich in der Anwendung der Unternehmenssoftware SAP weiterzuqualifizieren, und hinzugefügt: »Ich habe große Pläne mit Ihnen, das wissen Sie ja!« Susanne hatte das nicht richtig ernst genommen, sich die Einarbeitung in SAP auch nicht zugetraut, sie hatte die Überstunden und die Wochenendseminare gescheut, die damit verbunden gewesen wären. Und sie hatte ihrem Freund nicht zumuten wollen, auf die kostbaren gemeinsamen Wochenenden zu verzichten. Ihr Chef hatte immer mal wieder darauf angespielt, dass sie sich über ihre weitere Laufbahn Gedanken machen müsse, er hatte auch von eigenen Plänen gesprochen, in die Konzernzentrale zu wechseln, und deutlich gesagt: »Am liebsten wäre es mir, Sie und ich würden gemeinsam gehen!« Susanne konnte das nicht überhören, aber sie hatte es vermieden, darüber nachzudenken. Und wenn sie es doch einmal tat, dann wusste sie nicht, wie sie sich entscheiden sollte. Weil sie ihren Chef auf die Angelegenheit nicht von sich aus ansprach, nahm der an, sie sei nicht interessiert. Als er – von ihr enttäuscht – in das Mutterhaus der Bank entschwand, als die Filiale tatsächlich geschlossen wurde, versetzte man Susanne in die nächstgelegene größere Niederlassung. Der Personalchef gab ihr zu verstehen, dass sie eine Chance verpasst habe. Susanne nahm sich das sehr übel. Sie bedauerte weniger, dass ihr reale Aufstiegsmöglichkeiten entgangen waren. Sie machte sich nicht einmal besonders viele Gedanken darüber, nun in den Augen ihrer Vorgesetzten als unengagiert dazustehen. Nein, sie litt darunter, dass sie sich so uneindeutig verhalten hatte, sich defensiv in die Büsche geschlagen und abgewartet hatte, anstatt den Stier bei den Hörnern zu packen. Sie konnte es sich nicht verzeihen, dass sie mit ihrem Chef nicht ein einziges Mal offen über ihren Zwiespalt gesprochen hatte. Ihre Stimmung war nachhaltig gedrückt, ihre Leistungen erreichten nicht mehr das alte Niveau, und sie sah sich selbst immer wieder vor ihrem geistigen Auge: »unbedarft, unverantwortlich und leichtfertig«, wie sie fand.

Schauen wir uns einige der negativen Folgen, mit denen sie Leid erzeugen, einmal genauer an.

Selbstbestrafung

Wer die besten Absichten verfolgt, aber nichts erreicht, versucht häufig, sich mit Hilfe von seelischen Folterinstrumenten in Schwung zu bringen. Selbstbestrafung bringt zwar nichts, folgt aber dem Gebot: Strafe muss sein.

Tanja ist mit einigen Hausarbeiten in Rückstand. Sie macht sich einen Arbeitsplan, der von vornherein unrealistisch ist, weil er viel zu vollgestopft ist und keine Pausen enthält. Das Scheitern ist vorprogrammiert. Tanja liegt bald weit hinter ihrem Plan zurück, nimmt sich das übel, fordert sich noch mehr, bringt es wieder nicht und gerät in eine negative Abwärtsspirale. Schließlich bestraft sie sich durch Nichtstun für ihr Nichtstun.

Die Notwendigkeit, sich zu verstellen

Jemand schrieb mir die folgenden Zeilen:

»Der Druck zur Tarnung von Schwächen und Defiziten ist seit ewigen Zeiten meine zweite Natur. Die objektiven Auswirkungen des ewigen Aufschiebens entgehen meinem Umfeld in Beruf, Partnerschaft und Familie natürlich nicht. Aber ich setze alles daran, die wahren Ursachen, die in meinen persönlichen Beeinträchtigungen liegen, und die häufige Vergeblichkeit meines Ankämpfens zu verbergen. Dafür bieten sich die unverfänglichen Deckmäntel Stress, Zeitnot und Überlastung an. Manche loben mich sogar, zeigen Anteilnahme und Bewunderung: ›Bist du aktiv, rund um die Uhr am Ball, toll, dass Du das durchhältst!‹ Zufrieden macht mich das natürlich nicht, eher empfinde ich Schuldgefühle, nicht nur wegen des Vermeidens und Ausweichens, sondern auch wegen des Vorspiegelns falscher Tatsachen. Das führt zu großem inneren Druck und Zähneklappern. Ausweglos und problematisch wird aber alles, wenn wichtige vertraute Bezugspersonen misstrauisch werden. Es folgen Kritik und jede Menge Lebenstipps. Alles sei ja nur eine Sache des Wollens, der Disziplin oder schlichtweg Faulheit.«

Selbstbetrug

Lassen wir den gerade zitierten Leser nochmals zu Wort kommen:

»Verführerisch ist das Hantieren mit angeblich so unverzichtbaren Computer-Managementprogrammen. Die Liste der unerledigten Aufgaben wird länger und länger. Der ›Erinnerungsmodus‹ zeigt mir schonungslos meine Defizite auf. Die kann ich vor mir selbst zu tarnen versuchen, indem ich Projekt- und Zeitmanagement verfeinere, was jedoch nur eine Spielart des Selbstbetrugs ist. Das perfekte Planen von immer mehr Aufgaben und tollen Dingen, die man noch machen könnte, rückt an die Stelle der eigentlichen Umsetzung. Auf diese Weise tarnt man seinen pathologischen Zwang zum Nichtstun! Ich kultiviere diese Arbeitsvorbereitungen nahezu bis zum Geht-nicht-mehr. Ich tue was und bin hochzufrieden!(?) Dabei wünscht man sich nichts Sehnlicheres als Zufriedenheit durch Leistung.«

Schonungslose Selbstdemontage

Die meisten Menschen mit Handlungsstörungen richten ihre gesamte Aufmerksamkeit nach einer gewissen Zeit schmerzhaft auf sich selbst statt auf die Aufgaben. Sie sind in der Lage, minutiös zu beschreiben, wie sie das Problem konstellieren, aber sie finden keinen Ausweg. Die Betroffenen spießen sich wie ein Insekt auf dem scharfen Stahl ihrer Selbstkritik auf und nehmen sich dann unter die Lupe. Erneut ein paar O-Töne:

»Nachdem ich Stunde um Stunde nichts zustande gebracht habe, kommen dann endlich die rettenden Einfälle in größter Not, oft sogar erst bei der Fahrt zur Präsentation beim Kunden, für die ich armer Irrer Stunden wertvoller Freizeit und Nächte geopfert habe.«

»Die Kritik meiner Kollegen trifft mich umso schlimmer, als ja etwas Wahres dran ist! Ich drücke dann noch mehr aufs Gaspedal. Nächte müssen herhalten, um die Arbeit, die tagsüber nicht gelingen will, in der Dunkelheit zu packen. Aber das zunehmende Schlafdefizit bringt mich aus dem Biorhythmus, nachts fällt mir nichts ein, und morgens bin ich müde. Tagsüber schwanke ich zwischen Schlafwunsch, Kaffee und Zigaretten zum Wachhalten und verabscheue mich selbst. Irgendwann ist die Vitalität auf Null. Dann schalte ich ein paar Gänge zurück, sage alle Termine ab und versuche mich gegen den inneren Stress durch Entspannungsübungen und Einsatz von autogenem Training zu wappnen. Aber entweder fühle ich mich danach benommen und noch müder, oder der moralische Kater setzt ein: Ich habe mehr Zeit vertrödelt, das Terminkorsett ist nun noch enger geschnürt, und ich versuche, mit einem verdoppelten Einsatz die Erledigungen zu bewerkstelligen. Niemand wird mich jetzt mehr für einen Lahmarsch halten, aber mit meinem Seelenfrieden ist es nun völlig vorbei!«

Verzweiflung und Müdigkeit

Irgendwann wird den meisten klar, dass auch der Selbsthass keine Motivation bringt, dass die unerbittlichen Peitschenhiebe nicht zur Erledigung antreiben, sondern nur eine Maßnahme der Selbstbestrafung sind. Das Über-Ich, das immer so genau weiß, wie alles sein und laufen sollte, prügelt voller Verachtung auf das schwache Fleisch ein. Das Ergebnis besteht natürlich nicht in freudiger Lust zur Arbeit, ja nicht einmal darin, sich ängstlich und geduckt an die Aufgaben zu machen. Es ist, als hätte man Wind gesät und würde nun einen Sturm ernten. Verzweiflung macht sich breit, wenn die Motivationstheorie nach dem Motto: »Und bist du nicht willig, so brauch ich Gewalt!« zum Ende gekommen ist.

Nach einem Vortrag ist ein älterer Herr auf mich zugekommen, der eine Aura von Gepflegtheit und Traurigkeit um sich hatte. Er erzählte mir von seiner mehr als dreißigjährigen Karriere im schreibenden Journalismus, bei der jeder Tag eine Qual gewesen sei, ein Kampf gegen Ablenkungen und Sorglosigkeit, ein von Ängsten und Zwängen geprägtes Berufsleben, bei der er es sowohl mit Action als auch mit dem Rückzug in ein buddhistisches Kloster versucht habe. Morgens habe er versucht, sich mit Alkohol Mut für den Tag zu machen, abends habe er getrunken, um sich zu entspannen. »Dazwischen habe ich mir einen abgekrampft, innerlich zitternd, mit dem Gefühl, ein Hochstapler zu sein.« Der jetzt Siebzigjährige war ein sehr erfolgreicher, einflussreicher Journalist, dessen Beiträge aufmerksam rezipiert wurden. Aber in seiner Selbstwahrnehmung zählte der Erfolg weniger als der Prozess, mit dem er ihn zu Stande gebracht hatte. »Ich habe nie akzeptiert, dass ich ein so träger, ängstlicher, zwanghafter Schreiber war. Ich habe in meinem ganzen Berufsleben keinen *Flow* erlebt, immer nur Konflikte.« Und in den zurückliegenden zehn Jahren sei alles dominiert gewesen von dieser Lebensmüdigkeit, »vom Selbstekel davor, mich seit Jahrzehnten immer hochgerissen, an den Schreibtisch gequält, mich geschunden und Sätze aus mir herausgepresst zu haben – was für eine Vergeudung von Lebenskraft und Lebensfreude!«

Der Nutzen der Handlungsstörungen

Objektiver Nutzen

Gelegentlich haben Handlungsstörungen als Begleiterscheinung einen gewissen objektiven Nutzen. Wenn Sie Ihre Festplatte entrümpeln, statt an der Umsatztabelle des vergangenen Quartals zu arbeiten, haben Sie etwas davon. Der Übersprung kann Sie dazu veranlassen, Ihre Wohnung zu renovieren, statt Ihr Drehbuch fertig zu stellen, und beim Grübeln kann Ihnen einfallen, wo Sie den verloren geglaubten Schlüssel zu Ihrem Bankschließfach versteckt haben. Sie können sich unter mehreren Reiseveranstaltern nicht entscheiden, buchen schließlich eine Last-Minute-Reise und sparen Geld. Gleiches gilt bei der lange hinausgezögerten Anschaffung elektronischer Geräte, deren Preise ständig sinken. Diese Nebengewinne sind jedoch durch die Unfreiwilligkeit der Unentschlossenheit und den Stress des Ausweichens meistens teuer erkauft.

Ein Mitarbeiter eines ehemaligen Bundesunternehmens, das dafür bekannt ist, in dauernden Reorganisierungsprozessen zu stecken, hat aus seiner früheren Störung gelernt: »Ich hatte in den vergangenen drei Jahren fünf verschiedene Vorgesetzte. Jeder hatte andere Vorstellungen und gab mir andere Arbeitsaufträge. Bei jedem hatte ich große Mühe, meine innere Trägheit zu überwinden und mich wirklich an die Sache zu machen. Kaum hatte ich ein Konzept für ein aggressiveres Marketing erarbeitet, war die Geschäftsphilosophie schon geändert, und niemand interessierte sich mehr für mein Konzept. Nun war Customer-Relationship-Management (CRM) der große Hit, dem sich alles unterordnen sollte. Als ich mich darauf eingestellt hatte, kam das Thema »Expansion in neue Märkte« wieder aufs Tapet und danach die Rückbesinnung auf das Kerngeschäft. Solange ich versuchte, den ständig neuen Zielvorgaben hinterherzuhecheln, ging es mir schlecht. Als ich mich entschieden hatte, solche konzeptuellen Aufträge erst einmal liegen zu lassen und auf Nachfragen hin höchstens erst einmal ein kurzes Whitepaper zu liefern, wurde es besser!«

Einen objektiven Nutzen können Sie dann erreichen, wenn Sie Ihre Handlungsstörungen philosophisch auswerten und aus ihnen lernen. Davon handelt der dritte Teil dieses Buches. Der gerade Weg ist nicht immer der angemessenste, und denjenigen, der gut zu einem passt, lernt man oft erst dadurch kennen, dass man eine Zeit lang in die Irre geht. »Short cuts make long delays«, erfahren auch die tapferen Hobbits und ihre Mitstreiter im Kampf gegen Sauron, den bösen *Lord of the Rings*.

Subjektiver Nutzen

Neben den wenigen objektiven Vorteilen, die Handlungsstörungen einem bieten, fallen die vielen subjektiven ins Auge. Manche ergeben sich als direkte Folge der jeweiligen Störung, bilden also direkte »Krankheitsgewinne«. »Einer der Vorteile, wenn man unordentlich ist, liegt darin, dass man laufend aufregende Entdeckungen macht«, tröstet beispielsweise A. A. Milne, der Schöpfer von *Puh, der Bär*, alle Messies. Wer es bei Absichten belässt, die er nie umsetzt, hat wahrscheinlich ein reiches Phantasieleben, spart aber Geld und Energie und geht keine Risiken ein. Wer überall ein

Haar in der Suppe findet – weil er es sucht –, wird sich selbst als sehr kritischen, anspruchsvollen Menschen sehen. Wer sich nur schlecht auf seine Aufgaben konzentrieren kann, in andere Aktivitäten überspringt oder sorglos mit seinen Vorhaben umgeht, hat immerhin Vergnügen, die in jenen anderen Dingen liegen, und kann sie hoffentlich genießen. Wer altruistisch für andere deren Leben arrangiert und sich selbst dabei vernachlässigt, wird eventuell lange Zeit als Wohltäter wahrgenommen und erfreut sich eines guten Rufes als hilfsbereiter Mensch.

Tipp

Schwache Wünsche und keine ausgeprägten Ziele zu haben, dem Leben gegenüber ein deutliches Jein einzunehmen, kann Ihnen dabei helfen, die Dinge mit stoischer Gelassenheit hinzunehmen, statt im Modus hysterischer Erregung durch Ihr Dasein zu hetzen. Grübeln, Zaudern und Zwängeln bannt Ängste, lenkt von bedrohlichen Gefühlen und Impulsen im Inneren ab und führt dort durch Wiederholung eine Struktur ein, wo ansonsten Chaos und Panik herrschten.

Schutz des Selbstwertgefühls

Der größte Nutzen, den Handlungsstörungen haben, liegt jedoch darin, dass sie einen wirksamen Schutz vor erwarteten Flops und damit verbundenen unangenehmen Gefühlen und Einsichten darstellen. Mit der Wahl der Handlungsstörung entscheiden Sie sich für eine kleine, scheinbar überschaubare Problemzone, die Sie bereits kennen, und vermeiden den Größten Anzunehmenden Unfall, den GAU, dessen Eintreten Sie befürchten. Nur wenige Menschen können Pleiten und Pannen mit einem »Pech gehabt« auf die leichte Schulter nehmen. Für die meisten bedeutet ein irgendwie geartetes Scheitern immer auch eine Kränkung ihres Selbstbildes, genauer gesagt: ihres Selbstwertgefühls.

Das Selbstbild enthält die Vorstellungen, die man von sich selbst hat. Das Selbstwertgefühl ergibt sich aus der emotionalen Bewertung dieser Vorstellungen als gut oder schlecht. Quellen für die Einschätzung des eigenen Selbstwerts sind:

- die Selbstwahrnehmung,
- Rückmeldungen von anderen und
- der Vergleich mit anderen.

Die Daten, die wir zur Beurteilung des Selbstwertgefühls heranziehen, kommen aus der Wahrnehmung unseres Aussehens, unserer Leistungsfähigkeit und unserer sozialen Kompetenz. Das Selbstwertgefühl kann durch verschiedene Dinge bedroht werden. Eine Gruppe von Forschern um die Dresdner Psychologin Astrid Schütz hat herausgefunden, dass die meisten Menschen Bedrohungen ihres Selbstwertgefühls aus den folgenden Kategorien fürchten:

- Selbstkritik (15,6%),
- sich vom Partner unverstanden fühlen (14%),
- Abwertung (10%),
- als ungerecht empfundene Kritik (10%),
- sonstige Kritik (10%),
- vor anderen bloßgestellt werden (2%),
- einem Problem gegenüber hilflos sein (2%).

Die hauptsächliche Quelle für eine als »ätzend« empfundene und damit auch gefürchtete Selbstabwertung sind also Sie selbst! Und die von vielen Menschen so sehr befürchtete öffentliche Bloßstellung und Beschämung spielt tatsächlich nur eine kleine Rolle.

Timo hat wie viele Anleger mit seinem Investment Pech gehabt: Er fiel auf einen jener Steuersparfonds herein, die mit gigantischen Abschreibungsmöglichkeiten beim Immobilienerwerb in den neuen Bundesländern seine Bereicherungswünsche angesprochen hatten. Die Mieteinnahmen, mit denen sich seine Zwei-Zimmer-Eigentumswohnung selbst finanzieren sollte, blieben aus, die Wohnung steht leer, Timo musste mehrmals Geld nachschießen. Seit mehr als zwei Jahren kann er sich nicht mehr dazu bringen, Post, die er in dieser Sache bekommt, überhaupt zu öffnen. Zu sehr belastet ihn sein »moralisches Versagen, aus lauter Geldgier so hereingelegt worden zu sein - und das mir!« Denn Timos Selbstbild ist von hohen Ansprüchen geprägt. Gier hat da keinen Platz, und deswegen versucht er die ganze Sache zu ignorieren. »Das habe ich getan, sagt mein Gedächtnis. Das kann ich nicht getan haben, sagt mein Stolz - und mein Gedächtnis gibt nach«. Ganz so weit, wie Nietzsche es formulierte, ist Timo noch nicht, aber auf dem Weg dorthin.

Selbstverständlich gibt es das Selbstwertgefühl, wie Kleidungsstücke, in unterschiedlichen Größen, von Extra-Small (XS) bis Extra-Extra-Large (XXL). Interessant ist, dass sich Frauen und Männer mit geringem oder auch mit sehr hohem Selbstwertgefühl durch unterschiedliche Dinge bedroht fühlen:

- Frauen mit XS-Selbstwert fürchten Abwertung am stärksten.
- Frauen mit XL-Ausprägung hingegen fürchten Vernachlässigung und fehlende Unterstützung.
- Männer mit einem XS-Selbstwertgefühl ängstigen sich am meisten vor einer Kritik durch ihre Partnerin, die sie als ungerechtfertigt erleben
- Männer mit einem XL-Selbstwert fürchten hingegen ihre eigene schonungslose Selbstkritik maximal.

Der Schutz des eigenen Selbstwertgefühls ist für manche Menschen so extrem wichtig, dass sie ihm andere Ziele unterordnen. Das Risiko dabei ist, dass ihr Selbstwertgefühl durch die Einschränkungen und Probleme, die sie sich selbst auferlegen, dennoch Schaden nimmt.

Schutz idealisierter Selbstbilder

Menschen, die stark unter Handlungsstörungen leiden, geht es um den Schutz künstlich aufgeladener, idealisierter Selbstbilder, die mit einer realistischen Selbsteinschätzung nicht viel zu tun haben. Besonders gefährdet sind Menschen mit einer instabilen Einschätzung ihres eigenen Selbstwertgefühls, das dementsprechend auf tönernen Füßen steht:

- Das positive Selbstbild, das solche Menschen von sich haben, kann sehr leicht durch Kritik oder Misserfolge in Frage gestellt werden.
- Diese Menschen geraten in gravierende Selbstzweifel, wenn die Anerkennung anderer ausbleibt.
- Sie sind sehr empfindlich gegenüber Kritik.
- Sie neigen dazu, sich sowohl Selbstvorwürfe zu machen als auch Partnern, Kollegen und anderen Schuld zuzuweisen.

Zur Kompensation dieser geringen Standfestigkeit entwickeln solche Menschen oft übertriebene, grandiose Vorstellungen von sich selbst.

Diese Vorstellungen werden heilig gehalten. Ihnen können reale Misserfolge oft gar nicht viel anhaben, denn es lässt sich immer ein Grund dafür finden, dass sich unter besseren Umständen die eigentliche Tatkraft und Leistungsfähigkeit gezeigt hätte. Menschen mit illusionären Selbstbildern sind einerseits sehr zerbrechlich, andererseits sehr robust. So wie Carlo, der sich neuerdings oft vertippt und seine zu wenigen Geschäftsbriefe mit »Beste *Größe*« statt mit »Beste Grüße« beschließt. Ein Kollege von mir, ebenfalls Psychoanalytiker, ist in der Zunft übrigens bekannt für seine unbewusst motivierte Schlussformel »mit *freud*lichen Grüßen!«

Small Winners

»Think big ist meine Devise«, schwärmt Carlo, »was soll man sich mit Peanuts abgeben? Man muss sich die Latte hoch legen, das gibt Motivation! Sich jeden Morgen vor den Spiegel stellen, sich mannhaft ins Auge gucken und sich sagen: Ich bin ein Siegertyp! Wir liegen alle in der Gosse, aber manche von uns gucken auf die Sterne, und ich gehöre dazu!«

Im Laufe der vergangenen Jahre habe ich viele solcher Sprüche gehört. Merkwürdigerweise scheint diese Art primitiver Autosuggestion nur Männer anzusprechen, und unter ihnen auch nur diejenigen mit einem labilen Selbstwertgefühl, die gerne große Tiere wären und deswegen die Backen aufblähen. Frauen scheinen die Bodenhaftung nicht so leicht aufzugeben. Auch Carlo ist stets auf der Suche nach Parolen, die ihn wirklich hochreißen, und hat daher eine Menge Geld in Motivationsseminare gesteckt, bei denen ein Guru ihm mit ein paar teuer bezahlten Tricks vorübergehend die Stimmung gesteigert hat, ohne ihm jedoch etwas zu vermitteln, um seine Lage zu verbessern. Der »Erfolgstrainer« imponierte Carlo übrigens sehr. Er hatte angeblich durch Zufall ein Buch über Motivationstechniken gelesen und war als Autodidakt Top-Verdiener geworden, der mit Platitüden wie »Träume nicht dein Leben, sondern lebe deinen Traum« Heerscharen von Erfolgssüchtigen anführte. Ein Big Winner, zweifellos. Leider hat Carlo vom Workshop nicht wirklich profitiert. Dort klang alles so einfach: Arme hochreißen, lächeln und sich sagen: »Ich bin der geborene Erfolgstyp!« Irgendwie will sich dadurch im Alltag die richtige Motivation nicht einstellen. Carlos Laune wird auch nicht besser, als er in der Zeitung liest, dass der Positiv-Prophet wegen Insolvenzverschleppung und schwerer Untreue verhaftet worden sei. Die Gründer jenes Medienunternehmens, an dem auch Carlo Aktien hielt, die dann völlig wertlos wurden, stehen bereits vor Gericht. Auch sie hatte Carlo bewundert.

Viele jener Visionäre betätigen sich noch im Moment des Scheiterns als die egozentrischen »Selbstaufwerter«, die sie stets waren. Ihre Selbstbeschreibung ist nach wie vor hoch positiv. Was ihnen das Genick brach, sind aus ihrer Sicht immer nur die äußeren Umstände. Der Zuschauer wird allerdings den Verdacht nicht los, dass gigantische Selbstüberschätzung sowie ein Mangel an Selbstkritik und der Fähigkeit, rechtzeitig umzusteuern, zum Flop beitrugen.

Das Gegenbild zu den Big Spender, den turbokapitalistischen Visionären, sind die Schnäppchenjäger. Jene Menschen also, die auf eine Gelegenheit warten, die sie nutzen können. »Ich habe immer Hoffnung«, hat mir ein Anhänger dieser Lebensrichtung vertraulich mitgeteilt, »irgendetwas wird sich immer tun. Die Sachen sind zwar unbefriedigend, aber letztlich ist alles doch nicht so schlimm, denn ab und zu klappt ja doch etwas.« Das ist die Philosophie desjenigen, der seinen Einsatz begrenzt. Schnäppchenhaschern fehlt glücklicherweise das aufgeblasene Getue der Großwildjäger. Okkasionisten brauchen weder Planung noch Ziele, ihnen reicht die Fähigkeit abzuwarten und bei passender Gelegenheit zuzuschlagen. Sie folgen keiner Vision, sie sind die Meister der »Adhocerie« und reagieren bevorzugt auf Sonderangebote. Der Schnäppchenjäger bezahlt häufig – allerdings ohne es zu wissen – reguläre oder sogar überhöhte Preise. Daran stört er sich aber nicht, solange man ihn glauben machen kann, er habe eine günstige Kaufgelegenheit genutzt. Manche kommen aus der Resterampe des Lebens gar nicht mehr heraus.

Es gibt eine Jazz-LP des Saxophonisten Archie Shepp, auf der ein Titel »Epitaph of a small winner« heißt, nach einem 1881 erschienenen Buch des brasilianischen Autors Joaquím María Machado de Assis. Schöne Musik, nichts Heroisches, aber auch nichts Banales. Irgendwie das richtige Maß, zum Thema passend. »A small winner, by the way, is anyone who, after all is said and done, finds himself *with*, rather than without«, heißt es erläuternd auf dem Plattencover. Jemand also, der am Ende einen

Überschuss verbucht, ob es nun in Geschäften oder in der Liebe ist. Jemand, der Gewinn macht und dessen Zuversicht größer ist als seine Entmutigung. Ein schönes Ziel, nicht wahr?

Auf Dauer ist nicht der Blick auf die Sterne das Entscheidende, sondern die Fähigkeit, sich aus dem Rinnstein zu erheben und an die Arbeit zu gehen, die erledigt werden muss, um sich die langfristigen Gewinne zu sichern, die realistischerweise möglich sind. Da wir nicht allein sind auf der Welt, ist es dabei ratsam, nach Win-Win-Lösungen zu suchen, die auch unseren Partnern einen Nutzen bescheren.

Als Tanja sich dazu entschieden hatte, die Scheine zu machen, die sie für die Anmeldung zur Magisterprüfung brauchte, hatte sie eine Reihe von Dingen anvisiert. Sie hatte akzeptiert, dass sie die Hausarbeiten, die sie fertig geschrieben hatte, nochmals überarbeiten musste, bevor sie sie einreichen konnte. Ihr Freund Sebastian witterte, dass es jetzt Ernst wurde. Er wollte sie gerne unterstützen, aber gleichzeitig hatte er Angst, dass er in den nächsten Monaten ziemlich abgemeldet sein würde. Wie der Zufall es wollte, besuchte er Tanja immer gerade dann, wenn sie sich zum Arbeiten endlich an den Schreibtisch bequemt hatte. Während Tanja sich früher erleichtert fühlte, weil er sie vom Arbeiten abhielt, sich danach sehr aufgeregt hatte, weil sie ihn als Störung empfand, hatte sie nun akzeptiert, dass Sebastian auch Zuwendung brauchte. Sie durfte ihn weder als Alibi missbrauchen noch völlig in den Hintergrund rücken, wenn sie Streit und damit unnötige zusätzliche Belastungen vermeiden wollte. Sie musste viel lesen und spürte den altbekannten Widerstand gegen die Wissenschaftssprache, in der die Texte abgefasst waren. Viele gab es nur auf Englisch, und anstatt wie früher abzuschweifen, konzentrierte sie sich jetzt darauf, Absatz für Absatz erst einmal zu übersetzen. Sie arbeitete hart und gründlich und kam längst nicht so schnell voran, wie sie gedacht hatte. Aber erstmals seit Jahren hatte sie das Gefühl, wirklich dazuzulernen.

Tanja sieht sich selbst als Small Winner: Nicht wie früher als die akademische Wunderwaffe, der alles zufliegt, aber auch nicht mehr als Abstauberin, deren Erfolge auf Glück oder dem Wohlwollen der Prüfer beruhen. Sie hat das Gefühl, mit kleinen Schritten weiterzukommen und Stück für Stück etwas zurücklegen zu können. »Ein bisschen ist das wie beim Sparen, man verpulvert nicht alles, was man hat, in einer großen Aktion, und das war es dann, aber man hofft auch nicht nur, dass von irgendwoher ein Scheck oder eine Überweisung eintrifft. Man sorgt für sich selbst.«

Kleine Gewinner sind frohe Realisten.

Teil II

Ab morgen lebe ich anders

7
Sich erfolgreich verändern

»Morgen werde ich mich ändern,
gestern wollte ich es heute schon!«
Christine Busta

In der Psychologie sind viele Erkenntnisse darüber, wie Menschen sich effektiv verändern können, zusammengetragen und systematisiert worden. Daraus ist das »Transtheoretische Modell« (TTM) entstanden, das sehr erfolgreich zur Veränderung von Risikoverhalten eingesetzt wird. Es hat sich bei der Raucherentwöhnung, der Reduzierung von Übergewicht und dem Abbau von Bewegungsmangel ebenso bewährt wie bei der HIV-Infektionsvorbeugung. Auch Sie können von diesem Modell profitieren, denn es gibt Ihnen Aufklärung darüber, in welcher Phase eines Veränderungsprozesses Sie sich befinden, und es zeigt Ihnen, welche spezifischen Interventionen Ihnen in den verschiedenen Stadien, von denen es fünf gibt, am meisten bringen. Das *Transtheoretische Modell der Verhaltensänderung* sieht wie folgt aus:

1. Phase der Absichtslosigkeit
2. Phase der Absichtsbildung
3. Phase der Vorbereitung
4. Phase der Handlung
5. Phase der Aufrechterhaltung

Manchmal wird ein sechstes Stadium berücksichtigt:

6. Rückfall

Sie finden im Folgenden eine Übersicht über die verschiedenen Stadien, bezogen auf das Problem des Zigarettenrauchens. Sie können das auf eine Ihrer Handlungsstörungen übertragen und ankreuzen, in welcher Phase Sie sich gerade befinden.

Phase	Prozesse	Einstellung/ Verhalten	Besonders wichtig dabei
Absichtslosigkeit	keine Auseinandersetzung mit dem Problem, Widerstände gegen Problembewusstsein	»Ich habe nicht vor, in den nächsten sechs Monaten mit dem Rauchen aufzuhören.«	
Absichtsbildung, Änderungsbereitschaft	Auseinandersetzung mit Verhalten beginnt, zwiespältige Haltung gegenüber Veränderung	»Ich habe vor, in den nächsten sechs Monaten mit dem Rauchen aufzuhören.«	Selbstakzeptanz, Zuversicht, Abwägung von Vor- und Nachteilen der Änderung
Vorbereitung der Verhaltensänderung	Entscheidung, Vorsatzbildung und erste konkrete Schritte zu Verhaltensänderungen	»Ich habe vor, in den nächsten 30 Tagen mit dem Rauchen aufzuhören.«	Selbstbeobachtung, Zielbestimmung
Handlung	Verhaltensänderungen, hohes Maß an Entschlossenheit und Engagement	»Ich rauche seit weniger als sechs Monaten nicht mehr.«	Durchhaltevermögen, willentliche Kontrolle
Aufrechterhaltung	neue Verhaltensweisen dominieren, aktive Rückfallprophylaxe	»Ich rauche seit mehr als sechs Monaten nicht mehr.«	

in Anlehnung an: Keller, S., Velicer, W.F. und Prochaska, J., Das Transtheoretische Modell – Eine Übersicht, S. 19, in: Keller, S. (Hg.), Motivation zur Verhaltensänderung. Das Transtheoretische Modell in Forschung und Praxis, Freiburg 1999.

Verhaltensänderungen werden in diesem Modell als ein Prozess gesehen, der sich über lange Zeiträume erstreckt. Vor allem die Phasen der Absichtslosigkeit und der Absichtsbildung sind sehr stabil und können jahrelang andauern. In der ersten Phase dominieren Widerstände gegen die

Erkenntnis, dass überhaupt ein Problem vorliegt. Informationen darüber werden ausgeblendet, die Betroffenen erscheinen als unmotiviert und reagieren mit einer Art Trotz auf Druck und Verhaltensvorschläge. In der Zeit der Absichtsbildung dominiert ein Schwanken zwischen den Vor- und Nachteilen einer Veränderung, die sich oft subjektiv gegenseitig auszugleichen scheinen, sodass keine Schritte vorwärts gemacht werden.

Wie die meisten Menschen, so sind auch Sie möglicherweise nicht besonders erpicht darauf, sich über Ihre Situation, Ihre Verhaltensweisen, die Qualität Ihrer Beziehungen zu sich selbst und anderen sowie Ihre Ziele Rechenschaft abzulegen. Solange Sie klarkommen, ist das auch nicht erforderlich, sondern kann sogar einen nachteiligen Effekt haben. Bertrand Russell, der berühmte englische Mathematiker und Philosoph, stellte in fortgeschrittenem Alter fest: »Zum allergrößten Teil ist meine heutige Gemütsverfassung einer immer geringeren Beschäftigung mit mir selbst zu verdanken!« Und Lord Bertrand war ziemlich gut drauf!

Wenn aber Schwierigkeiten ihr hässliches Haupt erheben, dann sind wir gezwungen, uns mit uns selbst zu befassen, wenn wir die Sache zum Besseren wenden wollen. Leider verstärkt das Auftauchen von Problemen meistens jedoch zunächst das Festhalten an alten Verhaltensweisen und die Abwehr gegen die klare Einsicht, dass es so wie bisher nicht weitergehen kann. Denn: Die meisten Menschen verändern sich nicht gerne.

Eine Quelle unseres außerordentlichen Beharrungsvermögens liegt in der Organisation unseres Gehirns, das konservativ arbeitet. Die neuronale Reizleitung und die darauf folgenden Reaktionen laufen stark gewohnheitsmäßig ab. Wenn eine bestimmte Reiz-Reaktions-Beziehung einmal »gebahnt« worden ist, dann funktioniert sie mit hoher Wahrscheinlichkeit weiter.

Die am stärksten gewohnheitsmäßig festgelegten Programme beziehen sich wohl auf motorische Reaktionen. Ich habe vor 30 Jahren das Tennisspielen erlernt. Damals brachte man mir bei, angespannt in Habachtstellung dazustehen, die Schulter zum Netz gedreht und den Ball bei einem Vorhandschlag ungefähr parallel zum Körper auf Hüfthöhe zu treffen. Seit ein paar Jahren stellt mein Trainer mich auf das moderne Spiel um: Heutzutage spielt man »Schlabbertennis«, völlig entspannt, man steht offen zum Netz und spielt einen Topspinschlag von unten nach oben, bei der Vorhand liegt der Treffpunkt des Balles möglichst weit vor dem Körper. Man »wickelt den Ball ein«, statt ihn brettsteif zurückzuschlagen. Ich kann ein Lied davon singen, wie sich die alten motorischen Gewohnheiten hartnäckig halten und wie sie vor allem in bedrängenden Situationen immer wieder die Oberhand gewinnen.

Auch im Seelenleben sind es die gewohnten, absolut vertrauten Reiz-Reaktions-Muster, die sich immer wieder einstellen, sogar wider besseres Wissen. Und wie beim Tennis kommt es auf die Bewusstheit für alte Fehler an und auf die Bereitschaft, neue Reaktionen einzuüben und zu praktizieren.

Das macht oft keinen Spaß, weil es anstrengend und frustrierend ist, immer wieder in die alten Verhaltensweisen zurückzufallen. Oft haben mir die Trainerstunden Frust und ein Gefühl der Sinnlosigkeit beschert. Manchmal war es mir gegenüber meinem durchaus geduldigen Trainer (danke, Olaf!) peinlich, die Sache immer noch nicht besser zu beherrschen. Ich hätte gerne dieses neue, druckvolle Tennis gespielt, und gleichzeitig wäre es mir am liebsten gewesen, ich hätte mit meinen alten Schlagtechniken weitermachen können. So geht es vielen von uns: Wir möchten uns verändern, ohne etwas anders zu machen.

Und genau jene Phasen voller Frustration und Schmerz sind die wichtigsten Bestandteile der Veränderung. Wir sind oft so fixiert auf das Ergebnis, wir träumen vom Erreichen des Ziels und vergessen darüber, dass jene enttäuschend langen und häufigen Durchgänge, in denen wir immer wieder in alte Muster zurückfallen, in denen wir überzeugt sind, nichts gelernt zu haben, die ausgedehntesten Phasen des Umstellungsvorgangs sind.

Wenn Sie sich wirklich verändern wollen, dann entscheiden Sie sich für einen längeren Zeitraum der Plackerei. Sich über Ihre alten Wege klar zu werden, verlangt von Ihnen eine unter Umständen schmerzhafte Bilanz Ihres bisherigen Verhaltens. Sie gewinnen Einsichten, die Ihr Ego kränken können. Der Aufwand, sich selbst eine Zeit lang bewusst zu beobachten, ist anstrengend. Die eigenen Ziele neu zu bestimmen erfordert Entschlüsse, die ebenfalls nicht ohne sind. Und danach beginnt die lange Phase des Übens, bevor sich die ersten Erfolgserlebnisse einstellen, immer wieder unterbrochen von Rückfällen. Wenn Sie sich dafür entscheiden, sich zu verändern, haben Sie eine harte Zeit vor sich, eventuell viel härter, als wenn Sie in Ihren vertrauten Bahnen geblieben wären. Aber es lohnt sich, vor allem dann, wenn Sie schon wissen, dass ein Leben in seelischem Komfort und Bequemlichkeit nicht wirklich das gute Leben ist. Und weil Sie Ihre Ziele erreichen können, lohnt es sich natürlich auch.

Bestimmen Sie mit Hilfe des Transtheoretischen Modells, in welcher Phase Sie sich befinden, um spezifische Lösungsmöglichkeiten zu entwickeln, die genau zu Ihrer jeweiligen Situation passen.

- Phase der Absichtslosigkeit: Sie empfinden keine Notwendigkeit, sich zu verändern, und erleben eher inneren Widerstand, wenn jemand Sie darauf anspricht. Doch vielleicht können Sie dann und wann spielerisch darüber nachdenken, ob Sie von Veränderungen profitieren würden.
- Phase der Absichtsbildung: Holen Sie im nächsten halben Jahr Informationen ein, die Ihnen zeigen, welche Vorzüge ein Wandel brächte und welche Nachteile sich mit ihm verbinden.
- Phase der Handlungsvorbereitung: Prüfen Sie, wie Sie zu einer verbindlichen Entscheidung für entschlossenes Handeln kommen können, und verwirklichen Sie Ihre guten Vorsätze durch praktische Schritte innerhalb der nächsten 30 Tage.
- Handlungsphase: Führen Sie die erforderlichen Schritte konsequent durch, belohnen Sie sich und schützen Sie sich durch geeignete Maßnahmen davor, wieder in Unentschlossenheit und Zweifel zurückzufallen.

Wo stehe ich?	Meine Ziele	Welche Handlungen sind erforderlich?	Was werde ich willentlich bei Schwierigkeiten tun?
absichtslos			
Absicht gebildet (nächste sechs Monate): Welche?			
Vorbereitung (nächste 30 Tage): Welche Schritte?			
Handlung: Welche Schritte?			

In diesem Kapitel geht es um wirksame Möglichkeiten, Dinge anders zu machen. Nehmen wir an, Sie haben die Nase voll davon, nicht voranzukommen. Sie haben Ihre Lage analysiert, und Ihre Analyse hat Ihnen gezeigt, dass Sie die Dinge bislang *falsch* angegangen sind. Falsch im Sinne der fehlerhaften Herangehensweisen, die im ersten Teil dieses Buches beschrieben wurden. Sie sind überzeugt davon, dass Ihre Entschlusslosigkeit, Ihr Trödeln, Ihr Leben im Alltagstrott oder in hartnäckigen Konflikten keine angeborenen Behinderungen sind, sondern dass Sie sich und Ihre Handlungsstörungen verändern können. Wenn Sie die Sache so sehen, dann besteht die Lösung Ihrer Probleme darin, dass Sie lernen, die Dinge in der *richtigen* Weise zu erledigen. Viele Menschen wissen nicht, welche die richtigen Schritte bei der Lösung von Problemen sind, und manche wollen den zweiten Schritt vor dem ersten machen. In den nächsten Kapiteln bekommen Sie viele Anregungen und Tipps, um Ihr Handeln zu verändern und Störungen zu überwinden.

Wenn wir wissen, dass es Möglichkeiten gibt, kommt es darauf an, sie zu nutzen. Hier ist eine weitere Hürde zu überwinden: Aus dem Wissen, was das Richtige ist, folgt noch lange nicht die Bereitschaft oder gar die Lust, es auch zu tun. Aber ohne Umsetzung bleiben alle Einsichten nur blasse Theorie, träges Wissen, das Ihnen nichts nützt. »Erfolg hat drei Buchstaben: TUN!«, riet bereits Goethe.

Wenn wir uns zum Tun entschlossen haben, und uns durchaus klar ist, was richtig wäre, und wir es dann doch nicht tun, hat das häufig die folgende Ursache: Wir sagen uns, es sei *zu* hart, *zu* anstrengend und *zu* schwierig, uns zu verändern. Manche sagen sich das, ohne überhaupt anzufangen, ohne etwas auszuprobieren. Das wäre töricht, also werden Sie anfangen, die richtigen Vorgehensweisen auszuprobieren, um festzustellen, welche zu Ihnen passen und welche besser als andere funktionieren. Das erfordert die Bereitschaft, einen Anfang zu machen, und eine gewisse Experimentierfreude.

Birgit ist eine erfahrene Leserin von Ratgeberbüchern. »Sobald ich zu den praktischen Tipps komme, denke ich immer sofort, dass ich das nicht machen muss, mir ist ja theoretisch schon alles klar, das Ausprobieren ist mehr was für die anderen. Was für ein Unsinn!«

Wenn Sie festgestellt haben, dass die eine oder andere Herangehensweise Erfolg bringt, dann kommt es darauf an, das Richtige auch weiterhin zu tun – hinreichend oft, konsequent und ausdauernd.

Dabei sind zwei Hauptschwierigkeiten zu überwinden:

- sich nicht von den oben erwähnten Einflüsterungen, es sei alles zu anstrengend, lahm legen zu lassen,
- sich nicht durch störende Empfindungen unterkriegen zu lassen.

Das Richtige zu tun und dabeizubleiben, auch wenn eine innere Stimme einem sagt: »Das bringt doch alles nichts«, und Ängste oder Müdigkeit, Ärger oder Konzentrationsstörungen auftreten, ist zweifellos eine reife, erwachsene Leistung. Vernunft gegen den inneren Schweinehund – aber der will auch zu seinem Recht kommen. Eine erhebliche Triebbefriedigung kann ja gerade dadurch entstehen, sich unvernünftig und erwartungswidrig zu verhalten. Phasenweise gehört das einfach dazu.

In Berlin-Mitte hatte sich ein junges Start-up-Unternehmen eingerichtet, das Webdesign machte. Die jungen Leute, die sich dort die Woche hindurch, auch an Samstagen und Sonntagen, aufhielten, schienen Arbeit und Freizeit zu vermischen. Sie hingen vor ihren Monitoren, hatten aber auch ein Billardspiel und diverse Flipperautomaten aufgestellt. Sie rauchten wie die Schlote, tranken Unmengen von Cola und ließen sich bergeweise Pizza in ihren Loft bringen. Gegenüber lag eine Bank. Die Manager dort, die im Schnitt alle älter waren als die Webdesigner, achteten auf gesunde Ernährung und Bewegung. Sie tranken Orangensaft, die Bank hatte ihnen einen Fitnessraum eingerichtet, und sie hatten selbstverständlich an den Wochenenden frei, um sich zu erholen. Es war klar, wer mit sich vernünftiger umging. Nicht so klar war, wer mehr Spaß hatte.

Solange diese beiden Welten, die bauch- und die kopfgesteuerte, durch eine Straße getrennt sind, ist die Sache einfach. Aber wenn sie sich in Ihnen begegnen, dann wird es spannend. Der Banker in Ihnen hat die besten Vorsätze gebildet und will das Jogging- und Ernährungsprogramm auch weiterhin durchhalten. Aber dann meldet sich Ihr jugendlicher Enthusiasmus und rät Ihnen, doch lockerer zu sein und ruhig zu machen, wonach Ihnen ist. Sicher gehört es ein Stück weit zu unserer kindlichen

Seite, in diesen Konflikten mit der Einsicht in das Richtige, Nützliche und Vernünftige immer wieder auch einmal auf die Seite des Rebellischen, Ungeordneten zu geraten. Solange daraus keine Gegenabhängigkeit entsteht, nach dem Motto: »Ich tue immer das Gegenteil dessen, was meine Vernunft mir rät«, ist das kein Problem.

In den folgenden Kapiteln bleiben wir auf der Ebene dessen, was Watzlawick und andere als »Lösungen erster Ordnung« bezeichnet haben: Veränderungen zum Positiven durch neues Verhalten, durch neue Strategien oder verstärkte Anstrengungen zu bewirken. Kurz: erkennen, was das Richtige ist, und das intensiver, ausdauernder und kräftiger tun. Mehr desselben zu machen, kann eine gute Lösung sein, um Dinge endlich zu erledigen.

Die Schlüssel zur Veränderung Ihrer Handlungsstörungen heißen:

- **B**ewusstheit,
- **A**ktionen,
- **R**echenschaft.

Daraus ergibt sich das *BAR*-Programm, dessen Name Ihnen suggerieren soll, dass Sie sich verändern und doch relativ entspannt bleiben können, gewissermaßen bei leiser Musik und gedämpftem Licht.

| Tipp |

Bewusstheit verschaffen Sie sich, indem Sie sich ein Logbuch zulegen, ein Ringbuch im Format DIN A4, mit vielen Blättern, in möglichst attraktiven Farben. Hier tragen Sie Ihre Selbstbeobachtungen ein, die das wesentlichste Element des Faktors Bewusstheit sind. Auch Ihre Ziele legen Sie hier schriftlich fest, ebenso detaillierte Pläne, um sie zu erreichen. Die Durchführung der Aktionen ist dann wieder etwas, was Ihre aufmerksame Selbstbeobachtung verdient. Rechenschaft legen Sie schriftlich ab, indem Sie kontrollieren, ob Ihre Schritte Fort-Schritte ermöglicht haben oder was überhaupt passiert ist. Auf diese Weise entwickeln Sie ein gutes Selbstmanagement.

Ihr Selbstmanagement braucht natürlich ein Fundament. Dazu gehört, zu bestimmen, in welchem Stadium Ihres Veränderungsprozesses Sie stehen, um die richtigen Selbstverpflichtungen zu treffen. Das haben Sie oben bereits erledigt. Falls Sie sich noch in der Phase der Absichtslosigkeit befinden, werden Sie im Folgenden vielleicht an den Informationen interessiert sein. Wahrscheinlich haben Sie sich jedoch bereits eine Absicht zur Veränderung gebildet und sind nun in der Phase der Vorbereitung. Für die Umsetzung werden Sie in den folgenden Abschnitten wichtige Informationen bekommen über die Überwindung der Anfangsträgheit, und über Strategien, kompetenter, zielbewusster und motivierter zu handeln.

8

Dinge anders angehen

»Ich kann freilich nicht sagen, ob es besser werden wird,
wenn es anders wird; aber so viel kann ich sagen, es muss anders werden,
wenn es gut werden soll.«
Georg Christoph Lichtenberg

Sie haben sich also entschieden, ernsthaft innerhalb der nächsten 30 Tage einen Prozess der Veränderung zu starten. Um ihn zu festigen, sollten Sie auf einer Seite in Ihrem Logbuch so konkret wie möglich die folgenden Aspekte präzisieren. Sie summieren sich zu einer Erfolgsstrategie, mit der Sie es erreichen können, dass am Ende der Tage und Wochen nicht Sie, sondern Ihre Aufgaben erledigt sind.

Ihre Erfolgsstrategie:

- Analysieren Sie Ihre Situation.
  Schaffen Sie Klarheit über die Ausgangslage, und nehmen Sie sich verbindlich vor, sich zu verändern. Beschreiben Sie detailliert, was Sie verändern wollen.
- Identifizieren und beheben Sie Schwachstellen.
  Wenn Sie Defizite festgestellt haben, wenn Ihnen beispielsweise Informationen oder Ressourcen fehlen, dann setzen Sie damit an, diese Lücken zu schließen.
- Treffen Sie verbindliche Entscheidungen.
  Legen Sie fest, was Sie verändern wollen, und binden Sie sich an Ihren Beschluss, indem Sie Hintertüren verschließen.
- Setzen Sie sich realistische, klare Ziele.
  Schreiben Sie die Ziele auf, die Sie mit einer Veränderung erreichen wollen, und teilen Sie das anderen Menschen mit.
- Legen Sie Zwischenziele fest.
  Gliedern Sie den Weg zu Ihrem Ziel in überschaubare Etappen, und setzen Sie sich vernünftige Fristen, in denen Sie die Etappenziele erreichen werden.
- Machen Sie klare, verbindliche Pläne für das, was Sie zu tun haben.
  Legen Sie eindeutige, ausführbare Handlungen fest, mit denen Sie diese Ziele ansteuern werden. Je konkreter Sie planen, was genau Sie wann tun werden,

um Ihre Zwischenziele zu erreichen, desto leichter ist es, die erforderlichen Schritte auszuführen. Um Ihre verbindlichen Festlegungen auch einzuhalten, können Sie selbstbestimmt und willentlich immer einen Schritt mehr als erforderlich machen.

- Setzen Sie Ihren Willen ein.
Versprechen Sie sich schriftlich, bei auftretenden Schwierigkeiten nicht gleich aufzugeben, sondern willentlich so lange wie möglich an der Sache dranzubleiben. Schreiben Sie auf, welche Schwierigkeiten Sie im Veränderungsprozess erwarten, und legen Sie fest, was Sie tun werden, wenn Sie in die Bredouille kommen.
- Bleiben Sie locker.
Sehen Sie Ihre Veränderungen sportlich: Man kann nicht immer siegen, Rückschläge sind keine Beinbrüche.
- Belohnen Sie sich.
Setzen Sie Belohnungen ein für die Einhaltung Ihres Plans, für jeden Schritt und jedes Zwischenziel, und seien Sie dabei nicht knauserig.
- Steigern Sie Ihr Selbstvertrauen.
Bilanzieren Sie Ihre Fortschritte, und freuen Sie sich an der schon zurück gelegten Strecke und an Ihren Erfolgen.

Die Wichtigkeit des Anfangs

Erfolg ist gewiss etwas Schönes, aber statt nur auf das Endresultat zu starren, können Sie Erfolg so definieren, dass zu ihm auch bereits die ersten Schritte beitragen. Ein Weg von 1 000 Kilometern beginnt mit den ersten paar Metern, die damit noch wichtiger sind als die letzten Etappen. Denn ohne einen geglückten Anfang hätte es gar kein Ende geben können. Deswegen gibt es bereits nach den ersten 100 Metern Grund, von Erfolg zu sprechen und sich zu belohnen. Danach wird es wichtig, durchzuhalten und sich durch Rückschläge nicht entmutigen zu lassen.

Umgang mit Rückschlägen

Viele Leute starten enthusiastisch in eine Veränderung, werfen aber bei Rückfällen die Flinte ins Korn. Wenn Sie Ihre Ziele klar im Blick behalten, wird es leichter, einen vorübergehenden Rückschlag schnell abzuschütteln. Rückschläge sind unvermeidlich. Eine spielerische Haltung ihnen gegenüber verwandelt den Todernst von Scheitern und Niederlage in Probehandeln mit verschiedenen Ergebnissen, die jedoch letztlich nicht so wichtig sind wie die Aktionen selbst. Denn ein langer Weg ist ohne gelegentlichen Sturz nicht zu meistern. Wichtig ist es, immer ein Mal mehr aufzustehen, als man hingefallen ist.

Nun hätten Sie sich dieses Buch nicht gekauft, wenn Sie voller Zuversicht wären, Ihre Ziele mühelos erreichen zu können. Sie kennen die Gegenkräfte, die im Spiel sind, bestens. Sie sind im Lauf der Jahre vielleicht zum Experten oder zur Expertin geworden, was das Schiefgehen anlangt. Möglicherweise haben Sie selbst immer wieder Anläufe unternommen, um sich zu verändern und Probleme zu überwinden. Hat nichts gebracht, sagen Sie? Das muss Ihnen nicht die Zuversicht rauben. Je nachdem, was Sie schon probiert haben, können Sie aus dem folgenden Katalog von möglichen Strategien die auswählen, mit denen Sie bislang noch nicht experimentiert haben.

Strategien, um Dinge anders anzugehen:

- visuelle Vorstellungsbilder erzeugen
- Phantasiefilme, wie Sie das Problem lösen, im Kopf abspielen
- Lösungsversuche, die nichts gebracht haben, wiederholen, in der bewussten Absicht, dass sie auch diesmal nichts bringen werden
- negative Gedanken stoppen
- Zuversicht erzeugen durch kritisches Befragen der negativen Gedanken
- Brainstorming mit Freunden machen, um auf Lösungen zu kommen
- Collage zu möglichen Lösungen machen
- Zukunft entwerfen: mit Problem, mit der Hälfte des Problems, ohne Problem
- andere Menschen beraten, wie sie ihre Probleme lösen können
- ein Problem aus einem anderen Lebensbereich lösen
- etwas neu lernen, zum Beispiel ein neues Spiel, eine neue Sportart
- Handlungen planen und genau nach Plan umsetzen

Sie können Ihre Vorhaben leichter anders angehen, wenn Sie Ihrem Verhaltensrepertoire neue Komponenten hinzufügen. Meistens geht man Sachen mit den Werkzeugen an, die man bereits bestens beherrscht. Manche Menschen machen sich schöne Vorstellungsbilder, andere erzeugen angenehme Gefühle, wieder andere machen sich einen gedanklichen Plan, und manche führen Vorarbeiten aus. Wenn das jedoch nicht den gewünschten Erfolg bringt, ist es sinnvoll, einmal weniger gebräuchliche Strategien anzuwenden.

Weitere Erfolgsstrategien:

- Stärkung der visuellen Komponente: Arbeiten Sie künftig stärker mit Vorstellungsbildern, Collagen und Phantasiereisen, wenn Sie üblicherweise eher grüblerisch an Dinge herangehen.

- Stärkung der emotionalen Komponente: Machen Sie Rollenspiele mit Ihren Freunden und Bekannten, und bringen Sie sich in ungewöhnliche Situationen, wenn es Ihnen um eine Mobilisierung Ihrer Gefühle und das Aufbrechen einer affektiven Panzerung geht.

- Stärkung der kognitiven Komponente: Machen Sie Aufzeichnungen und führen Sie schriftlich »Sokratische Dialoge« durch, mit denen Sie Ihre kopflosen Handlungen oder Ihr Untergehen im Gefühlschaos reflektieren (bei einem Sokratischen Dialog richten Sie die folgenden Fragen an Ihre Gedanken: »Ist das wahr?« und »Was wäre, wenn das, was ich fürchte, eintritt?«).

- Stärkung der aktionalen Komponente: Mit der Umgewichtung Ihrer sonst bevorzugten Werkzeuge sind Sie bereits ins Handeln gekommen. Mit Handlungen können Sie Ihre Tendenz zum tatenlosen Grübeln und zur Selbstherabsetzung besonders wirksam durchbrechen. Wenn Ihnen keine geeignete zielgerichtete Handlung einfällt, helfen körperliche Bewegung und Anstrengung, wie Joggen, Gymnastik, Gartenarbeit oder Holzhacken.

Komplexen Handlungsstörungen rücken Sie zu Leibe, indem Sie das kompakt zusammengefügte Geflecht von Gedanken, Gefühlen und Handlungen in seine Bestandteile zerlegen. Dazu benutzen Sie Ihre Aufzeichnungen im Logbuch.

Das Auseinandernehmen von Erfahrungskomplexen und Selbstbewertungen, die bisher durch Gewohnheit als richtig und unausweichlich erschienen, hat denselben Effekt wie das Auseinandernehmen des Staubsaugers oder der Armbanduhr: Nachher passt nichts mehr zusammen, und die ganze Sache funktioniert nicht mehr.

Wir beginnen in diesem Kapitel mit dem Überwinden des Anfangswiderstands, der eigenen inneren Trägheit, die alles beim Alten lassen möchte. Anschließend beschäftigen wir uns mit dem Wiedergewinnen von Handlungskontrolle. Und schließlich werfen wir einen Blick auf bewährte Rezepte gegen Zaudern und Grübeln.

Raus aus der Komfortzone: Die Veränderungsresistenz überwinden

Wer seinen Komfort liebt, wird sich freiwillig kaum verändern, denn – siehe oben – Veränderungen bedeuten Stress. Ein neues Urlaubsziel anzusteuern, sich eine andere Frisur oder Garderobe zuzulegen, eine Fremdsprache zu erlernen oder neue Bekanntschaften zu schließen, das alles kann Unlust erzeugen. Unlust zu vermeiden ist ein mächtiges Motiv für Menschen, die unter geringer Frustrationstoleranz leiden. Ob Sie zu denen gehören, können Sie gleich herausfinden, indem Sie die unten stehenden Fragen beantworten. Denken Sie dabei an ein bestimmtes Vorhaben, das Sie gerne anpacken und erledigen möchten.

1   Es ist bestimmt zu anstrengend, die Sache wirklich anzupacken.
    Ja   Nein

2   Ich mache mir Sorgen, was passieren wird, wenn es nicht klappt.
    Ja   Nein

3   Ich habe nicht genügend Unterstützung von anderen.
    Ja   Nein

4   Das Risiko, dass etwas schief gehen wird, ist mir zu groß.
    Ja   Nein

5   Ich packe nicht gerne Sachen an, die auch scheitern können.
    Ja   Nein

6   Ich stelle es mir unwahrscheinlich hart vor, mein Vorhaben wirklich durchzuziehen.
    Ja   Nein

7 Es dauert mir zu lange, bis ich mit dieser Sache Erfolg habe.
Ja   Nein

8 Wenn ich an mein Projekt denke, türmen sich die Schwierigkeiten nur
so auf.
Ja   Nein

9 Ich müsste mich unwahrscheinlich am Riemen reißen, um die Sache
wirklich zu packen.
Ja   Nein

10 Ich würde mich schämen, wenn mir die Sache nicht gelingt, da lasse
ich es lieber ganz bleiben.
Ja   Nein

11 Meine Devise ist: ganz oder gar nicht!
Ja   Nein

12 Was ich anfange, muss ich auch zu Ende bringen.
Ja   Nein

Wer unter geringer Frustrationstoleranz leidet, hat die oben stehenden Fragen nahezu immer mit einem Ja beantwortet.

Zu beachten ist aber: Zu viel Komfort führt in die Langeweile. Seine schlechten Gewohnheiten zu pflegen gehört übrigens auch zum Komfort. Es gibt die folgenlose Klagehaltung, bei der sich jemand rhetorisch über das eigene Fehlverhalten beschwert, aber nicht wirklich auf Änderungen hinarbeitet. Meistens sind es plötzlich auftretende Notwendigkeiten, die Bequemlichkeitsfans in Bewegung bringen.

Daneben gibt es noch weitere Ursachen für Widerstände gegen Veränderung, die über die allgemeine Trägheit und die Bevorzugung von Bequemlichkeit hinausgehen. Finden Sie heraus, welche der folgenden Gründe zu Ihrem Widerstand gegen Veränderungen beitragen. Bitte denken Sie dabei wieder an ein konkretes Vorhaben, vielleicht sogar eines, bei dem Sie schon Anläufe unternommen, aber wieder abgebrochen haben.

1 Ich erwarte nichts Positives von einer Veränderung.
Ja   Nein

2 Ich glaube, dass ich kein besseres Leben verdiene.
Ja   Nein

3 Es lohnt sich nicht, sich wegen dieser Sache so anzustrengen.
Ja   Nein

4 Mir fehlt die Kraft, mich aufzuraffen.
Ja   Nein

5 Ich weiß nicht, was auf mich zukommt, wenn ich mich wirklich verändere.
Ja   Nein

6 Ich bin einfach ein undisziplinierter, hoffnungsloser Fall.
Ja   Nein

7 Wenn ich mich jetzt ändere, gebe ich ja zu, dass alles vorher falsch war.
Ja   Nein

8 Ich habe Angst, dass die Sache klappen könnte.
Ja   Nein

9 Ich müsste zu viel aufgeben, wenn ich meinen Plan wirklich umsetzen will.
Ja   Nein

10 Ich bin einfach willensschwach.
Ja   Nein

11 Das könnte den anderen, die mich schon lange zu einer Veränderung drängen, so passen.
Ja   Nein

12 Mir fehlt die Energie zum Durchhalten.
Ja   Nein

Schauen wir uns Ihre Antworten einmal genauer an.

• Aussagen mit depressivem Inhalt: Die Aussagen 1, 4 und 12 verweisen auf eine niedergedrückte Energieverarmung und Mutlosigkeit, die Sie bislang am Erfolg gehindert haben. Sie werden am stärksten davon profitieren, Überzeugungen von Ihrer eigenen Stärke aufzubauen. Dazu empfehlen sich überschaubare Handlungen, die zunächst an Ihrer Physis ansetzen. Beginnen Sie mit körperlichen Aktivitäten und stärken Sie sich durch Ausdauersportarten oder ein Krafttraining.

- Aussagen mit negativen Selbstbewertungen: Die Aussagen 2, 6 und 10 zeigen, dass *Self-Downing* für Sie eine Problemquelle darstellt. Das »Sich-Herunterputzen« wirkt wie eine selbsterfüllende Prophezeiung: Je mehr Sie sich vorwerfen, willensschwach zu sein, desto mehr wird es sich bestätigen. Sie werden von kognitiven Verfahren am meisten profitieren. Setzen Sie sich schriftlich mit Ihren negativen Überzeugungen auseinander, indem Sie Antworten auf die Frage: »Ist es wahr, dass mit mir nichts los ist?« suchen und diskutieren.

- Aussagen mit angstgetönten Inhalten: Die Aussagen 5 und 8 zielen auf die Angst vor Ungewissheit und die Angst zu versagen. Gegen beide Ängste helfen Aktionen und schriftliche Auseinandersetzungen: Schreiben Sie auf, was im schlimmsten Fall, im Normalfall und im besten Fall passieren könnte, bewerten Sie die Wahrscheinlichkeit, mit der Sie die jeweiligen Ergebnisse erwarten, und überlegen Sie, welche Reaktionsmöglichkeiten Sie dann haben.

- Aussagen zur Reaktanz: Die Aussagen 7 und 11 enthalten das Trotz-Thema. Sie können Veränderungen sabotieren, weil Sie in Opposition zu anderen Menschen stehen, die möchten, dass bei Ihnen etwas anders wird, oder weil Sie fürchten, Ihr früheres Verhalten als Irrtum zu entlarven. Hier kommen Sie weiter, wenn Sie dem rebellischen Aspekt den Nutzen, den Sie persönlich von einer Veränderung erwarten, gegenüberstellen. Sie können auch schriftlich die Frage diskutieren, was daran so schlimm ist, anderen Recht zu geben oder früheres Fehlverhalten zuzugeben.

- Aussagen zum Kosten-Nutzen-Verhältnis: Die Aussagen 3 und 9 beziehen sich auf die Frage nach Aufwand und Ertrag. Hier sind Ihre realistischen Abwägungen gefragt, bei denen Sie das Für und Wider gegenüberstellen.

Manche Veränderungsresistenz hat damit zu tun, dass Menschen in ihrer jetzigen Situation, so unbefriedigend sie auch sein mag, doch offene

Gewinne oder heimliche Befriedigungen verzeichnen, die ihnen entgehen würden, wenn sie aktiv daran gingen, sich zu verändern. Besonders häufig ist das der Fall, wenn sich die Probleme auf mehrere Menschen, beispielsweise die Mitglieder einer Familie, erstrecken.

> Birgit, die jetzt selbstbewusst als Erfolgsfrau durchs Leben geht, war nicht immer so. Sie hat die Rolle mit Johann, ihrem Exehemann, getauscht. Früher war sie sehr bedrückt, traute sich nichts zu und fühlte sich im Studium überfordert. Johann, der ebenfalls Jura studierte, war der Erfolgstyp, dem alles gelang. Er hatte Mitgefühl mit Birgit und half ihr, wo er konnte. So manche Hausarbeit, die sie abgab, wäre ohne ihn nie fertig geworden. Allerdings: Je mehr er ihr abnahm, desto minderwertiger kam Birgit sich vor. Je schwächer sie wurde, desto überlegener fühlte sich Johann. Birgits Depression stabilisierte sein Selbstwertgefühl, mit dem er auch auf andere Frauen anziehend wirkte. Irgendwann hatte er eine Freundin, Birgit kam dahinter und brach vollends zusammen. Sie ging in eine Therapie und wurde stärker. Sie stellte sich auf eigene Füße, ließ sich von Johann nicht mehr helfen und sah seine überlegene Haltung zunehmend kritisch. Die Wahrheit über ihre Beziehung kam ans Licht, als er ihr in einem Streit entgegenschleuderte: »Depressiv warst du mir lieber!«

»Depressiv warst Du mir lieber« – wer aktiv und aus eigener Kraft erfolgreich ist, durchbricht das Muster der Abhängigkeit. Er hat eigene Wahlmöglichkeiten, traut sich, den Partner in Frage zu stellen, und kann sich auch gegen ihn entscheiden.

Es kann sein, dass es in Ihrem Leben eine Art geheime Tagesordnung gibt, auf der Dinge stehen, die Sie mit anderen Menschen verhandeln, aber nicht in einer offenen Weise, sondern latent, unterschwellig. Deshalb wird der Leidensdruck auch nicht so groß, dass er zu Veränderungen drängt.

Barrieren gegen Veränderungen können über lange Jahre stabil sein. Damit etwas passiert, müssen die Dinge meistens schlimmer werden, bevor sie besser werden können!

| Tipp |
Bilanzieren Sie, welche Vorteile in Ihrer jetzigen Situation stecken. Sie können dabei nur gewinnen: Entweder zeigt sich, dass die positiven Aspekte gar nicht so gering sind, dann können Sie noch einmal überlegen, ob Sie wirklich eine Veränderung brauchen. Im anderen Fall erkennen Sie deutlich, worauf Sie eventuell verzichten müssen, und können auch von daher noch einmal entscheiden, ob die Sache Ihnen das wert ist.

Reaktanz

Die Resistenz gegen Veränderung ist häufig so etwas wie ein gesunder Protest gegen Druck, den Sie selbst aufbauen oder den Sie aus der Umwelt aufnehmen. Werden Sie zu Veränderungen aufgefordert, dann können Sie das als Eingriff in Ihre persönliche Entscheidungsfreiheit empfinden und sich dagegen auflehnen. Wenn der Druck noch dazu in negativen, bedrohlich klingenden Botschaften daherkommt, dann verstärkt er das Beharrungsvermögen. So wurden beispielsweise bei einer Studie aus der Schweiz (durchgeführt 2002 von Daniel Süss und anderen) die folgenden Botschaften als ungeeignet empfunden, um Menschen zu gesünderem Verhalten zu veranlassen:

- »Wer seinen Körper nicht in Form hält, zieht im Strandbad keine Blicke auf sich, höchstens mitleidige!«
- »Wer viel Fleisch isst (vor allem vom Grill), gefährdet seine Gesundheit.«
- »Ein Fettbauch ist nicht nur hässlich, sondern auch ungesund.«
- »Übergewicht drückt auf das Wohlbefinden und verkürzt die Lebenserwartung.«

Eine positive, motivierende Wirkung ging hingegen von diesen Botschaften aus:

- »Regelmäßige Pausen erhöhen Leistung und Wohlbefinden.«
- »Bewegen Sie sich viel in der freien Natur. Ihr Körper dankt es Ihnen.«
- »Heute schon gelacht? Sich freuen wirkt entspannend.«

Sind negative Botschaften nun gänzlich ungeeignet, wenn Sie sich motivieren wollen? Nein. Es kommt darauf an, in welchem Stadium des Veränderungsprozesses Sie sich befinden. Wenn Sie in der Phase der Absichtslosigkeit oder der Absichtsbildung sind, kann eine negative Message Ihre Aufmerksamkeit erregen und auf ein Problem fixieren, bei dem positive Botschaften eine Beschönigung darstellen würden. Die Nachricht »Du trinkst zu viel!« weckt mehr innere Beteiligung als »Alkohol kann sowohl positive als auch schädliche Effekte haben«. Wenn Sie hingegen bereits Veränderungen vorbereiten oder durchführen, sind positive Botschaften besser geeignet, um eine angenehme Atmosphäre zu schaffen und Sie entspannt bei der Stange zu halten.

Tipp

Große Veränderungen haben Vorrang. Wir sind gut beraten, die wichtigsten Vorhaben in unserem Leben anzupacken. Sie endlich zu erledigen, verbessert unsere Lebensqualität mehr, als an irgendwelchen Lackschäden herumzupolieren, die keine große Bedeutung haben.

Erfolgreiche kleine Veränderungen auf nicht so wichtigen Gebieten können jedoch dabei helfen, sich an die großen Dinge heranzutrauen.

Manchmal ist es sinnvoll, sich auf einem anderen Feld als dem mit dem dicksten Problem einen Erfolg zu verschaffen, der Ihnen dann möglicherweise genau die Kraft gibt, ein größeres Vorhaben anzupacken. So profitieren beispielsweise Menschen mit einer festgestellten klinischen Depression, die erfolgreich mit Psychotherapie behandelt werden könnten, vor diesem Schritt aber zurückscheuen, davon, sich einer Laufgruppe anzuschließen und mit dem Jogging zu beginnen.

Jana hat an der Universität einen Vertrag für fünf Jahre. Sie ist in den ersten Jahren mit ihrer Doktorarbeit nicht richtig vorangekommen. Sie hat viel gelesen, aber wenig geschrieben. Im zurückliegenden halben Jahr hat sie jedoch zwei Artikel in einer Fachzeitschrift veröffentlicht und sich damit bewiesen, dass sie doch schreiben kann. Und jetzt bereitet sie mit einem Teilaspekt ihres Promotionsvorhabens einen Kongressbeitrag vor und schlägt auf diese Weise mehrere Fliegen mit einer Klappe:

- Sie kommt zu einem Auftritt auf einem Kongress.
- Sie kann eine weitere Veröffentlichung lancieren.
- Sie kann den Beitrag für ein Kapitel ihrer Doktorarbeit verwenden.

- Sie beweist sich erneut, dass sie wissenschaftlich denken und schreiben kann.
- Sie motiviert sich damit, das große Dissertationsprojekt weiter voranzubringen.

Anfangswiderstände überwinden

Wenn Sie dabei bleiben, dass eine Veränderung sein muss, dann werden Ihnen die folgenden Tricks helfen, den Anfangswiderstand zu überwinden:

- Machen Sie sich ein Poster, auf dem Sie alle Vorteile einer Veränderung auflisten. Hängen Sie das Poster deutlich sichtbar auf. Lesen Sie sich täglich mehrmals durch, welche Gewinne Sie anstreben, vor allem dann, wenn die Trägheit Sie packt.
- Sie können sich auch mit einem Poster in Schwung bringen, auf dem Sie die Nachteile Ihres jetzigen Verhaltens mit den positiven Effekten einer Veränderung kontrastieren.
- Sie können sich ein persönliches Leitbild formulieren, dass Ihren Start begünstigt.

Leitbilder sind seit längerer Zeit wichtige Elemente in der Kultur von Firmen und Unternehmen. Sie können von der motivierenden und identitätsstiftenden Funktion eines Leitbildes ebenfalls profitieren. Sie beschreiben darin wesentliche Dimensionen Ihrer Person oder Ihrer Aufgabe.

Peter entwickelte das folgende Leitbild für sich. Er wollte sich nicht länger stets als hilfloses Opfer von Umständen sehen, die er nicht beeinflussen konnte, er wollte sich nicht länger als *everybody's darling* hinter den scheinbaren Rücksichten auf andere verstecken, und vor allem wollte er nicht länger in Halbheiten leben.

Leitbild

Ich sehe mich als einen Menschen, der seine Lebensqualität selbst entscheidend beeinflussen kann und daher für sein Leben selbst verantwortlich ist. Achtsamkeit, Bewusstheit und Sorgfalt leiten meine Handlungen. Ich verfolge meine Ziele und berücksichtige dabei auch die Interessen anderer. Ich strebe Ziele an, mit denen ich mich möglichst vollständig identifizieren kann. Das Gefühl einer ganz-heitlichen Entscheidung ist dabei mein Leitmotiv. Halbheiten spüre ich als Untreue mir selbst gegenüber, die ich vermeiden werde.

Geben Sie sich ein Mission Statement!

Bevor ein Team von UN-Beobachtern in schwierigem Gelände auf Pat-rouille geht, versammeln sich alle im Lage- und Besprechungsraum. Der Leiter des Trupps gibt das Ziel und die wichtigsten Leitlinien für den heu-tigen Auftrag bekannt. Auch erfolgreiche Coachs von Sportmannschaf-ten oder Berater von Unternehmen gehen so vor. Ein persönliches *Mission Statement* kann ähnlich wie ein Leitbild wirken, in dem Sie ein Vorgehen oder eine Aufgabe beschreiben, mit der Sie sich identifizieren.

Carlo, unser sprunghafter, etwas unsolider Immobilienmakler, profi-tierte von dem folgenden Statement, mit dem er seine Tendenzen zum chaotischen Ausweichen in Schach hielt:

| Mission Statement |
Ich werde mich gewissenhaft vorbereiten und meine Anrufe sorgfältig durchfüh-ren. Ich konzentriere mich in erster Linie auf den Gesprächsprozess, den ich für meinen Kunden und mich angenehm und qualitätsvoll gestalten will. Dieses Ziel ist eine Verpflichtung, die mich positiv bindet und mir die Arbeit erleichtert. Mein alltäglicher Erfolg liegt darin, meine Aufgaben zu erledigen.

Hilfe bei der Abfassung eines persönlichen Statements finden Sie zum Beispiel im Internet unter www.franklincovey.com/missionbuilder.

Vergewisserungen

Jana hatte sich eine Vergewisserung zugelegt, die sie auf Visitenkarten-Karton ausgedruckt hatte und bei sich trug. Früher hatte sie Arbeit (= Schreiben) und Nicht-Arbeit (= Nichtstun, Nachdenken) scharf von-einander getrennt. »Es ist unwahrscheinlich schwer, aus dem Nichtstun ins Schreiben zu kommen«, war eine alte, wenig hilfreiche Überzeugung von ihr. Ihr Statement nivelliert diesen scharfen Gegensatz und betont ein Kontinuum verschiedener Arten von Arbeit. Es bildet die beruhigende

Botschaft, dass sie auf Kurs ist. Sie liest diesen Text immer dann, wenn sie Sorgen und Ängste kommen spürt:

Vergewisserung
- Die gute Nachricht:
  Nichtstun und Entspannen sind wichtige Bestandteile meiner Arbeit, sie sind der Nährboden für meine Kreativität.
- Die noch bessere Nachricht:
  Durch meine alltägliche Arbeit und durch strukturiertes Nachdenken entwickle ich die Ideen ohnehin weiter, die ich in meiner Doktorarbeit umsetzen werde.
- Die beste Nachricht von allen:
  Ich kann jederzeit etwas davon aufschreiben.

Parolen

Warum wohl verwenden die Werbeagenturen kurze, prägnante Sätze? Weil sie sich als Parolen leicht einprägen und einem jederzeit wieder einfallen. Wir alle kennen die Sprüche aus der Werbung und sind lebende Beweise für deren Kraft, im Gedächtnis haften zu bleiben.

Jana hatte für sich die folgenden Parolen formuliert, die ihr halfen, wirklich mit ihrer Arbeit anzufangen, wenn sie am PC Platz genommen hatte:

Parole
- Von einem gewissen Punkt an gibt es keine Rückkehr mehr. Dieser Punkt ist zu erreichen. (Kafka)
- Nicht schreien, schreiben!
- Ich kann hier auch jederzeit wieder weggehen!
- Jeder fertige Satz macht mich stärker!

Sie hatte diese Parolen als Bildschirmschoner installiert. Wenn sie früher durch Stockungen beim Schreiben schnell in die Besorgnis geraten war, dass ihr nichts einfallen würde, so liest sie jetzt diese Parolen und empfindet die Pause eher als hilfreiches Auftanken, bevor es mit dem Schreiben weitergeht.

Einen Einstieg finden

»Und jedem Anfang wohnt ein Ende inne« – diese Verballhornung eines Zitats von Hermann Hesse können Sie als Bedrohung oder als Trost empfinden, je nach Sichtweise. Gerade der Anfang ist besonders hart. Aber auch diese Härte geht vorbei.

Zur Überwindung Ihrer Anfangsschwierigkeiten:

- Beobachten Sie, was Ihnen durch den Kopf geht, wenn Sie mit Ihrem Vorhaben beginnen wollen. Notieren Sie Ihre Gedanken in Ihrem Journal, und fangen Sie dann an.
- Beginnen Sie mit Ihrem Vorhaben einen Tag, eine halbe Stunde oder fünf Minuten vor dem eigentlich festgelegten Starttermin.
- Beginnen Sie mit einem anderen als dem eigentlich geplanten Vorhaben. Wechseln Sie nach wenigen Stunden zur wichtigeren Aufgabe.
- Beschäftigen Sie sich für 15 Minuten mit Ihrem Vorhaben. Wenn Sie bis dahin nicht in eine gute Arbeitshaltung hineingekommen sind, dann brechen Sie die Sache ab. Versuchen Sie es nach einer halben Stunde noch einmal.

Mentales Training

Ohne Vorstellungsübungen geht heutzutage im modernen Sporttraining gar nichts mehr. Die innere Visualisierung eines Bewegungsablaufs wie beim Aufschlag (Tennis) oder beim Abschlag (Golf) ist der entscheidende Trick, um dem Gehirn eine Vorgabe zur Verfügung zu stellen, die dann nur noch realisiert werden muss. Auch Sie werden von lebhaften, lösungsorientierten Imaginationen profitieren.

Vorstellungsübungen:

Stellen Sie sich im entspannten Zustand vor, wie Sie mit Ihrem Vorhaben beginnen. Schauen Sie sich selbst dabei zu, wie Sie die erforderlichen Schritte machen, sich also beispielsweise ruhig an Ihren Computer setzen, das Schreibprogramm aufrufen und Wörter in die Tastatur tippen, wenn es um ein Schreibvorhaben geht. Oder setzen Sie sich selbst in der Phantasie in Ihren Keller, den Sie schon lange einmal entrümpeln wollten, und beobachten Sie sich, wie Sie die ersten Kartons heraustragen, die alten Kleidungsstücke aussondern und den Elektronikschrott zur Seite legen. Lassen Sie sich dabei durch auftauchende Gefühle nicht beunruhigen, sondern kehren Sie immer wieder zu inneren Bildern zurück, die Sie dabei zeigen, wie Sie einen Anfang machen.

Handlungskontrolle zurückgewinnen

Seit Monaten schimpft Madeleine auf ihren tragbaren Computer: Er ist ihr zu langsam; wenn sie Autorennen spielt, zuckeln die Boliden gemächlich über den Bildschirm. Einfach zu alt, nur noch Computerschrott, ärgerlich. Aber Madeleine hat leider nicht das Geld, sich einen neuen PC zu kaufen. Blöde, zumal sie gerne einmal ein Spiel macht und sich auch mit anderen zu LAN-Partys zusammenfindet, bei der die Computer zu einem Netzwerk verbunden werden und man gegeneinander spielen kann. Nur macht das eben keinen Spaß mit ihrer Ruckelmaschine. Als sie Patrick von ihrem Problem erzählte, fragt er sie, ob sie denn schon einmal ins BIOS geschaut hat. BIOS ist die Abkürzung für das Basic Input-Output System des Computers. Madeleine weiß zwar, dass es das gibt, und erinnerte sich auch vage, dass man dort bestimmte Grundeinstellungen vornehmen kann. »Ja«, sagt Patrick, »guck da doch mal nach, ob du nicht an den Einstellungen der Grafikkarte etwas ändern kannst.« Sie tut es, und siehe da, als sie das nächste Mal spielt, geht alles etwas schneller.

Manchmal kann es ein Anfang sein, sich jemandem anzuvertrauen, der einen Tipp hat, so wie Patrick.

Handlungskontrolle bedeutet, Aktionen starten, durchhalten und beenden zu können, wann und wie Sie es wollen. Sie kommen sich vor wie Gulliver in Lilliput, durch tausend schlechte Gewohnheiten an den Boden gefesselt? Dann befreien Sie sich als Erstes von diesem inneren Bild. Dafür bieten sich Vorstellungsübungen an. Gegen das Gefühl, vom Leben gelebt zu werden und als Opfer von Sachzwängen keine Freiheit mehr zu haben, hilft hingegen nichts so gut wie Taten, mit denen Sie sich beweisen, dass Sie doch noch handlungsfähig sind. Denn auch die Modifikation bestimmter Einstellungen – das, was Madeleine getan hat – erfordert Handeln.

Tipp

Tatkräftig vorzugehen wird leichter, wenn Sie die folgenden, empirisch bewährten Techniken einsetzen:

- Selbstverpflichtung,
- Reizkontrolle,
- Gegenkonditionierung,
- soziale Beziehungen nutzen,
- Belohnungsmanagement,
- Initiativen ergreifen,
- Veränderungen bilanzieren,
- Rückfallmanagement.

Selbstverpflichtung

Sie kennen das aus Filmen: Menschen, die etwas bewegen wollen, tun sich zusammen und schwören sich bestimmte Dinge: Zusammenhalt, Durchhalten, gegenseitige Unterstützung und so weiter. Sie können das auch so machen: Geben Sie Ihre Absicht, etwas künftig anders handhaben zu wollen, bekannt, teilen Sie anderen das mit, schließen Sie Verträge mit sich selbst oder mit anderen.

Jana hatte das einsame, unentschlossene und von Ablenkungen und Zweifeln durchzogene Vor-sich-hin-Wursteln satt. Sie teilte ihren Kolleginnen und Kollegen im Institut mit, dass sie jetzt ernsthaft die verbleibende Zeit ihrer Anstellung nutzen wollte, um mit ihrer Dissertation weiterzukommen. Sie machte sich ein Poster, das sie in ihrem Dienstzimmer aufhängte. Auf dem stand:

Ich habe immer mehrere Optionen: Ich kann zielbezogen

- denken
- fühlen
- schreiben

Eins davon werde ich jedes Mal, wenn ich hier sitze, tun! Am besten schreiben, aber das andere ist auch o.k.

Selbstverpflichtung darf nicht zu eng gefasst werden, weil sie sonst leicht Reaktanz mobilisiert, also den Widerstand, den Sie fühlen, wenn Ihr Freiraum bedroht zu sein scheint. Wenn Sie sich – wie Jana – eine Auswahl aus verschiedenen Alternativen gestatten, dann minimieren Sie dieses Problem. In ähnlicher Weise hilfreich kann es sein, den Zeitraum der Selbstverpflichtung kurz zu halten: Es muss nicht gleich um eine Veränderung für den Rest Ihres Lebens gehen. Leichter können Sie sich darauf einlassen, die nächste Woche oder auch nur ein paar Tage anders zu gestalten. Selbstverpflichtungen sollten konkret und umsetzbar sein, und sie sollten wirklich Ihrem Selbstbild entsprechen, damit sie nicht das Schicksal der Losungen und Parolen aus der ehemaligen DDR erleiden.

Aus der Forschung wissen wir, dass Selbstbindungen ähnlich gut wie von außen auferlegte, feste Vorgaben funktionieren. Man hat beispielsweise drei Gruppen von Studenten komplizierte, fehlerbeladene Texte zur Korrektur gegeben. Eine Gruppe musste innerhalb von drei Wochen zu festen Terminen jeweils einen Teil der Aufgaben abgeben, eine andere konnte sich die drei Termine selbst festsetzen. Die dritte Gruppe konnte alles abliefern, wann sie wollte, spätestens aber bis zur Deadline am Ende der drei Wochen. Die Qualität der Korrekturen war in den ersten beiden Gruppen gleich gut. Nur die dritte Gruppe, in der die meisten ihre Aufgabe erst auf den letzten Drücker erledigten, schnitt deutlich schlechter ab.

Reizkontrolle

Entscheidende Handlungen beziehen sich darauf, bestimmte Umweltreize zu kontrollieren, also beispielsweise Störquellen zu beseitigen und sie durch förderliche Anregungen zu ersetzen. Wenn Sie sich gesünder ernähren wollen, sollten Sie keine fette Wurst im Kühlschrank haben. Wenn Sie gefährdet sind, am Schreibtisch in Grübeleien zu verfallen, statt an Ihrem Bericht für die Geschäftsleitung zu arbeiten, dann sollten Sie einen Wecker, der Ihre Träumereien unterbricht, im 5-Minuten-Takt klingeln lassen.

Nach ihrer Selbstverpflichtung und ihrer programmatischen Festlegung beschloss Jana, ihre Arbeitssituation im Büro und zu Hause drastisch zu ändern. Sie hatte daheim eine schreckliche Unordnung angehäuft, überall lagen Kopien, aufgeschlagene Bücher, Ausdrucke aus dem Internet und Notizen, Notizen, Notizen. Es war zwar kurzfristig bequem, alles auf dem Fußboden zu werfen, aber inzwischen fühlte Jana sich durch das Chaos bedrückt. Also räumte sie auf und stellte sich eine Schale mit leckerem Obst auf den Schreibtisch. Auch in der Uni, wo sie sich ein Büro mit Steffi, ihrer Kollegin, teilte, schaffte sie Ordnung und Anreize, indem sie sich eine Hängeregistratur zulegte, in die sie ihre Seminarunterlagen einsortierte. Außerdem befreite sie den Monitor von den tausend Post-it-Klebezetteln, mit denen sie ihn in den vergangenen zwei Jahren übersät hatte. Früher war sie jederzeit für Studenten ansprechbar gewesen, was diese begreiflicherweise sehr geschätzt hatten. Aber Jana hatte das eine Unmenge an Zeit geraubt. Nun hängte auch sie wie ihre Kollegen eine Liste aus, in die sich diejenigen eintragen konnten, die in ihre Sprechstunde wollten. Den Spott von Steffi (»Was, Jana, du willst künftig nicht mehr die Mutter Theresa der Studenten sein?«) nahm sie in Kauf.

Gegenkonditionierung

Eine konditionierte Reaktion tritt in immer derselben Weise auf, wenn bestimmte auslösende Reize vorhanden sind. Durch exakt dieselben Reize eine gegenteilige Reaktion zu starten ist das Ziel der Gegenkonditionierung.

Knut ist wegen depressiver Verstimmungen zu mir gekommen. Er hat einige Probleme, unter anderem eins mit dem Rauchen. Früher war er ein leidenschaftlicher Raucher – Duft der großen weiten Welt und so –, dann ein leidender Raucher, geplagt durch den morgendlichen Husten und die schwache Kondition. Die Kampagnen gegen das Rauchen bescherten ihm noch einmal neuen Lustgewinn, indem er trotzig gegen die Gesundheitsfanatiker anqualmte. Ein paar Jahre später wollte er vom Glimmstängel loskommen, aber seine 14 Versuche scheiterten allesamt. Knut raucht jetzt wieder, aber er will nicht rauchen. Er hasst die Tabakindustrie, die will, dass er raucht, und er hasst sich selbst dafür, dass er nicht stark genug ist, ihr Widerstand zu leisten. Inzwischen sitzt er ziemlich resigniert da. Ihm fehlt das, was man in der Psychologie »Kontrollhoffnung« nennt: Er möchte eine bestimmte Handlung unterlassen (Zigarette anzünden), aber er glaubt nicht wirklich, dass er das auch schaffen kann. Eine vertrackte Situation. Der in der Raucherentwöhnung oft hilfreiche Tipp: »Überlegen Sie vor dem Anzünden einer Zigarette bewusst, warum Sie gerade jetzt rauchen wollen. Zünden Sie die Zigarette erst dann an, wenn Sie darauf eine befriedigende Antwort gefunden haben«, hatte bei Knut nicht gefruchtet, weil er die Konfliktspannung durch das Nachdenken so unangenehm fand, dass er jegliche Überlegung sofort einstellte.

Während Knut Schwierigkeiten mit dem *Unterlassen* hat, so wird durch eine kleine Phantasieübung klar, dass er möglicherweise stark darin ist, bestimmte Aktionen *auszuführen*. So kann er sich ohne weiteres vorstellen, wie er in einen Kiosk geht und Zigaretten kauft, wie er die Packung aufreißt und eine Zigarette nach der anderen herausholt und zerkrümelt. Diese Vorstellung kann er richtiggehend einüben, er begleitet sie mit dem innerlich gesprochenen Satz: »Macht kaputt, was euch kaputt macht!«. Er ist der Terminator der Glimmstängel, er verdirbt den Tabakkonzernen das Geschäft!

Bei unserem nächsten Gespräch zerbröselt Knut während der Vorstellungsübungen vor meinen Augen mit Genuss eine Zigarette nach der anderen. Nachdem diese Handlung im Therapiezimmer »sitzt«, überträgt Knut sie in den Alltag seines Raucherlebens. Zwar gehört es zu seinen Zielen, überhaupt keine Zigaretten bei sich zu tragen, aber er weiß aus Erfahrung, dass er mit einer gewissen Wahrscheinlichkeit doch welche kaufen wird. Diese Aktion, die bisher wie ein Signal den Zusammenbruch seiner Kontrolle ankündigte, bekommt im neuen Zusammenhang eine gänzlich andere Bedeutung: Macht gar nichts, er kann ruhig welche kaufen und bei sich tragen. Wenn er eine Zigarette herausholen sollte, wird er sie anschließend ja doch zerbröseln und kaputt machen, bevor sie ihn kaputt macht.

Das Gute an solchen Übungen und deren Übertragung in den Alltag ist, dass unser Gehirn keinen Unterschied macht zwischen »wirklichen« und bloß vorgestellten Situationen. Wenn es eine Verknüpfung gelernt und geübt hat, dann ist es leicht, diese neue Handlung aus der Vorstellung in die Tat zu übertragen.

Soziale Beziehungen nutzen

Schluss mit dem Einzelkämpfertum. Gemeinsam können Sie vieles schaffen, was Ihnen unüberwindlich erscheint, solange Sie allein sind. Dieses Prinzip wird im Guten wie im Schlechten genutzt, wofür Arbeitsgruppen, Teams, Seilschaften, Kommissionen und Kartelle Zeugnis ablegen. Auch Sie können davon profitieren, ein Netzwerk von *Human Resources* aufzubauen oder zu remobilisieren, das Ihnen helfen kann, bei Ihrer Veränderung Erfolge zu erzielen und bei der Stange zu bleiben. Bitten Sie andere Menschen um Hilfe und Unterstützung, schließen Sie sich Gleichgesinnten oder gleichermaßen Betroffenen an, vereinbaren Sie regelmäßige Kontakte und Treffen. Es gibt sehr erfolgreiche Veränderungsagenturen wie die Anonymen Alkoholiker, deren Wirksamkeit ganz wesentlich auf den Treffen und dem Zusammenhalt der Gruppe beruht. »Allein machen sie dich ein!«, lautete schlicht und zutreffend ein Sponti-Spruch, der zeitlose Gültigkeit besitzt.

Wolfgang ist seit Jahren Mitglied in einer Messie-Gruppe. Messies haben große Probleme damit, Ordnung zu halten, sich von Sachen zu trennen und im Rahmen des Üblichen zu funktionieren. Wolfgang hebt nahezu alles auf, was er in seine Wohnung bringt. In seiner Küche liegen Unmengen von sauber ausgewaschenen Joghurtbechern herum. Im Flur hat er ganze Jahrgänge von Tageszeitungen und Wochenmagazinen so aufgestapelt, dass er sich nur noch durch einen schmalen Korridor in seine Zimmer quetschen kann. Alles steht voll, überall finden sich Dinge, die andere Menschen ohne weiter nachzudenken einfach wegwerfen. Aber Wolfgang kann genau das nicht, darin besteht seine Handlungsstörung. Wolfgangs Familie hat ihn als Sonderling abgeschrieben und im Laufe der Jahre aufgehört, ihn zu besuchen. Wolfgang ist eigentlich auch ganz froh darüber, denn er schämt sich, wenn andere seine Wohnung sehen. In seiner Messie-Gruppe ist das oft Thema: die Probleme mit den lästigen, aber unvermeidlichen Besuchen von Handwerkern, Hausverwaltern und Ablesern von Strom- und Gaszählern. Die Mitglieder machen sich gegenseitig Mut, berichten sich von Tricks, mit denen sie sich dazu bringen können, doch einmal einen Teil ihrer Berge abzutragen. Sie gehen gemeinsam zu hilfreichen Veranstaltungen, sie begleiten einander auf Ämter, und sie helfen sich gegenseitig beim Versuch, ein wenig geordneter zu leben.

Belohnungsmanagement

Man kann auf verschiedene Arten und Weisen lernen. Das wirksamste Prinzip heißt: Belohnen Sie sich! Für Anfänge, für Fortschritte, fürs Durchhalten.

Setzen Sie sich ganz bewusst Prämien aus für Schritte, die in die richtige Richtung führen. Wenn Sie ein Problemverhalten durch eine neue, ungewohnte Handlung ersetzen, ist es wichtig, dass Sie sich am Anfang jedes Mal belohnen.

Gewinne dürfen nicht in allzu weiter Ferne liegen, wenn sie wirksam sein wollen. Psychologen haben Menschen vor die Wahl gestellt, ob sie einen Gutschein für ein Gratisessen bekommen wollten, den sie in 100 Tagen einlösen könnten – oder zwei Gutscheine, die in 101 Tagen fällig würden. Die meisten entschieden sich für die zwei, die ferne Differenz von einem Tag spielt keine Rolle. Wenn man jedoch einen Gutschein für heute oder zwei für morgen anbietet, dann kehrt sich die Präferenz um. Wir bevorzugen besonders dann, wenn es um unmittelbare Belohnungsmöglichkeiten geht, den Spatzen in der Hand vor der Taube auf dem Dach.

Jana hatte anfangs ein schlechtes Gewissen darüber, dass sie eine Sprechstunde eingeführt hatte und für die Studierenden nicht mehr wie früher jederzeit ansprechbar war. Sie fürchtete, bei ihnen nicht mehr beliebt zu sein. Als es mit den Sprechstunden losging, war sie aufgeregt und unsicher, ob sie es schaffen würde, die einzelnen Gespräche auf jeweils 20 Minuten zu begrenzen. Tatsächlich spürte sie die Versuchung, den Studenten von sich aus mehr Zeit einzuräumen. Aber dann würde sie die Nachfolgenden zum Warten zwingen, was neue Probleme schaffen würde. Also beschloss sie, bei ihrem 20-Minuten-Takt zu bleiben (Selbstverpflichtung), stellte eine Uhr auf (Kontrolle der Umwelt) und gab den Studenten fünf Minuten vor Ablauf der Zeit einen Hinweis (»Unsere Zeit ist gleich um«; Gegenkonditionierung). Und jedes Mal, wenn der eine ging, bat sie den nächsten, der natürlich gleich nachdrängte, um eine Minute Geduld. In dieser Minute belohnte sie sich mit einem materiellen Verstärker, indem sie schnell ein Stück exquisites, teures Konfekt verspeiste, und mit einem immateriellen Verstärker: einem schnellen Blick in den Spiegel, in dem sie sich kurz zuzwinkerte und sich sagte: »Gut gemacht, Jana!«

Initiativen ergreifen

Wer handlungsorientiert ist, hat es leichter, in schwierigen Lagen, bei bereits vorhandener Entmutigung oder Frustration die erforderliche Energie für Initiativen aus dem eigenen Inneren zu mobilisieren. Manchmal ist es besser, überhaupt eine Aktion zu starten, als nur passiv abzuwarten, rückwärtsgewandt über die entstandene Lage nachzugrübeln oder sich in die Zukunft »hineinzusorgen«.

In einer Mail schreibt mir ein Ingenieur, der mehrfach davor zurückgeschreckt war, sich mit einer guten Geschäftsidee in eigener Firma selbstständig zu machen:

»Ich habe das Grübeln nicht überwinden können. Gehe zwanghaft immer wieder durch, was alles schief gehen könnte. Die Tatenlosigkeit hat mein Befinden und meine Leistungsfähigkeit negativer beeinflusst, als es ein geschäftlicher Misserfolg, der ja nicht einmal sicher gewesen wäre, es jemals hätte tun können. Die Teilnahme an Motivationsseminaren und Vorträgen hat meinen Grübeleien keinen Riegel vorschieben können.«

In Amerika würde man sagen: »They talked the talk, but they didn't walk the walk.« Nichts gegen Reden, aber Taten sind häufig überzeugender. Sie erzeugen eine eigene Dynamik, die es leichter machen kann, einem Schritt weitere folgen zu lassen. Wer sich auf Seminaren das Handeln predigen lässt, lernt manchmal eher predigen als handeln. Vielleicht wäre es dem Ingenieur leichter gefallen, seine Idee umzusetzen, wenn er sich beispielsweise von Business Angels, erfahrenen, älteren Experten, hätte beraten lassen.

Veränderungen bilanzieren

Die oben bereits angesprochene *BAR*-Methode besteht aus den Komponenten Bewusstheit-Aktionen-Rechenschaft. Alle drei Elemente sind auch bei der Handlungskontrolle wichtig und greifen ineinander.

Aktionen zahlen sich meistens dann besonders aus, wenn sie bewusst geplant und eingesetzt sind. Aber auch zufällige Handlungen können Positives bewirken. In jedem Fall ist wichtig, dass Sie festhalten, was Sie getan haben, und über die Ergebnisse nachdenken. Deswegen kommt dem Faktor Rechenschaft eine große Bedeutung zu. Dem können Sie durch geeignete Aufzeichnungen in Ihrem Ringbuch Rechnung tragen. Der Vorteil gegenüber fliegenden Blättern oder einer festen Kladde besteht darin, dass Sie einzelne Blätter umgruppieren oder neu einfügen können und so Ihren Bilanzierungsprozess immer wieder ergänzen und erweitern können.

Bei Ihrer Rechenschaftslegung werden Sie zwei Dinge besonders berücksichtigen:

- Die Abwägung des Für und Wider der Handlungen: Was haben Ihre Aktionen gebracht, welcher Nutzen trat für Sie oder andere ein? Sind auch negativen Folgewirkungen zu verzeichnen gewesen? Wenn ja, welche? Haben Sie Lob und Anerkennung bekommen, haben Sie sich selbst angemessen belohnt? Die Evaluation Ihrer Handlungsschritte ist eine eminent wichtige Quelle für Korrekturen und eine erstklassige Gelegenheit zum Erfahrungsgewinn.

- Erwartungen hinsichtlich Ihrer eigenen künftigen Wirksamkeit: Wie hoch schätzen Sie auf einer Skala von 0 bis 100 Prozent die Wahrscheinlichkeit ein, Ihr neues, kompetentes und erfolgreiches Verhalten auch bei widrigen Verhältnissen aufrechterhalten zu können? Welche Versuchungen fürchten Sie, was können Sie tun, wenn diese auftreten? Worin bestehen Gefahren für Ihre neuen Handlungen: Ist es das Auftreten von emotionalen Belastungen, sind es Versuchungen, die durch andere Menschen ausgelöst werden, sind es eigene Gewohnheiten oder innere Situationen, wie zum Beispiel Hunger oder das Verlangen nach Alkohol?

Carlos Verhalten hatte sich seit einiger Zeit stabilisiert. Er machte Aufzeichnungen, und es gelang ihm immer besser, die Gefährdungen, die seinem Handlungsprogramm drohten, zu identifizieren und Gegenstrategien zu entwickeln. Ein sehr wichtiger Faktor war der emotionale Stress, der durch schlechte Nachrichten aus der Wirtschaft ausgelöst wurde. Früher versorgte sich Carlo während der Arbeit im Büro per Fernsehen und Radio mit den neuesten Börsennachrichten und Informationen aus dem Wirtschaftsleben. Als es an der Börse noch bergauf ging, machte ihm das Mut, aber als die Kurse fielen, deprimierten ihn diese Nachrichten zunehmend. Er konnte keine Distanz mehr zu ihnen einhalten, er legte sich auf sein Bürosofa, er geriet ins Grübeln und malte sich seine Zukunft in schwarzen Farben aus.

Nach einer bestimmten Menge dieser düsteren Szenarien fühlte er sich regelmäßig so schwer, müde und fertig, dass für ihn klar war: Heute würde eh nichts mehr laufen. Sowohl das Nachrichtenhören als auch das Sich-Hinlegen waren Weichenstellungen für das Aus-dem-Ruder-Laufen seiner Handlungsorientierung. Heute hört Carlo die Wirtschaftsnachrichten abends, nach getaner Arbeit, nicht mehr tagsüber. Seine Couch hat er mit Akten und Unterlagen blockiert. Beides ist das Ergebnis seiner persönlichen Bilanzierungen, bei denen herauskam: ganz oder gar nicht, ein Kompromiss (mittags und nachmittags Nachrichten-TV) funktionierte nicht. Bei der jetzt von ihm praktizierten Art der Umweltkontrolle ist seine Zuversicht, auch heftigen Versuchungen widerstehen zu können, maximal. Carlo half sich noch mit einem anderen Trick: Er druckte ein Zitat von Oscar Wilde aus und durchkreuzte es. Er mochte weder das Zitat noch Oscar Wilde, den er für einen unsympathischen Dandy hielt, von dem er sich gerne absetzen wollte. Also setzte er selbstbewusst seine eigene Devise darunter.

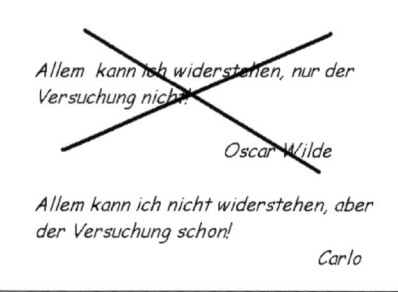

Allem kann ich widerstehen, nur der Versuchung nicht!

Oscar Wilde

Allem kann ich nicht widerstehen, aber der Versuchung schon!

Carlo

Rückfallmanagement

Knut, der Raucher, hatte natürlich bereits mehrfach versucht, sich das Rauchen abzugewöhnen. Jeden seiner Rückfälle hatte er negativ verarbeitet, sodass seine Hoffnung geringer wurde, mit dem Rauchen jemals aufhören zu können. Mit einer anderen Einstellung würde er seine bisherigen Entwöhnungserfahrungen jedoch nicht als Pleiten sehen, sondern als Erfahrungsgewinn, der ihm helfen kann, effektivere Schritte zu planen. Der irische Dramatiker Samuel Beckett hatte diese innere Haltung, als er über sich sagte: »Immer versucht. Immer gescheitert. Egal. Wieder versuchen. Wieder scheitern. *Besser* scheitern!«

Eine Tageszeitung berichtet über Holger, einen Junkie, der zum 34. Mal in einem Drogenprojekt nach seiner Entgiftung ein paar Wochen lang versucht, clean zu bleiben. Mancher mag vielleicht ausschließlich die bisher stets aufgetretenen Rückfälle sehen, aber Holger hat noch Hoffnung. »Was bleibt mir denn auch anderes«, sagt er, »soll ich mich denn aufgeben?!«

Tipp

Statt sich als Versager zu sehen, der es bisher »nicht gebracht« hat, ist es klüger, sich als Experten zu sehen für das, was nicht geht – das kann Ihnen helfen, zum Experten zu werden für das, was gehen könnte!

Strategien gegen Grübeln und Zaudern

Grübeln und Zaudern sind Merkmale einer zwanghaft getönten Haltung dem Leben gegenüber, die früher (»Die Deutschen sind tatenarm und gedankenvoll.« Hölderlin) wie heute (»Wir grübeln leicht, wir tun uns schwer.« Herbert Grönemeyer) offensichtlich zur deutschen Wesensart gehören. Beide treten besonders intensiv in der Phase der Absichtsbildung und der Vorbereitung auf. Vordergründig geht es darum, durch Nachdenken und das Hin-und-Her-Wenden von Bedenken Risiken zu meiden oder die richtige Entscheidung zu treffen. Letztlich aber sollen durch die endlosen Schleifen von Impuls und Abwehr, durch die Fragen »Soll ich oder nicht?«, »Durfte ich oder nicht?« oder »Habe ich etwa oder etwa nicht?«, Ängste gebannt werden, die sich nicht wirklich bannen lassen, sondern die man aushalten muss. Das Gleiche gilt für die Ambivalenz, die hinter dem Zaudern, dem Einen-Schritt-vor-zwei-zurück steht. Bei jeder Entscheidung droht ein Verlust, winkt ein Gewinn. Die Spannung, möglicherweise auch eine Fehlentscheidung getroffen zu haben, muss ertragen werden, sie ist nicht zu vermeiden, weil sie untrennbar zur Entscheidung dazugehört. Sicherheitsfanatiker versuchen durch Grübeln, dieses Risiko auszuschalten. Gleiches gilt für das Bedauern über die ausgeschlossene Alternative und die Zweifel nach einer Entscheidung, ob man auch wirklich richtig gewählt hat. Grübeln und Zaudern beziehen sich meistens auf vermeintliche Katastrophen, deren Auftretenswahrscheinlichkeit gering ist. Es gibt auch ein rückwärtsgewandtes Grübeln, bei dem immer wieder Szenen aus der Vergangenheit durchgegangen werden, mit der bohrenden Frage, ob man gut ausgesehen oder sich unsterblich blamiert hat. Gerade nach Misserfolgen ist es wichtig, sich von unangenehmen Gefühlen schnell zu lösen, um sich wieder auf die anstehenden Aufgaben konzentrieren zu können, statt sich in die negativen Erinnerungen zu verbeißen. Handlungsorientierte Menschen können ihre negativen Affekte durch Aktionen schneller wieder herunterregulieren als Menschen, die sich innerlich unentwegt mit der entstandenen Lage beschäftigen.

Es ist wichtig, dass Sie als Grübler und Zauderer aufhören, nach der einzig richtigen Entscheidung oder Lösung zu suchen. Die gibt es ohnehin nicht. Sie müssen lernen, Spannung und Angst zu ertragen. Am besten lernen Sie das, indem Sie sich in Angst und Spannung versetzen und durch geeignete Aktionen den Weg aus diesen Affekten wieder herausfinden.

Durchbrechen Sie den Teufelskreis des Zauderns mit den folgenden Strategien:

- Würfelmethode,
- Gedankenstopp,
- Ablenkungsmethoden,
- Vorstellungsübungen,
- Selbstinstruktionen.

Würfelmethode

Eine radikale Methode gegen Zaudern besteht darin, dass Sie immer einen Würfel bei sich haben. Nehmen Sie sich vor, Entscheidungen der nächsten Woche grundsätzlich auszuwürfeln.

Sollte Jana ins Kino gehen, wozu sie irgendwie Lust hatte, oder lieber den Abend wie immer mit ihrem Freund verbringen? Über solche Fragen begann sie häufig schon am frühen Mittag nachzudenken. Entschied sie sich innerlich fürs Kino, dann stellte sie sich Bernds Enttäuschung vor. Als Nächstes dachte sie daran, dass der Film möglicherweise öde sein würde und dass sie es sehr bedauern würde, sich im Kino zu langweilen. Wenn sie jedoch beschlossen hatte, den Abend mit Bernd zu verbringen, dann war der Film sofort viel lockender, ihr fiel ein, dass sie viel zu viele Abende zu Hause verbrachten und dass sie sich mit Bernd auch langweilte. Also Kino, aber dann ging es wieder von vorne los. Es ging übrigens nicht in erster Linie um das Kino, sondern darum, allein oder mit Freundinnen etwas ohne Bernd zu unternehmen.

Jana war ziemlich verzweifelt. Deswegen griff sie den Vorschlag auf, sich die ergebnislose Grübelei zu sparen, indem sie die Entscheidung dem Schicksal überließ, in diesem Fall durch einen Würfel symbolisiert. Alle geraden Ergebnisse würden bedeuten: Kino, alle ungeraden: Abend mit Bernd. Die einzige Regel, die Jana unbedingt befolgen musste, war diese: sich unbedingt und konsequent nach dem Ergebnis des Würfels zu richten. Nach drei Wochen hatte sie gemerkt, dass die befürchteten negativen Folgen einer Fehlentscheidung nie aufgetreten waren. Einmal fand sie den Film, den der Würfel ihr vorgeschrieben hatte, wirklich unerträglich banal, da ging sie eben früher weg. Und die Abende mit Bernd waren auch nicht so langweilig wie früher, weil sie jeden Tag eine neue Chance hatte, per Würfel etwas ohne ihn zu unternehmen.

Allerdings sollten Sie nicht alle Entscheidungen in Zukunft per Würfel treffen, wie Sie Luke Rhineharts Buch *Der Würfler* entnehmen können, denn das kann im totalem Chaos enden. Aber um den Teufelskreis des Grübelns für einen Ausstieg zu unterbrechen, ist die Methode gut geeignet.

Gedankenstopp

Möglicherweise ist die Internetseite www.frelax.de/gruebeltitel.htm für Sie hilfreich. Sie werden dort aufgerufen, negatives Grübeln zu beenden.

Falls sich die erhoffte Wirkung dieses Appells jedoch nicht sofort einstellt, sondern Ihre Gedanken sich weiterhin im Kreis drehen, dann können Sie es trainieren, sich »Stopp!« zuzurufen und gleich danach etwas anderes zu denken. Beispielsweise ein paar positive, aufbauende Kognitionen, bei denen Sie Ihre Handlungsfähigkeit betonen (»Gut, ich habe dieses Mühlrad zum Stillstand gebracht!« »Lieber ein bisschen Angst ertragen als dieses endlose Hin und Her.«)

Ablenkungsmethoden

Wenn Sie merken, dass Sie zaudern oder grübeln, können Sie das auch dadurch unterbrechen, dass Sie etwas anderes tun. Verlassen Sie den Kreislauf sich wiederholender Phantasien und machen Sie etwas! Gymnastik, raus in den Park und joggen, einen Brief schreiben, irgendetwas, das Ihre Aufmerksamkeit in Anspruch nimmt, Konzentration verlangt und mit dem Grübeln möglichst unvereinbar ist. Was das bei Ihnen sein kann, müssen Sie herausfinden. Gut bewährt hat sich für viele, Eintragungen in eine Art Tagebuch zu machen.

Wenn Sie mit Ihrem Logbuch arbeiten, dann nutzen Sie eine Strategie, die sich in vielen psychologischen Untersuchungen als sehr wirksam herausgestellt hat. Sie zeigen, dass Aufzeichnungen, über die man reflektiert, einen erheblichen positiven Effekt für die Bewältigung von Problemen haben. Hingegen bringt es nichts, einfach nur aufzuschreiben, was einem einfällt, ohne diese Inhalte in Frage zu stellen. Wenn Sie also nur aufschreiben, was in Ihrem Gehirn kreist, werden Sie auf Papier das fortsetzen, was Sie bislang lediglich virtuell gemacht haben. Wenn Sie stattdessen aber ein paar Leitplanken in Ihr Logbuch einziehen, dann wird es leichter, sich von dem puren Recycling quälender Kognitionen zu distanzieren. Gute Leitplanken lauten beispielsweise: »Ist das wahr, was ich befürchte? Ist das ein neuer Gedanke? Wie kann ich überprüfen, ob das zutrifft? Kann ich nur denken, oder kann ich auch handeln?«

Vorstellungsübungen

Springen Sie aus der Tretmühle sinnloser Überlegungen in eine angenehme Vorstellungsübung: Schließen Sie die Augen, entspannen Sie sich, machen Sie ganz bewusst 20 Atemzüge, bei denen Sie bis sieben zählen, wenn Sie ein- und ausatmen. Stellen Sie sich danach Ihre Zweifel und Ihr Zaudern vor wie einen Rasen. Sehen Sie sich selbst, wie Sie mit einem Rasenmäher die wuchernden Zweifel und die fetten grünen Grübelmatten mähen. Experimentieren Sie auch mit alternativen Vorstellungsbildern: Sie können sich die Zwangsgedanken auch als Disteln vorstellen, die Sie (mit Handschuhen an den Händen!) herausreißen. Sie können sich Bilder davon machen, wie Sie Ihre Sorgen, die wie Fallobst unter einem Apfelbaum liegen, aufsammeln und in eine große Mülltonne tun, bis alle weg sind. Sehen Sie vor Ihrem inneren Auge, wie die Müllabfuhr kommt und das ganze überflüssige Zeug abholt.

Ulrike, eine gewohnheitsmäßige Grüblerin, profitierte von der folgenden Technik: Sie stand vor ihren Abschlussprüfungen, und folgende katastrophale Situation ging ihr nicht aus dem Kopf: Sie sah, wie die Prüfer sie anschauten und sah sich selbst wie ein Fisch auf dem Trockenen nach Luft schnappen, kurz vor dem völligen Blackout. Die Szene stand gestochen scharf vor ihrem inneren Auge, und sie konnte sich von dem Bild nicht lösen. Aber sie lernte es, das so überdeutliche Bild vor ihrem inneren Auge immer mehr verschwimmen zu lassen, indem sie sich vorstellte, wie ein Nebel alles einhüllte. Auf diese Weise hörte sie auf zu grübeln.

Selbstinstruktionen

Zaudern lässt sich auch dadurch abbrechen, dass Sie sich genau überlegen, was Sie stattdessen zu sich sagen könnten. Denn es ist ja nicht zwingend, dass Sie sich passiv dem Strudel Ihrer Gedanken ausliefern oder aktiv immer dieselben Überlegungen anstellen. Sie können sich für den Einstieg in eine Unterbrechung der Routinegedanken einen Zettel machen, den Sie immer bei sich haben, mit Instruktionen für den Notfall, so ähnlich wie das Blatt, das Sie im Flugzeug in der Tasche an der Rückseite des Sitzen vor sich finden.

Sabine, Birgits Freundin, gerät manchmal in eine Spirale von Gedanken, mit denen sie sich nach unten zieht, in eine richtig fiese depressive Stimmung. Vorzugsweise kommen ihr solche Grübeleien vor dem Einschlafen. Sie denkt an Birgits Karriere, und ihre Arbeit kommt ihr dann öde vor, sie empfindet sich in der Schule wie gefangen. Die vielen Kinder, der Lärm, die vielen Vorschriften, das Gewusel, die Bürokratie – und das alles bis zur Pensionierung! Unerträglich. Dann denkt sie daran, auszusteigen und etwas anderes zu machen – aber was? »Soll ich kündigen und es riskieren, nicht gleich einen anderen Job zu haben? Oder weitermachen? Sind das nur so Anwandlungen? Was kann ich überhaupt – nichts; habe ich Lust, etwas Neues zu lernen – nein, mein Gott, ich bin so eine langweilige Person. Aber in der Schule zugrunde gehen will ich auch nicht. Was soll ich tun? Wie bin ich nur so langweilig geworden?« Von hier aus kann Sabine mühelos in mehrstündige Grübeleien geraten, an Einschlafen ist nicht mehr zu denken. Je später es wird, desto mehr steigert sie sich in die Sorge hinein, am nächsten Morgen nicht ausgeschlafen zu sein und schlecht auszusehen.

Wir entwickelten gemeinsam für Sabine ein Notfallblatt, das sie sich auf den Nachttisch legte. Darauf standen ein paar Sätze, die Sabine ausgewählt hatte, weil von ihnen jene Ruhe, Besinnung und Ordnung ausgingen, die ihr im Mahlstrom ihrer wild laufenden Assoziationen abhanden kamen. Darunter waren einige Gedanken, die banal klangen, aber für Sabine deswegen eine besondere Bedeutung hatten, weil ihre Großmutter sie damit besänftigt hatte, als Sabine noch ein kleines Mädchen war:

Es wird schon alles gut werden! Nur ruhig Blut! Heute Nacht muss ich noch keine Lösung finden. Ich darf ruhig schlafen gehen und abschalten. Es wird nichts so heiß gegessen, wie es gekocht wird, und morgen sieht alles schon ganz anders aus. Heute Nacht brauche ich mir keine Sorgen zu machen, ich darf ruhig schlafen. Ich werde in aller Ruhe eine Lösung finden. Auch ein Knoten im Schuhband ist nur mit Ruhe und Geduld aufzulösen.

Dieser Text, leise gelesen (bald konnte Sabine ihn auswendig), hat genau die hypnotische Wirkung, die von einem Schlaflied ausgeht, vom beruhigenden Singsang der Mutter, mit der sie uns die Unruhe und die Sorgen des Alltags von der Stirn gewischt hat. Sie werden für sich selbst bestimmt andere Formulierungen finden, aber es lohnt sich, nach dem zu suchen, was Ihnen wirklich Distanz zum kreisenden Mühlrad im Kopf bringt.

9
Kompetenter handeln

»Wege entstehen dadurch, dass man sie geht.«
Franz Kafka

Wenn Sie den Anfangswiderstand überwunden haben, sind Sie bereits mit den Handlungen beschäftigt, mit denen Sie innerhalb der nächsten 30 Tage wichtige Vorhaben umsetzen wollen. Bitte halten Sie sich an Ihren im Abschnitt »Dinge anders angehen« festgelegten Masterplan und kontrollieren Sie Ihre Aktionen. Wenn Sie andere Menschen in Ihr Vorhaben, sich zu verändern, eingeweiht haben, dann bekommen Sie hoffentlich eine Menge Anteilnahme und Unterstützung. Mit Hilfe Ihres Logbuchs können Sie sich jederzeit Rechenschaft darüber ablegen, wie Sie vorankommen, und die erforderlichen Änderungen vornehmen. Auf Kurs zu bleiben schließt ein, flexibel zu reagieren, wenn das weiterhilft.

Flexibel handeln

Wenn Sie sich bei einer bestimmten Schwierigkeit, die Sie verändern wollen, Ihr bisheriges Verhalten anschauen, dann werden Sie mit hoher Wahrscheinlichkeit feststellen, dass es immer ähnlich abläuft, wie ein Ritual. Der Raucher greift in immer denselben Situationen zur Zigarette, der Trinker zur Flasche. Wer aufschiebt, reagiert auf die Schlüsselreize: voller Schreibtisch, Arbeitsplan, Uhrzeit des Beginns mit stets dem gleichen Ausweichverhalten: Aufstehen, in die Küche gehen, Radio anstellen und Abwasch erledigen. Eingefahrenes Verhalten ist starr.

Die Starrheit Ihrer Reaktionen gibt Ihnen Halt und Sicherheit. Vielleicht brauchten Sie das irgendwann einmal, deswegen haben Sie es sich zugelegt. Heute aber leiden Sie unter der Unbeweglichkeit. Sie fühlen sich wie ein hospitalisierter Eisbär im Zoo, der immer wieder dieselben Wege am Rand seines Schwimmbeckens zurücklegt. Früher war er in einem viel zu kleinen Gehege untergebracht. Jetzt wird er zwar artgerecht gehalten und hat viel Platz, aber er hat es verlernt, seinen Bewegungsraum zu erkunden und zu nutzen.

Sie erschließen sich gerade neue Möglichkeiten, und dazu gehört auch, sich bei fällig werdenden Umwegen nicht gleich entmutigen zu lassen. Lichtenberg wusste bereits: »Der gerade Weg ist der kürzeste, aber es dauert meist am längsten, bis man auf ihm zum Ziele gelangt.« Und nur durch flexiblen Umgang mit Irrwegen findet man den eigenen, den richtigen Weg. Es gibt so viele Wege! Immer wieder sind neue Reaktionen gefragt, mit denen Sie die Herausforderungen des Alltags kompetenter bewältigen können. Das wird möglich, wenn Sie die folgenden Sozialtechniken beherrschen:

- erreichbare Ziele zu bestimmen,
- gute Entscheidungen zu treffen,
- realisierbare Pläne zu machen.

Vernünftige Zielsetzungen

Realistische Ziele sind solche, die Sie innerhalb einer angemessenen Zeit mit einem Aufwand erreichen können, bei dem Sie sich nicht überfordern. Sie dürfen ruhig Utopien haben und Visionen hegen. Helmut Schmidt, der ehemalige Bundeskanzler, sah in Letzteren nur einen Grund, den Arzt aufzusuchen. Diese ultranüchterne Sichtweise müssen Sie nicht teilen. Sie dürfen ruhig träumen und sich durch angenehme Phantasien motivieren. Wer aber vom besseren Leben, mehr Erfolg und mehr Glück immer nur träumt, muss sich nicht wundern, wenn er alle diese schönen Dinge verschläft. Um sie zu verwirklichen, müssen Sie aufwachen und handeln.

Verbindliche Entscheidungen

Sie wissen natürlich längst schon, dass Sie auch dann eine Entscheidung treffen, wenn Sie scheinbar keine fällen. Für Ihr berufliches wie Ihr privates Fortkommen ist jedoch positive Entschlussfreudigkeit eine Schlüsselqualifikation. Sie werden davon profitieren, sich schnell einen Überblick über Alternativen zu verschaffen, diese zu bewerten und die Entscheidung nach angemessenen Kriterien dann auch wirklich zu treffen.

Realisierbare Pläne umsetzen

Ich möchte Ihnen sehr ans Herz legen, Ihre Vorhaben möglichst gut zu planen, statt heroische Beschlüsse zu fassen, die folgenlos bleiben. Auch wenn über Planung immer wieder einmal gespottet wird – Friedrich Dürrenmatt war beispielsweise der Ansicht: »Je planmäßiger Menschen vorgehen, desto wirksamer trifft sie der Zufall« –, ohne Planung geht kaum etwas. Je besser Sie Ihr Vorgehen planen, je genauer Sie wissen, welche Schritte Sie machen werden, desto erfolgreicher werden Sie sein.

Eine gute Planung, klare Zielsetzungen und entschiedenes Handeln – und davon eher mehr als weniger – helfen Ihnen dabei, Ihre Visionen von einem erfüllten Dasein in Ihre alltägliche Lebenspraxis umzusetzen. Sie engen den Raum für folgenloses Räsonnieren und Grübeln ein und stellen stabile Bollwerke gegen Ausweichen und Aufschieben dar.

Nochmal zurück zur Flexibilität: Natürlich darf man sie nicht übertreiben. Für manche Zielsetzungen gibt es eben nur eine optimale Lösung.

Eine alte Weisheit der Hopi-Indianer lautet:

Wenn Du merkst, dass Du ein totes Pferd reitest, steig ab!

Im Internet habe ich eine Menge weiterer, extrem flexibler Strategien gefunden, mit dem toten Pferd und sich selbst umzugehen, je nachdem, welches Ziel man verfolgt:

- Wir sagen trotzig: »So haben wir das Pferd doch immer geritten!«
- Wir besorgen uns eine stärkere Peitsche.
- Wir gründen eine Arbeitsgruppe, um das Pferd zu analysieren.
- Wir besuchen andere Orte, um zu sehen, wie man dort tote Pferde reitet.
- Wir bilden eine Task-Force, um das Pferd wiederzubeleben.
- Wir besuchen firmeninterne Seminare, um besser auf toten Pferden reiten zu lernen.
- Wir stellen Vergleiche unterschiedlicher toter Pferde an (so genanntes Benchmarking).
- Wir ändern die Kriterien, die besagen, dass ein Pferd tot ist.

- Wir machen eine Studie mit anderen toten Pferden, um unseres zu optimieren.
- Wir erklären, dass unser Pferd besser, schneller und billiger tot ist als andere Pferde.
- Wir besprechen unseren Umgang mit toten Pferden in einer Supervisionsgruppe.
- Wir reduzieren den Haushaltsansatz auf der Kostenstelle für Pferde auf null.
- Wir engagieren eine Unternehmensberatung mit dem Ziel, unsere Geschäftsprozesse um das tote Pferd herum neu zu organisieren.
- Wir nehmen den Satz: »Nur ein totes Pferd ist ein gutes Pferd« in unser Leitbild auf.
- Wir setzen einen toten Reiter auf das tote Pferd, um Synergieeffekte zu nutzen.
- Wir zersägen das Pferd und erklären die Einzelteile zu »Profit-Centern«.
- Wir lassen unser totes Pferd nach der Qualitätsnorm ISO 9001 zertifizieren.
- Wir strukturieren um, damit ein anderer Bereich das tote Pferd bekommt.

Auch wenn derlei Überlegungen – allerdings ohne die satirische Überspitzung – durchaus in so manchen Entscheidungsprozessen und Strategieplanungen von Unternehmen vorkommen können: Praxistauglich sind sie nicht!

Vernünftige Ziele bestimmen

Die meisten Aktivitäten sind zielgerichtet. Alles wird klarer, wenn Ihre Ziele klar sind. Ziellos vor sich hin zu leben erscheint nur überlasteten Menschen als angenehm.

- Ziele geben Ihrem Handeln eine Richtung: Sie wissen, wohin es gehen soll.
- Ziele richten Ihre Aufmerksamkeit aus: Sie können sich leichter konzentrieren und Informationen aus der Umwelt aufnehmen, die Ihnen helfen, Ihr Ziel zu erreichen.

- Ziele strukturieren Ihre Handlungen: Sie legen Ihnen nahe, welche Schritte Sie gehen müssen, um sich dem Ziel zu nähern.
- Ziele geben Ihnen Energie: Sie entfalten positive Anziehungskraft, die Ihnen hilft, Ihr Trägheitsmoment zu überwinden.
- Ziele bilden eine eigene Realität: Sie leisten einen Beitrag dazu, Ihre Identität zu konturieren als jemand, der X oder Y erreichen will.
- Ziele leisten einen entscheidenden Beitrag zu Ihrer Persönlichkeitsentwicklung.

Ziele zu bestimmen ist der Hauptunterschied dazu, lediglich folgenlose Vorsätze vom Neujahrstagtyp zu fassen, über die Oscar Wilde sagte, sie seien »Schecks, die Menschen auf eine Bank ausstellen, bei der sie kein Konto haben«. Wenn Sie wirklich etwas umsetzen wollen, dann müssen Sie die Vorsätze als Ziele konkretisieren.

Die umfassendste Frage, die Sie sich im Hinblick auf Ziele stellen können, heißt: Was genau wollen Sie von Ihrem Leben?

Wenn Sie Wahlmöglichkeiten finden, dann können Sie selbstbestimmt Ziele setzen. Sie können aber auch das Gefühl haben, Ihre Lebensziele seien vorgegeben, für Sie erkennbar oder nicht, und sich von dem Sog ergreifen lassen, der von ihnen ausgeht. So jedenfalls sah Picasso die Sache, als er seine berühmte Äußerung »Ich suche nicht, ich finde« machte. Denn: »Finden, das ist das völlig Neue, alle Wege sind offen, und was gefunden wird, ist unbekannt. Es ist ein Wagnis … die Ungewissheit solcher Wagnisse können eigentlich nur jene auf sich nehmen, die sich vom Ziel ziehen lassen und nicht menschlich beschränkt und eingeengt das Ziel bestimmen (…).« Wir kommen am Ende dieses Abschnitts auf Picassos Hinweis zurück.

So beschränkt und eingeengt muss die selbstgewählte Bestimmung von Zielen jedoch gar nicht sein, wie Sie dem Mindmap auf Seite 160 entnehmen können.

Ziele können Sie in allen Bereichen Ihres Lebens verfolgen, im beruflichen wie im privaten. Es gibt persönliche, familiäre und soziale Ziele, es gibt Ziele, die sich auf Ihr Geld, Ihre Gesundheit und Ihre Finanzen beziehen. Die folgende Tabelle gibt Ihnen einen Anhaltspunkt dafür, ein paar Ziele zu überprüfen, die aus den Bereichen Selbstverwirklichung, Erfolg, Lebensgenuss, Familie, dem sozialen Bereich und der Kreativität stammen.

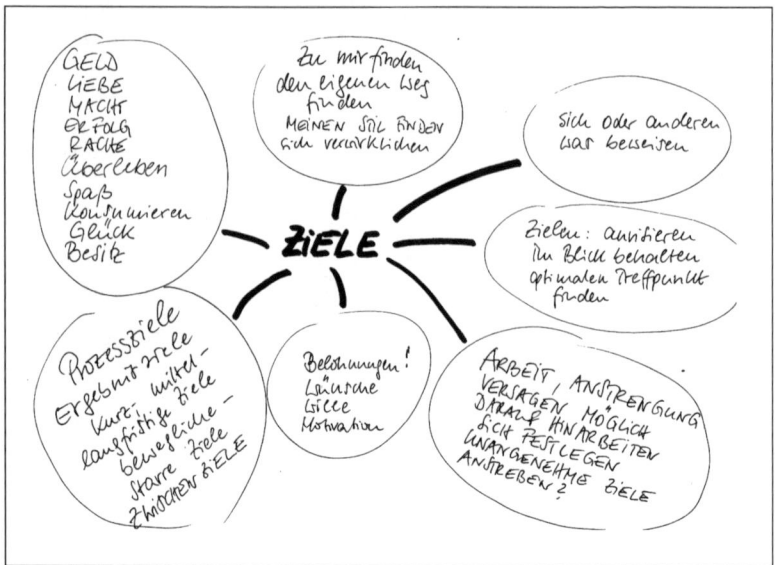

Wir beschäftigen uns mit Zielen unter den folgenden Aspekten:

- Ziele mit Inhalt füllen,
- Ziele unterteilen und dimensionieren,
- Ziele auf Realitätsgehalt überprüfen (Stärken-Schwächen-Analyse),
- Verpflichtung eingehen.

Ziele mit Inhalt füllen

Sie können in die Kästchen der Tabelle oben nicht nur ein Kreuz machen, sondern eine inhaltliche Konkretisierung schreiben: Was genau wollen Sie erreichen?

Welche Führungsaufgaben wollen Sie übernehmen, in welcher Weise die Gesellschaft verändern oder reich und berühmt werden? Je klarer Sie Ihre Ziele beschreiben, desto konkreter wird der Weg. Denken Sie beispielsweise an die Karriereplanung: Welche Position wollen Sie erreichen? Wenn Sie noch einen Schritt weiter gehen, dann fügen Sie auch eine Begründung hinzu: Aus welchen Gründen ist Ihnen dieses Ziel wichtig?

Gute Gründe, die mit eigenen Vorlieben und Werten zu tun haben, ent-

Ziele		Persönliche Bedeutsamkeit				
		sehr wichtig	wichtig	weder noch	eher unwichtig	völlig unwichtig
persönliche Autonomie	Unabhängigkeit					
	Selbständigkeit, Eigenverantwortlichkeit					
	eigenen Interessen nachgehen					
Selbstverwirklichung	Neigungen/Begabungen ausleben					
	Persönlichkeit entfalten					
	Karriere machen					
Erfolg	hohes Ansehen erreichen					
	bekannt/ berühmt werden					
	Macht erlangen, Führungsaufgaben übernehmen					
	reich werden					
hedonistische Ziele	Freuden des Lebens genießen					
	auf nichts Angenehmes verzichten					
	Abwechslung, Spannung, Abenteuer erleben					
soziale Lebensziele	anderen helfen					
	für andere da sein					
	für mehr Gerechtigkeit sorgen					
kreative Ziele	Dinge erforschen/ erfinden					
	schöpferisch sein					
	Gesellschaft verändern					

falten Motivation. Warum wollen Sie Bundeskanzler, Vorstandsvorsitzender, Abteilungs- oder Gruppenleiter werden, wieso ist die Position des Senior Account Managers für Sie reizvoll? Manche Ziele müssen nicht weiter begründet werden: Dass Sie Ihren Interessen und Neigungen nachgehen und Ihre Persönlichkeit entfalten wollen, liegt auf der Hand. Warum aber streben Sie nach einem besonders hohen Maß an Selbstständigkeit, wieso ist Ihnen Machtausübung wichtig? Triviale Gründe (Sie wollen reich werden, weil Sie damit viele Möglichkeiten haben) werden Sie nicht in der gleichen Weise aktivieren können wie überzeugend begründete Ziele.

Ziele unterteilen und dimensionieren

Aus übergeordneten Zielen wie den oben genannten ergeben sich Zwischenziele, die sich auf Ergebnisse und auf Prozesse beziehen und dabei immer auch eine zeitliche Dimension umfassen:

- Bis wann wollen Sie Ihr Ziel erreichen?
- Bis wann wollen Sie welches Zwischenziel erreicht haben?

Sie kennen aus der Karriereplanung die Frage: »Wo möchten Sie in fünf Jahren stehen?« Da nicht zu erwarten ist, dass Sie den Sprung aus Ihrer jetzigen Außendiensttätigkeit oder aus der Sachbearbeitung auf den Sessel der Abteilungsleiterin in einem Sprung nach Ablauf der fünf Jahre gemacht haben werden, ist es sinnvoll, über Zwischenstufen auf der Karriereleiter nachzudenken. Damit haben Sie dann auch schon gute Planungsinstrumente in der Hand. Zwischenziele sind das, was beim Bergsteigen Etappenlager sind: Gelegenheiten, schneller zu einem Erfolgserlebnis zu kommen und Kräfte zu sammeln. Sie sind die Sprossen auf der Erfolgsleiter, die Sie heraufklettern wollen. Wenn es Ihr Ziel sein sollte, sich als Meister mit einem eigenen Betrieb selbstständig zu machen – wunderbar. Wenn Sie dieses Ziel ernsthaft verfolgen, dann werden Sie es auch nicht schlimm finden, erst einmal Lehrling zu sein und dann Ihre Gesellenprüfung machen zu müssen. Wenn Sie beispielsweise Ärztin werden wollen, dann trennen Sie mindestens zwölf Semester Studium sowie einige Prüfungen, die dazwischen liegen, von diesem schönen Endziel. Sie zu bestehen ist das jeweils vorgegebene Zwischenziel.

Realitätsgehalt überprüfen

Die schriftliche Darlegung Ihrer Ziele hat den Vorteil, dass Sie sich leichter darüber klar werden können, ob Ihr Ziel realistisch ist. Bislang haben wir uns damit beschäftigt, wie Sie auf vernünftige Weise Ihre Ziele bestimmen. Jetzt geht es um die Frage, ob Ihr Ziel selbst überhaupt vernünftig ist. Ein Ziel ist ja eine Festlegung darüber, welcher künftige Zustand erreicht werden soll, und damit kommen bestimmte Faktoren ins Spiel, die Sie berücksichtigen müssen, wenn Sie auf dem Boden der Tatsachen bleiben wollen: Ist Ihr Ziel realisierbar?

Sie werden bei der Beantwortung dieser Frage die Ausgangssituation prüfen müssen, also die Frage, welche objektiven Faktoren erforderlich sind, und Sie werden zu klären haben, ob Sie die erforderlichen persönlichen Voraussetzungen bereits haben oder ob Ihnen bestimmte Ressourcen fehlen, die Sie sich erst noch erschließen müssen. Außerdem gehört das Verhältnis von erforderlichem Aufwand und erwartetem Nutzen hierher.

Zur Frage der Realisierbarkeit gehört auch, ob Sie Ihr Ziel allein, aus eigener Kraft erreichen können, oder ob Sie die Unterstützung anderer Menschen brauchen, die Sie für Ihr Ziel einnehmen oder begeistern müssen.

Carlo hatte sich das Ziel gesetzt, viel Geld mit dem Immobilienhandel zu verdienen und seiner Herkunftsfamilie zu beweisen, dass auch er Erfolg haben kann. Er hatte allerdings unterschätzt, wie wichtig ein Netzwerk von Kontakten zu Bauträgern, Rechtsanwälten und Banken ist. Er stand als Einzelkämpfer lange auf verlorenem Posten und brauchte viel mehr Zeit, um sein Ziel zu erreichen, als er erwartet hatte.

Wenn Sie persönlich der wichtigste Faktor bei der Frage sind, ob Ihr Ziel erreichbar ist, dann kommt es darauf an, eine sorgfältige Stärken-Schwächen-Analyse zu machen.

• Welche Stärken haben Sie, die Ihnen helfen werden, Ihr Ziel zu erreichen?
• Welche Schwächen sehen Sie bei sich, auf die Sie besonders achten müssen?

Ihre Stärken können in äußeren Faktoren liegen (Sie haben durch Ihre frühere Angestelltentätigkeit bereits gute Kontakte, die Sie auch als Selbstständiger nutzen können) oder in besonderen Fähigkeiten und Talenten.

Realistische Zielsetzungen sehen so aus:

- Baseline ermitteln,
- Prozessziele (Zeit),
- Qualitätsziele (Ergebnisse) und
- Zwischenziele bestimmen.

Bei vielen Zielen ist es sehr wichtig, von einer Baseline dessen auszugehen, was Sie innerhalb einer bestimmten Zeitspanne leisten können. Wenn Sie sich in der Hochschule auf ein Examen vorbereiten oder sich beruflich durch ein Fernstudium weiterbilden, müssen Sie wissen, wie viele Seiten eines durchschnittlich schweren Lernstoffs Sie in einer Stunde so erarbeiten können, dass davon etwas hängen bleibt. Ohne diese Bezugsgröße können Sie den Zeitaufwand, den Sie für die Prüfungsvorbereitung oder das Lernpensum Ihrer beruflichen Weiterbildung benötigen, nicht realistisch ermitteln. Sie kommen auf diese Weise zu einer Zielplanung, die den Prozess transparent macht.

Sie werden aber zu bestimmten Zeitpunkten wissen wollen, wie gut Sie bereits vorbereitet sind. Das ist eine Frage der Qualität, die sich auf die Ergebnisse bezieht, die Sie bis zu bestimmten Zwischenzielen erreicht haben können. Solche Zwischenziele sind extrem wichtig, um rechtzeitig »umsteuern« zu können, wenn sich zeigen sollte, dass Ihr Lernprozess mehr Zeit braucht, um die Qualität zu liefern, die Sie anstreben.

Clarissa hat als Journalistin eine Reihe viel beachteter politischer Reisereportagen veröffentlicht. Jetzt will sie ein Buch schreiben, das mehr als eine Sammlung ihrer bisherigen Artikel sein soll. Sie hat sich dieses Ziel gesetzt, weil sie gerne einmal an einem längeren Vorhaben arbeiten will. Außerdem verspricht sie sich davon einen Karrierevorteil, weil eine Buchveröffentlichung bei Redaktionen mehr Eindruck machen würde als eine Hand voll Artikel. Um die zu schreiben, braucht sie einschließlich der Reise jeweils circa einen Monat. Für ihr Buch veranschlagt sie ein Jahr. Sie plant und terminiert sorgfältig ihre Zwischenziele: drei Monate Recherche in den afrikanischen Ländern, über die sie berichten möchte, drei Monate Hintergrund-material beschaffen und sichten, ein halbes Jahr schreiben. Das Buch soll sechs Kapitel haben. Rein rechnerisch hätte sie also ein Kapitel pro Monat anzufertigen. Eng, aber machbar, findet sie. Zu ihren persönlichen Stärken gehören die Lust am Recherchieren und eine umfassende Sachkenntnis, beides klare Vorteile. Schwächen – da überlegt sie lange, aber dann fällt ihr etwas ein, was in der Tat das Projekt schwer gefährden könnte: Sie kann schlecht Nein sagen! Da sie als Journalistin gefragt ist, werden sicher Auf-träge kommen, und weil sie auch im Geschäft bleiben möchte, kann sie nicht in jedem Fall ablehnen. In ihrer Branche kann man nicht schnell ein-mal für zwölf Monate von der Bildfläche verschwinden. Was tun? Schwe-ren Herzens, aber höchst realistisch, gibt Clarissa sich mehr Zeit: Sie wird wohl eher zwei Jahre brauchen.

Verpflichtung eingehen

Die Selbstverpflichtung ist das Entscheidende, um wirklich in Gang zu kommen. Je mehr Sie sich mit Ihren Zielen beschäftigen, desto leichter wird es, sie auch wirklich in Angriff zu nehmen. Sie profitieren von dem, was man *effort justification* nennt: Allein die Tatsache, dass Sie Energie in eine Sache stecken, führt dazu, dass Sie die Sache wichtig nehmen und sich ganz auf sie einlassen. Hilfreich ist auch, sich gegenüber anderen auf Ziele festzulegen: Mit wem wollen Sie eine Zielvereinbarung treffen?

Ziele schriftlich zu fixieren macht den großen Unterschied zu reinen Absichtserklärungen aus. Schaffen Sie Verbindlichkeit, indem Sie mit sich selbst oder anderen Personen schriftlich vereinbaren, welche Ziele Sie in welchem Zeitraum erreichen wollen.

Jetzt kommen wir zurück zu dem, was Picasso sagte. Denn die oben beschriebenen einzelnen Schritte müssen Sie nur dann machen, wenn Sie selbst ein Ziel bestimmen. Wenn Sie hingegen einem Ziel folgen, das Sie innerlich als Ihnen gegeben ansehen, dann entfallen manchmal viele der Festlegungen und Überprüfungen. Denken Sie an Menschen, die das Ziel haben zu tanzen. Manche haben es einfach im Blut, sich zur Musik anmu-tig zu bewegen, andere können die Schrittfolgen lernen. Auch die gebore-nen Tänzer müssen Schritte lernen, zumindest wenn sie sich weiterentwickeln wollen, und ganz sicher dann, wenn sie professionell tanzen möchten. Aber sie empfinden ihr Tanzen nicht als eine Aufgabe, die bewältigt werden muss, sondern als ein Spiel. Sie setzen sich nicht Ziele wie:»Ich will den Walzer linksherum erlernen«, sondern sie streben nach Schönheit oder Selbstausdruck. Sie können darauf verzichten, die Anweisungen notfalls leise vor sich hin zu murmeln.

Geben Sie aussichtslose Ziele auf

Sie werden erfolgreich sein, wenn Sie sich angemessene Ziele setzen und diese Ziele ausdauern verfolgen. Eine Fähigkeit sollte allerdings noch hinzukommen: Geben Sie Ziele, die aussichtslos geworden sind, möglichst schnell auf.

Das Festhalten an einer Sache, die längst aussichtslos geworden ist, wird als »Concorde-Effekt« bezeichnet. Der Name geht zurück auf den Bau des Überschallflugzeugs, bei dem schon früh klar war, dass es niemals wirtschaftlich betrieben werden könne.

Der Börsencrash der vergangenen Jahre gab hinreichend Gelegenheit zu studieren, wie Menschen sich verhalten, wenn sie in ein Ziel bereits viel Geld oder Mühe investiert haben und nun erkennen müssen, dass sich der erhoffte Ertrag bisher nicht ergeben hat und auch für die Zukunft nicht zu erwarten ist. Häufig wandelt sich dann unbemerkt das ursprüngliche Ziel, maximale Gewinne zu erreichen, zu einem ganz anderen: die nachteiligen Folgen zu vermeiden, die mit dem Aufgeben des Ziels assoziiert werden. Wer etwas vermeiden möchte, ist jedoch viel stärker durch Angst und andere negative Gefühle motiviert als jemand, der sich einem Ziel annähern möchte.

Demjenigen, der auf aussichtslosem Posten kämpft, stehen vor allem die *bisher* angefallenen Kosten vor Augen. Rational wäre es, nur die *künftigen* Kosten und Nutzen zu berücksichtigen. Wenn Sie bereits viel investiert haben, dann wollen Sie das bisher Eingesetzte nicht abschreiben. Gerade wegen Ihrer Nervosität, Ihrer Selbstzweifel und Ihrer Niedergeschlagenheit über die bisherigen Verluste steigt Ihre Neigung, jetzt noch riskanter zu entscheiden. Menschen, die bei Pferdewettrennen bereits viel Geld verloren haben, schließen am Ende eines Renntages die riskantesten Wetten ab, die sie zu Beginn nie eingegangen wären.

Neben dem Motiv des Selbstschutzes und der Hoffnung, die bereits beschädigte Selbstachtung wiederherzustellen, spielen beim ängstlichen Festhalten auch Gewohnheiten und Regeln eine große Rolle. Um an der Börse Erfolg zu haben, ist ein »rückgratloses« Verhalten dann hilfreich, wenn die Kurse fallen. Halten Sie zu lange an den Papieren fest, dann vergrößern Sie in der Regel Ihre Verluste – es sei denn, Sie halten sich an Kostolanys Ratschlag, die Papiere 20 Jahre lang ins Depot zu legen und sich nicht mehr um sie zu kümmern.

Verbindliche Entscheidungen treffen

Entscheidungskompetenz ist in allen Bereichen Ihres beruflichen Lebens gefragt und erfreut sich auch im Privatleben hoher Wertschätzung. Man kann viele Handlungsstörungen unter dem Aspekt vermiedener, hinausgeschobener oder nicht explizit getroffener Entscheidungen sehen. Denken Sie nur einmal an Ihr altes Problemverhalten, das Sie jetzt bereits ziemlich verändert haben dürften. Solange es noch vorhanden war, hätten Sie allein aus jener Tatsache schließen können, dass Sie die unbewusste *implizite* Entscheidung getroffen hatten, an ihm festzuhalten. Vorhin, bei Ihrem Entschluss, es zu verändern, haben Sie sich *explizit* festgelegt. Das war der entscheidende Schritt zu mehr Verbindlichkeit. Rationale Entscheidungen werden stets explizit getroffen. Die *Entscheidungsregel 1* lautet daher:

- unwichtige Probleme: schnell entscheiden,
- wichtige Probleme: Für und Wider abwägen,
- lebenswichtige Probleme: unbewusst entscheiden.

Tipp

Halten Sie sich nicht lange bei unwichtigen Problemen auf. Auch eine Fehlentscheidung kann hier nicht viel Schaden anrichten.

Bei lebenswichtigen Problemen ist zwar eine rationale Güterabwägung hilfreich, reicht aber in der Regel nicht aus. Hochkomplexe Entscheidungen mit großer Tragweite wie die, sich in einer Partnerschaft zu binden, Kinder zu bekommen, einen Beruf zu wählen oder einen Job zu wechseln, werden nicht *nur* rational und bewusst getroffen. Hier spielen Intuitionen eine entscheidende Rolle. Sigmund Freud riet: »Bei der Wahl eines Partners oder Berufs sollte die Entscheidung aus dem Unbewussten kommen, von irgendwoher in uns selbst.«

Für die meisten Entscheidungsfragen, die Ihnen begegnen, dürfte jedoch das im Folgenden beschriebene Vorgehen brauchbar sein. Im Überblick sind dabei die nachstehenden Komponenten wichtig:

- Ziele festlegen
- Alternativen prüfen
  - Ja-Nein-Entscheidungen oder Kompromisse
- Konsequenzen der Entscheidung
- Entscheidung unter Risiko
  - Risikobereitschaft
- Entscheidungszusammenhänge
  - mit Gefühlen
  - mit Kompensationsmöglichkeiten
- Reaktanz
- kognitive Dissonanz

Ziele festlegen

Wenn das Ziel ganz klar und konfliktfrei ist, dann gibt es im Extremfall natürlich nichts mehr zu entscheiden, vor allem dann nicht, wenn es auch nur *einen* Weg zum Ziel gibt. Über die Bestimmung von Zielen konnten Sie sich im vorigen Abschnitt informieren.

Alternativen prüfen

Sobald Sie eine echte Wahl haben, stehen mindestens zwei Alternativen zur Verfügung, die Sie prüfen und bewerten können. Sie werden herausfinden, ob beide wählbar sind, ob also ein Kompromiss möglich ist, oder ob es sich um eine einseitige Festlegung handelt:

- Was spricht für, was gegen die Alternativen?
- Welchen Wert haben die positiven und negativen Aspekte?
- Mit welcher Wahrscheinlichkeit treten sie ein?

Tipp

Tragen Sie für die jeweiligen Alternativen, vor denen Sie stehen, die Folgen einer Festlegung in Ihr Logbuch ein. Entscheidungsstammbäume mit ihren Verzweigungen und Verästelungen sind gut geeignet, um sich die Aspekte verschiedener Entscheidungsalternativen und das, was aus ihnen folgt, übersichtlich vor Augen zu führen.

Bringen Sie die persönliche Wichtigkeit, die die Merkmale aller Alternativen (A bis Z) für Sie haben (beispielsweise Verdienst, Abwechslung, Macht, Prestige...), in eine Rangfolge. Dann nehmen Sie das für Sie wichtigste Merkmal und stellen fest, wie ausgeprägt auf einer Skala von 1 bis 10 dieses Merkmal ist (Verdienst bei Alternative A: 8, bei Alternative B: 6 und so weiter). Sie gehen die einzelnen Merkmale so lange durch, bis Sie eine klare Wahl haben.

Konsequenzen der Entscheidung: Kosten und Nutzen

Wenn Sie rational vorgehen, dann werden Sie herauszufinden versuchen, welche Alternative Ihnen für die Zukunft den maximalen Nutzen verspricht, und sich für diese entscheiden:

- Kosten der Alternativen
- Nutzen der Alternativen
  - objektiv – subjektiv
  - kurz-/mittel-/langfristig

»Nutzen« ist ein schillernder Begriff. Vielleicht kann man bei einem Autokauf noch halbwegs verlässlich sagen, bei welcher Marke man innerhalb einer bestimmten Fahrzeugkategorie *objektiv* den besten Gegenwert für sein Geld bekommt. Es gibt Vergleichstests von Automobilclubs oder

Autozeitschriften. Nun folgen aber gerade Autokäufe nur selten einem rein objektiven Nutzenkalkül. Die Werbung versucht vielmehr, Ihnen einen maximalen *subjektiven* Nutzen zu versprechen: Als Fahrerin der Marke X sind Sie trendy, sexy und lernen die tollsten Typen kennen. Oder: Als Käufer des Autos Y sind Sie einer der Besserverdienenden, denen die Autobahn gehört.

Tipp

Wenn Sie den objektiven Nutzen von Alternativen ermitteln wollen, dann sind die folgenden Faktoren wichtig:

- Beschaffen Sie sich eine ausreichende Informationsgrundlage, zum Beispiel durch zuverlässige Produktvergleiche.
- Berücksichtigen Sie bei der Beurteilung der Kosten und des Nutzens mittel- und langfristige Aspekte.
- Versuchen Sie, Kriterien zur Beurteilung des objektiven Nutzens anzuwenden, die empirisch bestätigt sind oder über die zumindest Übereinstimmung unter Experten herrscht.

Bei beruflichen Entscheidungen wird es meistens um den objektiven Nutzen gehen. Im Privatleben steht häufig der Nutzen obenan, den Sie *subjektiv* erwarten. Der hängt von Ihren Zielen ab. Außerdem spielen Ihre subjektiven Vorstellungen darüber eine Rolle,

- wie erwünscht die jeweiligen Konsequenzen einer Alternative für Sie sind und
- mit welcher Wahrscheinlichkeit diese Konsequenzen wohl eintreten werden.

Wenn Sie ein rationaler Entscheider sich, dann werden Sie sich nach dem so ermittelten subjektiv erwarteten Nutzen richten. Allerdings können Sie sich dabei irren, sowohl was die Wahrscheinlichkeit angeht, mit der erwartete Konsequenzen eintreten, als auch hinsichtlich der Einschätzung, wie erwünscht diese sind. Ihre Entscheidungen kommen also nur mit eingeschränkter Rationalität zustande.

Entscheidungen unter Risiko

Bei Entscheidungen unter Risiko müssen Sie zwei Faktoren berücksichtigen:

- Ungewissheit:
  Nicht alle Wahrscheinlichkeiten sind in Erfahrung zu bringen, nicht alle sind konstant.
- Toleranz für Ambiguität:
  Nicht alle Konflikte sind eindeutig lösbar.

Viele Entscheidungen müssen Sie unter prinzipieller Unsicherheit und Risiko treffen, was die Alternativen angeht. Risiko ist definiert als das Produkt aus der Wahrscheinlichkeit, mit der ein Schaden eintritt, und dem Ausmaß des Schadens. Weder können Sie überhaupt alle theoretisch in Frage kommenden Alternativen noch alle relevanten Einflussfaktoren in Erfahrung bringen, da Ihnen nicht unbegrenzt Zeit und Informationsmöglichkeiten zur Verfügung stehen. Außerdem sind häufig künftige Entwicklungen nach der Wahl der einen oder der anderen Alternative nicht zu überblicken, es bleibt also eine erhebliche Uneindeutigkeit oder Ambiguität. Die Konsequenzen führen manchmal in Zwangslagen, in denen Entscheidungen aufgeschoben werden oder nicht möglich sind. Denken Sie an den berühmtesten Entscheider der Weltliteratur, den Dänenprinzen Hamlet, der seinen Vater rächen und dessen Mörder, Claudius, töten will. Dazu hat er Gelegenheit, als Claudius gerade betet. Aber er glaubt, dass jemand, der im Gebet getötet wird, direkt in den Himmel kommt. Die Befriedigung seines Rachebedürfnisses, Claudius zur Hölle fahren zu lassen, würde in sein Gegenteil verkehrt.

Bei Ihrer Beurteilung der Wahrscheinlichkeit, mit der negative oder positive Konsequenzen eintreten, und bei Ihrer Bewertung der möglichen Folgen als erwünscht oder unerwünscht kommt Ihre individuelle Risikobereitschaft zum Tragen.

Risikobereitschaft

Carlo hatte sich selbstständig gemacht, nachdem er vorher bei einer großen Immobilienagentur angestellt tätig war. Er sah die großen Umsätze,
die hohen Gewinnmargen, und sagte sich, das Geld könne er genauso gut
in die eigene Tasche wirtschaften. Das Risiko sah er als gering an, Grundstücke würde es immer geben, Verkäufer und Käufer auch. Carlo wähnte
sich auf der sicheren Seite. Tatsächlich unterschätzte er das objektive
Marktrisiko unter den Bedingungen eines zurückgehenden Wirtschafts-
wachstums. Und er überschätzte seine unternehmerische Energie.

Entscheidungszusammenhänge

Bei verbindlichen Entscheidungen werden Sie stets die Zusammenhänge
berücksichtigen, in denen die Entscheidung steht. Dieser Rahmen
bestimmt nicht nur Ihre Einschätzungen von Wahrscheinlichkeit und
Erwünschtheit von Folgen, sondern vor allem auch den Entscheidungsdruck, unter dem Sie gegebenenfalls stehen.

Jana geriet gleich nach Ende ihrer Schulzeit unter erheblichen Druck. Ihre
Freundinnen hatten fertige Zukunftspläne: Steffi würde ein Jahr um die
Welt reisen, Elke als Au-pair-Mädchen nach Montreal gehen, Petra und
Sonja gleich mit dem Studium beginnen. Nur Jana wusste noch nicht,
wohin mit sich, und fühlte sich ihren entschlossenen Freundinnen gegenüber unterlegen. Die hatten klare Vorstellungen über ihren Lebensweg, sie
»eierte rum«. Außerdem wurden ihre Eltern unruhig. Sie fand es zunehmend unmöglich, nicht zu wissen, was aus ihr werden sollte. Sie hat immer
wieder gelesen, dass BWL-Absolventinnen alle Karrieren offen stehen. Zwar
hat sie sich bislang nicht besonders für Wirtschaft interessiert, aber wenn
das nun einfach das Top-Studium ist? Wirtschaftsingenieur wäre noch besser, hat ihr jemand gesagt. Das klingt nach Technik, findet sie, und damit
hat sie nicht so viel am Hut. Soll sie nun also mit BWL anfangen? Dabei
interessiert sie sich doch eigentlich mehr für Geisteswissenschaften. Wie
soll sie sich bloß entscheiden?

Der Rahmen, den Jana um ihr Problem legt, hat zu tun mit dem sozialen Gruppendruck, mit dem Vergleich mit anderen, mit Interessen, Zukunftsprognosen und der Einschätzung von Fähigkeiten.

Jana gehört zu den Menschen, die »gewissheitsorientiert« sind und Unklarheit schlecht ertragen können. Das Maß an Ungewissheit in ihrer offenen Lebenssituation nach dem Abitur versetzt sie in Panik. Menschen, die Ungewissheit besser ertragen, haben in Entscheidungssituationen einen Vorteil. Sie wenden mehr Zeit auf, um ihre Lage zu analysieren, sie generieren mehr Alternativen und können mehr Informationen einholen, um eine gute Entscheidung zu treffen.

Zusammenhänge mit Gefühlen

Vor wichtigen Entscheidungen fühlen sich viele Menschen verwirrt und hilflos, sie zaudern und zagen. Immer wieder werden die Möglichkeiten hin und her gewendet. Dabei wird eine Alternative nicht nur für sich allein bewertet, sondern mit bereits investierten Kosten in Verbindung gebracht, in Hinblick auf entstehende und entgehende Gewinne geprüft, wobei der erwartete Nutzen in unterschiedlichen Schubladen abgelegt und bewertet wird.

Detlev ist sich ziemlich sicher: Er wird künftig dreimal die Woche ins Fitnessstudio gehen. Spontan würde er allerdings lieber ebenso oft ins Kino gehen. Er liebt die Filmkunst nun einmal mehr als die Bewegung, aber die Aussage des Arztes war deutlich: abnehmen und Sport treiben, um die Blutfette und den Blutdruck zu normalisieren. Schade, dass Detlef jetzt den neueren Entwicklungen der Kinoszene nicht mehr so intensiv würde folgen können, nachdem er so hartnäckig an seiner Karriere als Cineast gearbeitet hatte. Schwitzen statt Almodovar. Normaler Blutdruck und Normalgewicht in allen Ehren, gesund war das sicher, aber wenn Detlef an die Anstrengungen dachte! Und die Leute im Fitnessstudio waren wahrscheinlich keine Intellektuellen. Vielleicht würde zwei Mal die Woche ja auch reichen. Und die schrecklichen Sportklamotten, wo er doch seine englischen Sakkos und rahmengenähten Brogues so sehr liebte – stattdessen nun also farbige Leibchen und Turnschuhe. Würde sich Detlef dort eigentlich wohl fühlen? Und wenn er sich nicht wohl fühlte, gäbe es keinen anderen Weg, um seine Werte zu normalisieren?

Zusammenhänge mit Kompensationsmöglichkeiten

Es gibt Entscheidungen, bei denen gilt: ganz oder gar nicht. Entweder Sie kaufen sich ein Auto oder nicht. Ein bisschen Auto gibt es nicht. Mit Ihrem Auto tragen Sie zur Umweltverschmutzung bei. Wenn Sie das nicht wollen, dann bleibt nur das Fahrrad. Bei anderen Entscheidungen können Sie zwar einerseits nachteilige Konsequenzen erwarten, die für Sie aber durch gleichzeitig gegebene Vorteile kompensiert werden können. Sie akzeptieren, dass Sie wegen Ihrer Karriere zwei Jahre in der Niederlassung Ihrer Firma in Fernost arbeiten müssen. Asien interessiert Sie nicht primär, aber Sie sehen in den späteren guten Aufstiegsmöglichkeiten einen Ausgleich. Aus solchen Überlegungen können sich Vorlieben für die eine oder andere Alternative ergeben, bei denen es möglich ist, die akzeptabelste Möglichkeit auszuwählen.

In anderen Fällen müssen bestimmte Konsequenzen unbedingt eintreten, wenn die Alternative nicht gänzlich verworfen werden soll. Sie definieren Essentials, die einfach gegeben sein müssen (zum Beispiel hoher Verdienst, abwechslungsreiche Arbeit, hohes Ansehen), oder bestimmte Merkmale, die nicht oder nur bis zu einem Grenzwert vorkommen dürfen, beispielsweise gesundheitliche Risiken (Ansteckungsgefahren) oder die Notwendigkeit, sich mit Mathematik beschäftigen zu müssen. Entweder müssen alle Ihre Essentials erfüllt sein (hoher Verdienst *und* abwechslungsreiche Tätigkeit *und* hohes Ansehen) oder wenigstens eines (hoher Verdienst *oder* abwechslungsreiche Tätigkeit *oder* hohes Ansehen).

| Tipp |

Versuchen Sie, Ihre Entscheidung im Zusammenhang von Zeitabläufen und Entscheidungsfolgen zu sehen, auch wenn Sie von heute aus nicht alle überschauen können. Fragen Sie sich, ob Sie sich den erwarteten Haupt- und Wechselwirkungen flexibel gewachsen fühlen.

Kognitive Dissonanz und Reaktanz

Meistens erwartet man ein Gefühl der Erleichterung, wenn man sich zu einer Entscheidung durchgerungen hat. Aber selbst dann, wenn Sie überzeugt davon sind, die richtige Entscheidung getroffen zu haben, kann Sie der Zweifel wieder einholen. Wir Menschen neigen dazu, die nicht gewählte Alternative positiver zu bewerten und lockender als je zuvor zu finden, nachdem wir eine Entscheidung getroffen haben. Man nennt diesen Effekt »kognitive Dissonanz«.

Bei allen Entscheidungen, die wichtige Dinge betreffen, treten die folgenden Phasen auf, die in der Psychologie unter dem Stichwort »kognitive Dissonanztheorie« beschrieben werden:

• Verunsicherung darüber, welche Alternativen zur Verfügung stehen, welche persönliche Bedeutung und welche Folgen sie haben
• mit der Zeit wachsender Entscheidungsdruck, sich festzulegen
• Entscheidung wird getroffen
• Verunsicherung nach der Entscheidung, Aufwertung der nicht gewählten Alternative, Abwertung der gewählten
• mit der Zeit nachlassende Dissonanz

Dissonanz vor einer Entscheidung können Sie als Grübeln erleben. Damit erzeugen Sie Druck, sich bald festlegen zu müssen. Den können Sie wiederum als unerwünschte Einengung Ihrer Entscheidungsfreiheit wahrnehmen mit der Folge, dass Sie sich gegen die Notwendigkeit einer Entscheidung überhaupt auflehnen. Dieses Phänomen, Reaktanz genannt, ist Ihnen ja schon bekannt.

Carlo hat lange geschwankt, ob er die drei Supergrundstücke in Hanglage mit Seeblick getrennt oder en bloque an den Investor verkaufen soll, der dort Apartments bauen will. Für eines der Grundstücke interessiert sich eine Familie, die aber noch Probleme mit der Finanzierung hat, für die anderen haben sich noch keine Käufer finden lassen. Der Investor will alle drei Grundstücke haben, aber dafür auch den Kaufpreis und die Courtage dramatisch drücken. Gegenüber dem unsicheren Einzelverkauf muss Carlo mit nahezu 60 Prozent weniger Honorar rechnen.
     Carlo fühlt jede Menge Reaktanz: Am liebsten möchte er sich mit dem Problem überhaupt nicht befassen. Zwingt er sich dazu, dann erlebt er kognitive Dissonanz. Sie besteht darin, dass Carlo den negativen Aspekt der finanziellen Einbuße in Kauf nehmen und auf die positiven des möglichen Einzelverkaufs verzichten muss.

	Einzelverkaufspreis Courtage 6,9%	Investor Courtage 4%
Grundstück 1	1 Mio / 69.000	⎫
Grundstück 2	1 Mio / 69.000	⎬ 2,1 Mio / 84.000
Grundstück 3	1 Mio / 69.000	⎭
Summe Courtage	207.000	84.000

Das Bedauern, das sich nach der Entscheidung so häufig einstellt, oft in Form des Zweifels, ob man sich auch wirklich richtig entschieden hat, ist der Versuch, den zwangsläufigen Folgen der Entscheidung zu entgehen. Es gibt mehrere Möglichkeiten, diese Dissonanz aktiv abzubauen, darunter mehr und weniger geeignete:

- Carlo kann seine jeweils vorläufigen Festlegungen rückgängig machen und den Entscheidungsprozess neu beginnen.
- Er kann die Attraktivität des Einzelverkaufs herunterspielen (»Hätte zu lange gedauert, Käufer zu finden«) beziehungsweise die Attraktivität des Verkaufs an den Investor erhöhen (»Habe sofortige Liquidität«).
- Carlo kann die Bedeutung der Entscheidung selbst relativieren (»Gar nicht so wichtig, das nächste Geschäft kommt bestimmt«).
- Er kann die Ruhe, die er nach der Entscheidung verspürt – verglichen mit dem Konflikt vor ihr –, als Zeichen dafür nehmen, die richtige Entscheidung getroffen zu haben, und so sein Vertrauen in den Beschluss steigern.
- Carlo kann selektiv besonders solche Informationen suchen, die seine Entscheidung für den Investor und gegen den Einzelverkauf bestätigen (»Grundstücke in dieser Preisklasse werden überhaupt nur noch von Investoren gekauft«).

Entscheidungsregeln

In Zweifel und Zwiespalt können Sie sich nach den folgenden Regeln (*Entscheidungsregeln 1*) richten:

- Entscheiden Sie nach Fakten, das heißt nach von Ihnen überprüften Tatsachen. Geben Sie bestätigten Fakten den Vorrang vor Gerüchten, auch wenn Letztere Ihren Hoffnungen mehr Auftrieb geben können.
- Verlassen Sie sich nicht auf Hörensagen und auf vage Andeutungen.
- Verlassen Sie sich nicht auf widersprüchliche Informationen.
- Bevorzugen Sie ein systematisches Vorgehen, vermeiden Sie intuitiv-sprunghafte Überlegungen. Regeln lassen immer auch Ausnahmen zu, aber wenn Sie mit den Ausnahmen starten, kommen Sie nirgendwo an.
- Formen Sie Aussagen: Wenn dies, dann das. Machen Sie sich die Folgen Ihrer Entscheidungen und möglicher Handlungsalternativen klar.
- Richten Sie sich auf innere Konflikte und Zwiespalt ein. Keine wirklich wichtige Entscheidung findet ohne diese beiden statt!

Wenn Sie mit Konflikten umgehen müssen, dann orientieren Sie sich an den folgenden Leitsätzen (*Entscheidungsregeln 2*):

- Unterscheiden Sie zwischen Alternativen, die lediglich Ihre Unzufriedenheit minimieren, und solchen, die direkt Ihre Zufriedenheit steigern.
- Ziehen Sie das, was Sie kennen, dem völlig Unbekannten vor. Eine Alternative, unter der Sie sich etwas vorstellen können, kommt eher in Frage als etwas, von dem Sie noch nie gehört haben.
- Verwerfen Sie Alternativen, die in dem für Sie wichtigsten Kriterium keinerlei positiven Wert aufweisen.
- Beschäftigen Sie sich nicht länger mit Alternativen, die bei den drei für Sie wichtigsten Kriterien eine negative Bewertung haben.

Anders entscheiden

Nicht alle Menschen können sich mit dem oben beschriebenen Modell anfreunden, nach bestimmten Maßstäben Alternativen zu prüfen, um diejenige auszuwählen, die den maximalen subjektiven Nutzen erwarten lässt. Eigentlich spricht dieses Modell besonders diejenigen an, die mit dem Denken an Entscheidungen herangehen und Informationen logisch auswerten. Aber was ist mit den Menschen, die sich auf ihre Intuition verlassen? Oder jenen, für die Empfindungen, die bei Alternativen mitschwingen, also Eindrücke, Assoziationen und Vorstellungen, besonders wichtig sind? Und was machen diejenigen, die aufgrund ihres Gefühls entscheiden, also danach gehen, was sich richtig oder falsch anfühlt?

Für sie alle gibt es Aufwind aus neueren Forschungen, die zeigen, dass weniger Information manchmal mehr sein kann. Einfache Entscheidungsregeln müssen sich im Verlauf der Evolution bewährt haben, sonst wären wir entweder heute müheloser zu komplizierteren Betrachtungen imstande – oder ausgestorben. Weniger rationale Entscheidungen müssen also einen Überlebensvorsprung gewährt haben. Tatsächlich sind neuronale Netze in selbstständig lernenden Computerprogrammen, die auf maximale Gedächtnisleistungen und absolute Vernunft programmiert wurden, bald am Ende, indem sie zusammenbrechen unter einer Überfülle nicht mehr zu bewältigender Rechenoperationen, die nirgendwohin führen.

Eine der wichtigsten Entscheidungsregeln haben Sie oben schon kennen gelernt: »Wähle das, was du kennst!« Wenn Sie gefragt werden, ob in der amerikanischen Stadt San Antonio mehr Menschen wohnen als in San Diego, dann werden Sie wahrscheinlich Letztere wählen, denn von San Antonio haben Sie – falls überhaupt – seltener gehört als von San Diego. Und damit haben Sie die richtige Entscheidung getroffen. Nach diesem Prinzip gingen auch »naive« Passanten von der Straße vor, denen man in einem Versuch die Auswahl unter ausländischen Aktien anbot, die sie sich ins Depot legen konnten. Diejenigen, die die zehn bekanntesten Aktien wählten, waren deutlich erfolgreicher als Börsenprofis, was die Kursentwicklung anging.

Mit Mut zum Vereinfachen können Sie von den *Entscheidungsregeln 3* profitieren:

- Wählen Sie nach einem einzigen, möglichst auf der Hand liegenden Kriterium aus (zum Beispiel bei alternativen Urlaubszielen am Meer nur nach der Temperatur des Wassers).
- Wählen Sie so wie beim letzten Mal (benutzen Sie dasselbe Kriterium, also Bekanntheit oder ein anderes hervorstechendes Merkmal).
- Wählen Sie das beste Kriterium (orientieren Sie sich an der Qualität).

Tipp

Wenn alles nicht hilft, so gibt es im Accessoires-Handel einen Decision Maker zu kaufen: ein Kegel, der auf einem Kugellager rotiert. Eine Kugel ist blau gekennzeichnet und zeigt beim Stillstand des Kegels auf eines der folgenden Felder:

1 Mama fragen!
2 Kaufen!
3 Verkaufen!
4 Tu's!
5 Nein
6 Beten!
7 Ja
8 Vielleicht
9 Jemanden entlassen!

Realisierbare Pläne umsetzen

Wir alle machen ständig Pläne. Manche benutzen Organizer oder Computerprogramme, andere kritzeln To-do-Listen auf Zettel, wieder andere planen ausschließlich im Kopf. Entscheidend ist die Realisierbarkeit der Pläne. Wenn Sie in der Suchmaschine Google »Planung« eingeben, dann bekommen Sie 1,8 Millionen Einträge angezeigt. Spezifizieren Sie Ihre Suche auf »realisierbare Planung«, so sinkt die Trefferzahl auf 2 840. So ähnlich dürfte auch in der Realität das Verhältnis zwischen überhaupt gemachten und umsetzbaren Plänen aussehen. Aus diesem Grunde ist

Planung immer ein wenig in Verruf geraten. Viele denken wie Bert Brecht, der in der »Dreigroschenoper« spottete: »Ja, mach nur einen Plan, sei nur ein großes Licht, und mach dann noch 'nen zweiten Plan, gehn tun sie beide nicht!« Spontaneität steht außerdem in vielen Kreisen höher im Kurs, und wer plant, gilt gelegentlich als spießig. Aber nur Menschen, die sich vom Leben treiben lassen, die vollkommen willkürlich und ziellos agieren, verzichten auf Planungen. Alle anderen haben zumindest implizite Pläne, und man kann einfach nicht leugnen, dass ein guter Plan viel wert ist. Die Vorteile von Planung sind:

- statt Angst und Hilflosigkeit:
  Struktur = Halt und Sicherheit
- statt Aufwand mit Vorbereitungen:
  Kompetentes und effizientes Handeln
- statt Sorgen:
  Wohlgefühl, weil Angelegenheiten unter Kontrolle
- statt Hektik und Stress:
  Erfolgserlebnisse und Gewinn an Freizeit

»Gut« darf dabei nicht heißen: gut am grünen Tisch, geeignet in der Theorie, elegant in der Abstraktion. Gut ist für den Menschen mit Handlungsstörungen, was praktikabel ist. Eine Planung, die nicht umsetzbar ist, taugt nichts.

Tipp

Sehen Sie in einem Plan etwas Ähnliches wie die Konstruktionsskizze eines Architekten. Niemand käme auf den Gedanken, beim Bau eines Hauses einfach drauf-loszumauern. Ihre Vorhaben verdienen dieselbe Aufmerksamkeit.

Planungsgrundsätze

Je nachdem, mit welchen Vorhaben Sie sich beschäftigen, benötigen Sie eventuell Jahresplaner, sicher aber Pläne für die Woche oder für einen Monat. Alle im Handel erhältlichen Organizer bieten Ihnen dafür Formulare an, Computerprogramme sowieso. Die können Sie in ähnlicher Weise nutzen wie früher in der Schule die Stundenpläne. Außerdem ist bei vielen Projekten ein Tagesplan hilfreich, der jeweils den vor Ihnen liegenden Tag strukturiert. Beherzigen Sie folgende Planungsgrundsätze:

- von Vergnügungen und Genuss ausgehen,
- die anstehenden Aufgaben überblicken,
- Prioritäten: first things first,
- Priorität ergibt sich aus übergeordneten Zielen,
- Sicherheitsnetz ausspannen: Pufferzeiten,
- tägliche und wöchentliche Kontrolle der Einhaltung des Planes.

Ein vernünftiger Plan basiert nicht auf der neuesten To-do-Liste, die nichts weiter als ein Merkzettel sein soll für alle Dinge, die Sie erledigen wollen. Stattdessen tragen Sie in Ihren Plan, egal ob er das Jahr, einen Monat, die Woche oder den Tag umfasst, zunächst all das ein, was Ihnen Spaß macht. Dazu gehören Dinge wie Theater-, Kino- oder Konzertbesuche, Urlaube, Ausflüge, Sport, Geselligkeit, Musikhören und Lesen.

Tipp

Tragen Sie auch die Dinge ein, die Sie »verbotenerweise« tun, wenn Sie aufschieben, oder das, was Sie machen, wenn der Übersprung Sie packt. Dadurch verlieren diese Manöver ihren Charakter als heimliche Befriedigungen und werden zu Aktivitäten, die Sie erledigen werden wie andere auch.

Wenn Ihr Wochenplan mit den vergnüglichen Aktivitäten bereits ausgefüllt ist, dann sind Sie zu beneiden, werden aber entweder einige Abstriche machen oder auf Ihr Projekt verzichten müssen.

Als Nächstes überblicken Sie die Aufgaben, die sich aus Ihren Vorhaben ergeben. Seien Sie bei der Konkretisierung in einzelne Schritte ehrlich! Berücksichtigen Sie lieber ein paar Aufgaben zu viel, als dass Sie sich falsche Hoffnungen machen.

Danach geht es ans Priorisieren. Legen Sie fest, welche Aufgaben Priorität haben und welche Sie später erledigen können. Die Priorität ergibt sich einerseits aus Ihren übergeordneten Zielen, andererseits aus der Sachlogik selbst.

Legen Sie anschließend fest, wann Sie an welchen Tagen beziehungsweise zu welchen Stunden die Aktivitäten ausführen werden, die sich aus Ihren Aufgaben ergeben. Sie benötigen dazu die *Baseline*, von der Sie im Abschnitt »Vernünftige Ziele bestimmen« erfahren haben. Das bedeutet, Sie müssen wissen, wie viel der jeweiligen Handlungen Sie in einer Stunde ausführen können, um den Zeitaufwand realistisch planen zu können.

Tipp

Ein bewährtes Rezept lautet: Verdoppeln Sie die Zeit, die Sie veranschlagt haben. Auf diese Weise spannen Sie ein Sicherheitsnetz auf, das Sie auffängt, wenn Sie abstürzen.

Ein anderes gutes Prinzip lautet: Planen Sie von fünf Tagen vielleicht erst einmal nur drei oder vier. Wenn Sie an diesen Tagen in Verzug geraten, können Sie die Sachen immer noch an den Tagen erledigen, die Sie offen gelassen haben.

Nehmen Sie sich unbedingt am Ende eines Tages, einer Woche oder des Monats Zeit, um zu prüfen, ob Sie mit Ihrem Plan gut zurecht gekommen sind. Dies ist auch die Gelegenheit, die Planung zu verändern, um flexibel auf neue Situationen, Rückstände und Ähnliches zu reagieren.

Qualität der Pläne

Einige der Schwierigkeiten bei der Realisierung von Plänen können durch die Verbesserung der Qualität behoben werden. Besonders entscheidend sind ihre »Fertigungstiefe« und ihre Problemangemessenheit. Ein guter Plan im oben genannten Sinne ist etwas anderes als ein Stadtplan oder ein Theaterprogramm. Der Stadtplan dient Ihrer Orientierung. Er ist brauchbar, wenn Sie vom Bahnhof zum Opernplatz wollen. Ob Sie an den richtigen Stellen abbiegen, schreibt er Ihnen nicht vor. Das Theaterprogramm informiert Sie über den Verlauf des Abends, auf den Sie aber keinen Einfluss nehmen können. Hier ist bereits für Sie geplant worden, und Sie können sich dem nur anpassen, oder Sie verlassen das Theater.

Leider machen manche Menschen ihre eigenen Pläne nach ähnlichen Prinzipien.

Birgit verschaffte sich vor ihrem neuen, schwierigen Fall einen Überblick über die Rechtslage. Da es um den Zusammenschluss zweier Firmen ging, von denen die eine in Frankreich ansässig war, musste sie sich sowohl mit deutschem wie auch mit französischem Recht befassen. Sie sortierte die entsprechenden Gesetze, kopierte die relevanten Paragraphen, legte sich die einschlägigen Passagen aus Kommentaren bereit und besorgte sich Informationen über Präzedenzfälle. Das ganze Material lag vor ihr wie ein Stadtplan. Sie wusste, wo sie das, was sie brauchte, finden würde, wenn es so weit wäre. Was sie nicht eingeplant hatte, war, einen Anfang zu finden und mit der Entwicklung einer Strategie für die Fusionsverhandlungen wirklich zu beginnen.

Carlo machte sich öfter am Abend des vorigen Tages einen Plan für den nächsten Tag. Der sah immer gleich aus und ähnelte einem Theaterstück mit fünf Akten und einer Pause dazwischen:

Plan für Dienstag	
09.00–10.30	Allgemeine Büroorganisation
10.30–12.00	Akquise
12.00–13.30	Mittagspause
13.30–15.00	Akquise
15.00–17.00	Kundenbesuche, Besichtigungen
17.00–18.00	Akten, Papierkrieg

Stellen Sie sich vor, Sie gehen jeden Abend ins Theater und sehen dort immer dasselbe Stück. Bald hätten Sie keine Lust mehr, und ähnlich ergeht es Carlo mit seinem Plan. Er feuert ihn nicht an, sondern langweilt ihn. Wenn der Plan umsetzbar sein soll, dann darf er nicht bloß theoretisch bleiben und auch nicht langweilig sein wie eine Dienstvorschrift, denn sonst hat er entweder keine persönliche Verbindlichkeit, oder er veranlasst Sie dazu, eben auch nur Dienst nach Vorschrift zu machen.

- Legen Sie bewusst Handlungsschritte fest, die zielführende Effekte bewirken oder das Ziel selbst direkt erreichen.

Das Ziel von Planung liegt nicht in der Auflistung irgendwelcher wünschenswerter Aktivitäten, sondern darin, im Vorhinein und nicht erst dann, wenn die konkrete Situation da ist, eine Reihe von Entscheidungen zu treffen.

Ein Plan, der Sie motiviert, gewinnt an Verbindlichkeit. Deswegen ist es sinnvoll, nicht nur asketisch die harten Pflichten zu notieren, sondern auch die Freuden des Tages zu berücksichtigen:

- Schreiben Sie auf, was Sie tun wollen, legen Sie Belohnungen für die einzelnen Schritte fest, und tragen Sie das alles in eine Zeitstruktur ein.

Birgits Plan für Freitag, 24. Januar:

09.00–10.20	Überblick verschaffen über aktuelle Post, E-Mails, Termine usw. Die drei wichtigsten Telefonate des Tages führen
10.20–10.30	Belohnung durch Musikhören
10.30–11.15	Daten der französischen Firma aktualisieren (Excel-Tabelle). Fragenkatalog für Besprechung mit französischem Anwalt festlegen (maximal 15 Fragen)
11.15–11.30	Pause. Cappuccino trinken
11.30–13.00	Besprechung mit französischem Anwalt nach Fragenkatalog
13.00–14.30	Arbeitsessen mit Anwalt? Wenn nicht: kurzer Imbiss (Sushi), Memo diktieren
14.30–14.40	5 Minuten Gymnastik, 5 Minuten dösen
14.40–15.00	Kennzahlen der deutschen Firma durchgehen zur Vorbereitung auf Telefonkonferenz
15.00–15.45	Telefonkonferenz mit Vorstand der deutschen Firma
15.45–16.00	nochmals Cappuccino trinken
16.00–17.00	Memo der Konferenz, restliche Zeit zur freien Verfügung
17.00–19.00	Durcharbeiten der EU-Richtlinie zur kartellrechtlichen Würdigung von Unternehmenszusammenschlüssen, zehn Essentials schriftlich festhalten
19.30–20.00	Ende der Arbeit, Selbstbewertung: Ziele erreicht? Planung für morgen adaptieren, Selbstverstärkung!!

- Fragen Sie sich anschließend, was alles schief gehen kann. Nutzen Sie Ihre Erfahrungen aus früheren, misslungenen Planungen. Diese werden Sie ebenso an blindem Optimismus wie an unsinnigem Energieaufwand bei Plänen hindern, die Sie innerlich von vornherein als aussichtslos einstufen. Deswegen ist die kritische Überprüfung Ihres Plans – ich nenne ihn Plan A – auf Fehler, Schwächen und unwirksame Vorsätze außerordentlich wichtig. Sobald Sie merken, dass Sie nicht wirklich, nicht vollständig und nicht überzeugt hinter Ihrem Plan stehen, sollten Sie sich den auftauchenden Zweifeln zuwenden.
- Überarbeiten Sie dann Ihren Plan und machen Sie ihn realistischer. Manchmal empfiehlt es sich, dieses Vorgehen des *Worst-Case-Szenario* sogar noch einmal durchzuführen, denn unsere Fähigkeit, uns selbst etwas vorzumachen, kann uns beim ersten Mal durchaus Fallstricke übersehen lassen, die bei einem weiteren Durchgang auffallen.

Realistische Pläne sind ohnehin fehlertolerant ausgelegt. Wenn einmal etwas schief geht, muss nicht gleich der ganze Plan verworfen, sondern vielleicht nur an der einen oder anderen Stelle repariert werden. Planen Sie also nicht zu eng, sondern immer mit Ausweichräumen.

- Redundanz: In einem Flugzeug sind die meisten Systeme doppelt vorhanden. Wenn eins ausfällt, stürzt der Flieger nicht gleich ab. Redundant zu planen heißt, immer noch einen Plan B in der Schublade zu haben, falls der erste nicht funktioniert. Der zweite sollte, damit Brechts Diktum nicht zutrifft, eher weniger komplex als der erste sein, vielleicht durchaus im Sinne eines Notfallsplan: Was mache ich eigentlich, wenn …

Merkmale eines umsetzbaren Plans:

- Der Plan beruht auf vernünftigen Entscheidungen.
- Der Plan gibt an, für welche Wege und für welche Mittel Sie sich entschieden haben.
- Der Plan zeigt, in welcher Zeit Sie Ihre Zwischenziele und Ihr Endziel erreicht haben werden.
- Der Plan ist elastisch gegenüber Verzögerungen, Hindernissen und Zeitverzögerungen.

- Der Plan bekräftigt Ihre Verbindlichkeit dem Ziel und sich selbst gegenüber.
- Der Plan gibt Ihnen Kontrollhoffnung und motiviert Sie.
- Der Plan enthält Einzelschritte, die mühelos und ohne erkennbare Widerstände für Sie machbar sind.
- Es gibt einen weiteren Plan, falls der erste nicht realisierbar ist.

Mit einem Plan legen Sie sich fest und verzichten auf alternative Handlungen. Das macht Pläne für manche Menschen so unsympathisch. Andere planen trotzdem, aber während sie auf der Oberfläche scheinbar vernünftige Handlungen festlegen, denken sie bereits an ihre Fluchtwege durch Hintertüren.

Bitte machen Sie sich klar: Ihr Plan ist nur dann vernünftig umsetzbar, wenn Sie sich verbindlich auf ihn festlegen und die Festlegung auch akzeptieren. Wenn Sie ein Problem damit haben, sich festzulegen, und lieber alles offen lassen wollen, dann sollten Sie auf Planung verzichten.

10
Endlich erledigt:
Nicht länger im Wartestand leben

»Was du aus dem Heute machst, entscheidet darüber,
was das Morgen aus Dir macht.«

Anonym

Wenn Sie die Nase voll davon haben, im Wartesaal des Lebens zu sitzen und darauf zu hoffen, dass Ihr Zug endlich einfährt, dann müssen Sie aktiv werden. Sie kennen sicher Kafkas Geschichte vom Türhüter: Ein Mann kommt zu einem Türhüter, der »vor dem Gesetz« steht. Der Mann möchte hinein, der Türhüter sagt, jetzt gehe es nicht, er möge es später versuchen. Der Türhüter tritt beiseite, der Mann schaut durch das Tor hinein. Der Türhüter sagt, er könne es ja versuchen, sich Zutritt zu verschaffen, aber es gäbe drinnen noch viele Türhüter, einer mächtiger als der andere. Der Mann bekommt es mit der Angst zu tun und beschließt, lieber auf die Erlaubnis zu warten. Er sitzt Tage und Jahre auf einem Schemel neben dem Eingang und wartet. Niemals kommt jemand und will hinein, worüber der Mann sich sehr wundert. Kurz vor seinem Tod fragt er den Türhüter danach, der beugt sich zum Sterbenden herab und teilt ihm mit: »Hier konnte niemand sonst Einlass erhalten, denn dieser Eingang war nur für dich bestimmt. Ich gehe jetzt und schließe ihn.« Eine düstere Geschichte über das Abwarten, den Mangel an Entschlussfreude und Handlung. Der Mann vor dem Gesetz bleibt im Konventionellen stecken. Er versteht nicht, dass er aufgefordert ist, seinen eigenen Weg zu gehen und selbstbestimmt aktiv zu werden. Er wartet lediglich, und was schließlich kommt, ist sein Tod.

Abwarten allein führt zu nichts – außer dass die Zeit vergeht, passiert nicht viel. Vielmehr ist es wichtig, heute Chancen herbeizuführen, um sie morgen zu nutzen. Ganz besonders gilt das, wenn Sie unter Handlungsstörungen leiden.

Gute Laune stellt sich dann ein, wenn man das erfolgreich zu einem guten Ende bringt, was einem wichtig ist. Dabei kommt es weniger auf die Vollendung an als vielmehr auf das konstante Handeln. An Vorhaben motiviert dranzubleiben ist eine wesentliche Quelle für Selbstvertrauen. Das gilt insbesondere dann, wenn Sie sich auch durch Rückschläge nicht entmutigen lassen, sondern sie mit Hilfe Ihres Willens überwinden. Wichtige Projekte konzentriert mit langem Atem zu verfolgen hebt Ihr Selbstwertgefühl gerade auch dann, wenn die Freude an den Tätigkeiten selbst einmal nicht so groß sein sollte, weil Sie mit Pflicht- und Routineaufgaben zu kämpfen haben.

Aus dem unbefriedigenden Gefühl des Wartens herauszutreten ist auch mit Hilfe einiger weiterer wichtiger Schritte möglich:

- Fragen Sie sich, welchen Beitrag Sie dafür leisten können, dass die Welt ein wenig besser wird.
- Überlegen Sie sich, mit welchen Verhaltensweisen oder Eigenschaften Sie gerne für andere ein gutes Beispiel sein wollen.
- Versuchen Sie, sich und andere eher zu ermutigen, als zu kritisieren. Vermeiden Sie dabei billiges Auf-die-Schulter-Klopfen nach dem Motto »Das schaffst du schon!« Nehmen Sie stattdessen eine wirklich ermutigende Einstellung zu sich und anderen ein, die davon ausgeht, dass es Chancen gibt, und dass sie genutzt werden können.
- Orientieren Sie sich an Zielvorstellungen, die über die Grenzen dessen, was Sie für anstrengungslos möglich halten, hinaus gehen.

Wer Dinge, die lange da lagen, endlich erledigt hat, darf sich freuen! Das ist übrigens eine gar nicht so selbstverständliche Reaktion, denn oft bringt das gute Ende die vielen negativen Gefühle, die sich während der vergangenen Zeit angehäuft hatten, noch einmal so richtig zum Bewusstsein. Manche sind wütend auf sich, machen sich Vorwürfe und entwerten ihren Triumph mit Bemerkungen wie: »Dafür hätte ich wirklich nicht so lange brauchen müssen!« Leider wieder nur der Angriff einer fixen Idee auf die Realität: Dinge dauern so lange, wie sie dauern. Manche fallen auch deprimiert in ein Loch und sind erschöpft, andere fühlen sich leer. Aber bei ihnen allen stellt sich nach einer bestimmten Zeit doch das

Wohlgefühl darüber ein, etwas Wichtiges zu Ende gebracht zu haben. Das Erreichen von Zielen, das Bewältigen von Herausforderungen erhöht Ihre Zufriedenheit und gibt Ihnen Kraft und Zuversicht für die nächsten Schritte. Deswegen beschäftigen wir uns in den folgenden Abschnitten mit Techniken, den eigenen Willen und die eigene Leistungsmotivation einzusetzen, um mit mehr Aufwand auch mehr Erfolg zu haben. Diese Techniken brauchen Sie vor allem dann, wenn Sie Karriere machen wollen. Und spätestens bei diesem Thema stoßen wir an die Grenzen des »mehr desselben«, des Prinzips also, das in diesem Teil des Buches im Vordergrund steht.

Mehr desselben:
Motiviert, konzentriert, konsequent

Wenn aus Ihren Absichten Handlungen werden sollen, dann müssen Sie dafür Pläne anfertigen. Wenn Sie stets ein Haar in der Suppe finden und sich damit lähmen, müssen Sie mutiger werden. Ängste überwinden Sie, indem Sie genau das tun, wovor Sie sich fürchten, Zwänge bewältigen Sie, indem Sie die starren Rituale aktiv durchbrechen. Wenn Sie nicht genügend auf Ihre Aufgaben konzentriert sind, dann müssen Sie Ihre Aufmerksamkeit steigern. Überspringer, die von einer Tätigkeit zur anderen hüpfen, profitieren von größerer Konsequenz. Wer sich aufopferungsvoll um andere kümmert und sich damit wirkungsvoll vernachlässigt, benötigt mehr positiven Egoismus. Sind Ihre Ziele schwach und Ihre Wünsche lau, dann wird ein emotionaler Verstärker mehr Power in Ihr Leben bringen. Unangebrachte Unbekümmertheit überwinden Sie durch mehr Achtsamkeit und Sorgfalt, Ihre oberflächliche Action-Orientierung oder den Alltagstrott durch bessere Entscheidungen über das, was wirklich wichtig ist. Dann wird es Ihnen nicht so gehen wie Tina, die kürzlich in der Zeitung mit den Worten zitiert wurde: »Das Leben als solches ist so, wie in Berlin auszugehen: Es gibt unendlich viele Möglichkeiten, aber man kann sich nicht entscheiden und bleibt dann doch zu Hause oder geht in den gleichen Laden wie immer.«

Also: mehr desselben. Viele Menschen, die Dinge nicht mehr auf die lange Bank schieben, haben eingesehen:

- Sie müssen mehr Zeit damit verbringen, an den Vorhaben, die für Sie wichtig und dringlich sind, zu arbeiten.
- Sie müssen damit aufhören, viel Zeit mit unwichtigen Dingen zu vertrödeln.
- Wenn Sie das tun, werden Sie sich besser fühlen!

Eine der typischen Äußerungen von Carlo war: »Ich sollte mir wirklich mehr Mühe geben!« Manchmal sagte er es reumütig und zerknirscht, manchmal klang es aber auch nur nichtssagend und unverbindlich. In jedem Fall blieb es folgenlos. Carlo kannte viele solcher Sätze, die sich auf alles Mögliche bezogen, was er wirklich sein sollte, tun sollte, bereits seit langem getan haben sollte und unbedingt demnächst tun müsste. In einer Therapiestunde gingen Carlo und ich daran, diese vielen Verpflichtungen zu ordnen. Manche standen offenkundig in Verbindung mit Carlos Ideal-Selbstbild, also der Vorstellung von sich, wie er eigentlich sein sollte. Andere schienen funktional zu sein, also Vorstellungen darüber zu enthalten, was zweckdienlich oder in Carlos bestem Interesse wäre. In der Tabelle unten sehen Sie eine Auswahl aus dieser Sammlung.

Ansprüche aus Ideal-Selbstbild **»Ich sollte wirklich ...«**	*bejahte Selbstverpflichtungen* **»Ich sollte wirklich ...«**
konsequenter sein	pro Tag zehn potenzielle Kunden kontaktieren
mir mehr Mühe geben	von Montag bis Freitag jeden Tag einen Anruf mehr machen
erfolgreicher sein	ein Limit festlegen, wie viele Verkäufe ich minimal in einem Quartal erreichen will
mehr geschäftlichen Durchblick haben	meine Kontoauszüge tagesaktuell abheften
ein härterer Verhandler sein	ein Seminar über Verkaufsgespräche mitmachen
mehr Spaß am Business haben	ein Tagesjournal meiner Aktivitäten führen
gesünder leben	zweimal in der Woche Fahrrad fahren

Wie Sie sehen, sind Carlos bejahte Verpflichtungen wesentlich konkreter und damit auch leichter umzusetzen. Erfolgserlebnisse sind somit eher zu erreichen als bei den vagen Vorgaben der idealisierten Selbstbilder, die immer etwas von einer Fata Morgana an sich haben: Wenn man etwas geschafft hat, weiß man nie, ob man den Vorgaben real näher gekommen ist oder nicht. Stets bleiben Zweifel.

| Tipp |

Wenn Sie sich

- vornehmen, zweimal in der Woche Fahrrad zu fahren, und das
- genau definieren, indem Sie eine Strecke festlegen, und wenn
- Sie auch innerlich zustimmen, dass Sie das wirklich tun sollten, weil es gesund ist und Sie sich anschließend wohl fühlen werden,

dann steigt die Wahrscheinlichkeit, dass Sie es auch tatsächlich umsetzen.

Falls Sie es doch nicht machen, haben Sie wenigstens eine klare Ausgangsbasis, um zu untersuchen, was schief gegangen ist. Wenn Sie hingegen »gesünder leben« wollen werden wollen, haben Sie keinen Ansatzpunkt, keinen Plan und auf längere Sicht schlechte Gefühle.

Vorhaben motivierter durchziehen

Motivation besteht aus mehreren Teilen:

- Ihrem allgemeinen Pegel an Energie und Tatkraft,
- Ihrem speziellen Energieeinsatz, bezogen auf ein konkretes Vorhaben,
- Ihrer Erwartung, Erfolg zu haben, und
- dem Wert, den Sie einem Erfolg beimessen.

Birgit erlebt gerade ein Höchstmaß an Motivation. Die reizvolle Aufgabe der Fusion einer französischen und einer deutschen Firma hat ihr einen zusätzlichen Schub verliehen, denn sie findet diesen schwierigen Zusammenschluss spannend und würde das Vorhaben gerne erfolgreich abwickeln. Außerdem machen es ihr die vielen Paris-Aufenthalte, die mit dem Geschäft verbunden sind, leichter, ihren Einsatz auf hohem Niveau aufrechtzuerhalten. Ein kleiner Streifzug durch die schicken Show-Rooms rings um die Place Vendôme wirkt als Belohnung Wunder.

Der bisherige Gang der Verhandlungen und die Tatsache, dass Birgit sich Respekt und Anerkennung erworben hat, lässt sie zunehmend sicher werden, dass sie Erfolg haben wird. Dieser hat für sie auch deswegen eine besondere Bedeutung, weil ihr Chef bereits angekündigt hat, sie danach mit einem anderen Fusionsprojekt zu betrauen, das ein noch größeres Volumen umfasst. Sie würde nicht nur eine Menge Geld daran verdienen, sondern hätte auch die Chance, für zwei Jahre in der Partnerkanzlei in Los Angeles zu arbeiten.

Sie können Ihre Leistungsmotivation dadurch steigern, dass Sie an den Stellschrauben Ihrer Erfolgserwartung und des Werts eines Erfolges drehen. Wenn Sie mit einem Pflichtvorhaben konfrontiert sind, das Sie nicht besonders interessiert, dann können Sie versuchen, es so schnell wie möglich hinter sich bringen, da sein innerer Belohnungswert für Sie gering ist. Das werden Sie dann tun, wenn Sie sich einen schnellen Erfolg ausrechnen. Falls Sie bei der uninteressanten Sache eine Pleite einkalkulieren müssen, dann wächst die Gefahr, dass Sie die Sache aufschieben.

Erfolgserwartung	Wert	
	hoch	gering
hoch	hochmotiviert	??
gering	??	unmotiviert

Hochmotivierte Lagen stellen keine Probleme dar, ebenso wenig Vorhaben, denen Sie völlig unmotiviert gegenüberstehen. Diese sollten Sie nach Möglichkeit meiden oder abbrechen. Spannender sind die beiden mit Fragezeichen versehenen Kategorien. Vorhaben, die kaum einen Wert für Sie haben, bei denen Sie aber leicht Erfolg haben werden, können Sie als langweilig empfinden.

Carlo hat einen Bekannten bei einer Bank, Nils, der ihm ab und zu einen Interessenten für ein Grundstück oder eine Eigentumswohnung zugeführt hat. Aus diesen Kontakten hat sich jedoch nie ein Abschluss ergeben, sodass Carlo den Wert seiner Beziehung zu Nils gering veranschlagt. Allerdings ist Nils immer bereit, Carlo zu einem Geschäftsessen zu treffen. Ein Anruf genügt, und er sagt zu. Für Carlo, der bei seiner Telefonakquise öfter unter Absagen leidet, ist das wie ein Erfolg, der seiner wunden Seele gut tut. Doch es bleibt das Dilemma: Soll er wirklich Geld ausgeben und sich mit Nils treffen, wenn dabei doch nichts herauskommt?

Carlo kann seine Motivation zu Kontakten mit Nils steigern, indem er den Wert dieser Treffen erhöht. Dazu gibt es mehrere Möglichkeiten: Er kann

- Nils bitten, ihm häufiger Interessenten zu schicken. Durch die größere Anzahl steigt die Chance auf einen Treffer. Mittelbar würde der Kontakt zu Nils dadurch aufgewertet.
- Nils bitten, die potenziellen Käufer besser daraufhin zu checken, ob sie ein echtes Kaufinteresse haben. Dadurch steigt möglicherweise die Quote von Abschlüssen.
- Nils um andere Informationen bitten, die für Carlos Geschäft wichtig sein könnten. Auch dadurch könnte die Beziehung zu Nils wertvoller werden.
- Carlo könnte seinen Kontakt zu Nils umdefinieren als Teil einer professionellen Kontaktpflege zu wichtigen Multiplikatoren. Dadurch würde sich die Frage, welchen unmittelbaren Nutzen er durch ihn hat, erledigen.

Umgekehrt könnte Nils seinen Wert für Carlo dadurch steigern, dass er *hard to get* spielen würde, also nicht immer so leicht verfügbar wäre – ein Mittel, das jede Frau kennt! Dann müsste Carlo sich mehr um Nils bemühen, und weil allein durch den investierten Aufwand der Wert, den wir subjektiv einer Beziehung, einer Aktivität oder einer Sache zuschreiben, steigt, würde Carlo den Kontakt zu Nils als wichtiger erleben.

Das zweite Feld mit Fragezeichen in der Tabelle oben bezieht sich auf Situationen, in denen der Wert einer Sache hoch, aber die Erfolgswahrscheinlichkeit gering ist.

Dann wird eine Kosten-Nutzen-Abwägung zum entscheidenden Merkmal bei der Frage: weitermachen oder nicht? Je idealer die Werte sind, desto höher ist die Wahrscheinlichkeit, dass Menschen auch *against all odds*, gegen jede Chance, an ihnen festhalten. Das liegt daran, dass bei ideologischen oder religiösen Werten, bei denen ein Erfolg in zeitlicher Nähe entweder ohnehin nicht oder nicht in erster Linie in Aussicht gestellt wird, das Festhalten an der wertvollen Sache zum Selbstzweck wird. Wer jedoch auf weltliche Erträge rechnet, kommt nicht umhin, eine Bilanz aufzumachen, bei der Wert und Erfolg als getrennte Größen vorkommen.

Lernmotivation erhöhen

In Zeiten lebenslangen Lernens besteht die Notwendigkeit, sich auch nach Abschluss der Erstausbildung permanent weiter- und fortzubilden. Dabei müssen wir Lernprozesse immer neu organisieren und motiviert durchziehen. Auch hierfür gibt es Hilfen. Die wichtigsten Einflussgrößen sehen Sie in der Abbildung:

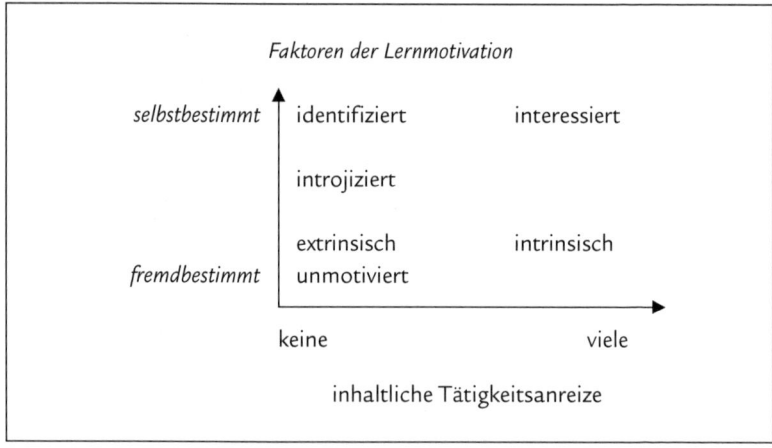

Sie werden unterschiedlich motiviert an Lernaufgaben herangehen und bei ihnen bleiben, in Abhängigkeit davon, ob diese Aufgaben

- von Ihnen selbst gewählt werden konnten oder
- Ihnen fremdbestimmt vorgegeben werden.

Weiter spielt eine bedeutende Rolle, ob die Tätigkeiten, die mit der Erledigung dieser Aufgaben verbunden sind,

- inhaltlich keine Anreize oder
- inhaltlich viele Anreize bieten.

Bei langweiligen Aufgaben (beispielsweise dem Lernen italienischer Grammatik) können Sie mit der Lernaufgabe hochgradig identifiziert sein (Sie fühlen sich als geborener Italiener) oder sie sich immerhin zu eigen gemacht haben (Sie wollen korrekt Italienisch sprechen können). Inhaltlich öde Aufgaben können Sie eventuell auch dann noch relativ problemfrei erledigen, wenn Sie extrinsisch motiviert sind, also durch andere Befriedigungen als die, die in der Sache selbst liegen. Sie können sich etwas vom Lernen versprechen, beispielsweise eine Belohnung oder einen Erfolg (Sie denken an das Staunen der Kellner bei Ihrer nächsten Bestellung im Ristorante da Luigi). Fehlt das auch noch, dann sind Sie demotiviert und werden keine Lust haben, sich mit der Sache zu befassen.

Wenn die Lernaufgabe selbstbestimmt von Ihnen ausgewählt wurde (Sie wollen segeln lernen) und auch noch inhaltlich hochgradig attraktive Anreize enthält (Beherrschung des Bootes, Aktivitäten bei Wind und Wetter, Teamarbeit, schicke Seglerkleidung), dann werden Sie sich der Sache interessiert widmen und intrinsisch motiviert sein, also durch die Tätigkeit selbst und Ihr Interesse am Segeln auf Kurs gehalten werden. Das kann sogar dann gelten, wenn Sie fremdbestimmt durch Ihre Firma zu einem Segelkurs angemeldet wurden.

Steigerung der Lernmotivation:

- Wählen Sie Lernaufgaben, die Ihre Autonomie maximal unterstützen durch Spielräume bei den Erledigungs-, Mitwirkungs- und Wahlmöglichkeiten.
- Wählen Sie Lernaufgaben, die Ihre bereits erworbenen Kompetenzen möglichst gut unterstützen.
- Binden Sie andere in Ihre Lernprozesse ein, und lassen Sie sie an Ihren Fortschritten teilhaben.
- Wählen Sie Lernstoffe, die Sie inhaltlich wichtig und interessant finden.
- Wählen Sie Lernangebote und Lehrende, bei denen Sie ein wirkliches Interesse am Lernstoff und daran, Ihnen etwas beizubringen, spüren.
- Wählen Sie Lernangebote mit der höchsten Qualität des Lernmaterials.

Vorhaben konzentrierter bewältigen

Konzentration bedeutet, die Aufmerksamkeit auf das zu richten, was ansteht. Sorglosigkeit, Tagträume, das Überspringen zu einer anderen Tätigkeit sind die natürlichen Gegenspieler von konzentrierter Aufmerksamkeit. Konzentration verlangt:

- *Fokussierung*: So, wie Sie bei Ihrer Kamera das Objektiv scharf auf das Objekt einstellen, das Sie fotografieren wollen, so müssen Sie Ihre Aufmerksamkeit auf Ihren nächsten Erledigungsschritt richten (bei Ihrer Kamera geht das inzwischen per Autofokus ganz von allein; wenn Sie im Fokussieren Ihrer Aufmerksamkeit geübt sind, geht auch das automatisch).
- *Geduld*: Sich zu konzentrieren ist kein einmaliger Schritt, sondern ein Prozess. Die meisten Menschen brauchen eine gewisse Zeit, um in die richtige Aufmerksamkeit hineinzukommen. Ob Sie sich nun auf ein neues Buch einlassen, auf ein Tennismatch oder die Lösung komplizierter Gleichungssysteme, nie sind Sie sofort und vollständig konzentriert, sondern immer braucht es eine Phase, in der Sie sich geduldig immer wieder auf das ausrichten, was gerade ansteht.
- *Kontrolle*: Konzentration verlangt die Ausschaltung von Ablenkungen. Alles, was Sie bei der Ausrichtung Ihrer Aufmerksamkeit stört, können Sie ausschalten, wegstellen oder sonstwie beseitigen. Ihre eigene innere Ausrichtung können Sie ebenfalls kontrollieren. Wenn Sie sehr leicht abgelenkt sind, dann tragen Sie in Ihr Logbuch ein, woran Sie gerade denken oder welche Impulse in Ihnen auftauchen. Danach kehren Sie wieder zu Ihrem Vorhaben zurück.

Unkonzentriert zu sein hat mehrere hauptsächliche Quellen, die Sie identifizieren und ausschalten können, wenn Sie Aufzeichnungen machen. Meistens stellt sich heraus, dass einige der folgenden Beunruhigungsquellen vorliegen:

- Versagensängste (»Ich werde bestimmt durch die Prüfung fallen!«)
- Angst vor einem schlechten Ergebnis (»Ich werde nur eine Vier im Examen bekommen!«)
- Zeitdruck (»Ich werde es nicht oder nicht termingerecht schaffen«).
- Abneigung der Aufgabe gegenüber (»Ich hasse diese blöde Mathematik!«)

- Perfektionismus (»Ich muss es einfach perfekt hinkriegen!«)
- Selbstabwertung (»Typisch, mit mir ist sowieso nichts los, ich krieg nicht einmal das hier auf die Reihe.«)
- gelernte Hilflosigkeit (»Ich kann gar nichts machen gegen dieses Tagträumen!«)
- schlechte Arbeitstechniken (»Was muss ich jetzt eigentlich als Nächstes tun?«)
- irrationale Einstellungen (»Ich muss mich jetzt unbedingt konzentrieren!«)

Das Ergebnis dieser Gedanken besteht immer in einer physiologischen, motorischen und emotionalen Erregung, die Sie je nach Art Ihrer Befürchtungen als Panik, Angst, Gefühl der Überwältigung, Lustlosigkeit oder Müdigkeit erleben können.

Sobald Sie identifiziert haben, woran Sie denken, statt Ihre Aufgaben anzugehen, können Sie die passenden Bewältigungsstrategien einsetzen. Sie folgen zwei Prinzipien:

- Diagnostizieren Sie, ohne sich aufzuregen. Stellen Sie fest, was los ist, tragen Sie es in Ihr Logbuch ein, aber steigern Sie sich nicht hinein. Konstatieren Sie die Ablenkungen, aber:
- Dämpfen Sie die Erregung. Das können Sie am besten, indem Sie wieder zu Ihren Aufgaben zurückkehren. Machen Sie es sich zur Gewohnheit, nach einer Notiz, wenn Sie den Fokus Ihrer Aufmerksamkeit verloren haben, in jedem Fall wieder zu Ihren Vorhaben zurückzukehren und weiterzumachen. Atmen Sie ein paar Mal ganz bewusst ein und aus, und zählen Sie dabei bis sieben.

Sie können lernen, sich besser zu konzentrieren, indem Sie Rituale mit dem Beginn einer Tätigkeit verknüpfen. So wie Tennisspieler vor dem Aufschlag den Ball mehrfach auf- und abspringen lassen, um sich damit auf den kommenden Schlag vorzubereiten, so können auch Sie eine immer gleiche Abfolge von einstimmenden und konzentrationsfördernden Handlungen starten.

Wenn Birgit früher eine neue Akte zur Bearbeitung bekam, dann dachte sie oft mit Schrecken daran, wie lange sie sich mit ihr beschäftigen müsste, wie viele langweilige oder komplizierte Schriftsätze wohl in ihr enthalten seien, und fühlte sich oft demotiviert und verängstigt. Seitdem sie das folgende Ritual »Die Bestien bändigen« einhält, passiert ihr das kaum noch:

- Birgit stellt fest, wie viele Seiten Papier die Akte überhaupt enthält, und macht einen entsprechenden Eintrag in ihr Logbuch.
- Sie verschafft sich einen Überblick, worum es inhaltlich geht, und schreibt auch das in Stichworten auf.
- Anschließend schätzt sie ab, wie viel Zeit sie brauchen wird, um die Akte zu bearbeiten, indem sie diese in Teile untergliedert, und macht sich auch dazu einen entsprechenden Eintrag in ihrem Buch.
- Schließlich holt sie sich einen Kaffee und beginnt mit der Bearbeitung des ersten, von ihr festgelegten Teils.

Wenn Ihnen während des Prozesses der Erledigung die Konzentration abhanden kommt, dann ist das meistens das Signal dafür, dass Sie eine Pause brauchen. Zu viel auf einmal erledigen zu wollen und sich nicht an eingeplante Pausen zu halten ist eine Abart eines Mangels an gewissenhafter Gestaltung des Arbeitsprozesses. Gewissenhaftigkeit ist im Laufe der vergangenen Jahre in psychologischen Untersuchungen so oft als ein zentrales Merkmal von Menschen aufgetaucht, dass sie in den Rang eines Persönlichkeitsfaktors aufgestiegen ist. Die Einstufung als Persönlichkeitsmerkmal bedeutet nun keineswegs, dass Gewissenhaftigkeit nicht gesteigert und verbessert werden könnte.

| Tipp |

Üben Sie sich darin,

- sich durch positive Ziele eng an Ihre Vorhaben zu binden.
- eine konfliktfreie Motivation herzustellen, indem Sie hohe Erwartungen und hohe Werte mit Ihren Vorhaben verbinden.
- gute Arbeitstechniken für die jeweiligen Aufgaben zu entwickeln.
- die Fähigkeit, Ablenkungen widerstehen zu können, zu optimieren.

Vorhaben konsequent durchführen

Wenn Sie mehr tun wollen, als sich nur zu versprechen, an Ihren Aufgaben irgendwie dranzubleiben, dann sollten Sie - bezogen auf Ihr jeweiliges

Vorhaben – sich einen Überblick über Ihre Zuversicht verschaffen, die Angelegenheit auch so umzusetzen, wie Sie es geplant haben. Diese Zuversicht heißt »auf Psychologisch« mit einem wirklich dummen Wort »Selbstwirksamkeitserwartung«. Das Wort ist deswegen so hässlich, weil es wörtlich aus dem amerikanischen »self efficacy expectancies« übersetzt wurde. Bleiben wir ruhig beim schönen deutschen Wort Zuversicht.

Tragen Sie bei den Aussagen unten ein, wie zuversichtlich Sie sind, die jeweilige Situation meistern zu können. Dabei bedeuten:

1: »äußerst zuversichtlich« und 5: »überhaupt nicht zuversichtlich«

Ich bin zuversichtlich, mein Vorhaben so wie geplant durchziehen zu können, wenn ...

- ich mich an meine Zeiteinteilung halte   1 ... 2 ... 3 ... 4 ... 5
- Anrufe dazwischenkommen   1 ... 2 ... 3 ... 4 ... 5
- ich, wie geplant, auch Pausen mache   1 ... 2 ... 3 ... 4 ... 5
- ich mal einen Tag keine Lust habe   1 ... 2 ... 3 ... 4 ... 5
- ich zwischendrin müde werde   1 ... 2 ... 3 ... 4 ... 5
- unverhofft Besuch kommt und mich unterbricht   1 ... 2 ... 3 ... 4 ... 5
- die Kollegen mit mir plaudern wollen   1 ... 2 ... 3 ... 4 ... 5
- draußen besonders schönes Wetter ist   1 ... 2 ... 3 ... 4 ... 5
- meine Freunde sich alle im Biergarten treffen   1 ... 2 ... 3 ... 4 ... 5
- ich viele andere Projekte um die Ohren habe   1 ... 2 ... 3 ... 4 ... 5
- ich wider Erwarten doch in Zeitnot gerate   1 ... 2 ... 3 ... 4 ... 5
- ich Hunger bekomme   1 ... 2 ... 3 ... 4 ... 5
- ich Aufzeichnungen über Schwierigkeiten mache   1 ... 2 ... 3 ... 4 ... 5
- ich anderen verspreche, mein Vorhaben zu erledigen   1 ... 2 ... 3 ... 4 ... 5
- mein Chef mir zu viele andere Aufgaben gibt   1 ... 2 ... 3 ... 4 ... 5
- ich denke, dass ich erst ganz viele Vorarbeiten
  erledigen muss   1 ... 2 ... 3 ... 4 ... 5
- meine Ziele mir plötzlich fragwürdig erscheinen   1 ... 2 ... 3 ... 4 ... 5
- ich ein Zwischenziel nicht wie geplant erreicht habe   1 ... 2 ... 3 ... 4 ... 5
- ich nicht in der richtigen Stimmung bin   1 ... 2 ... 3 ... 4 ... 5
- ich denke, dass ich erst aufräumen und abwaschen
  müsste   1 ... 2 ... 3 ... 4 ... 5
- ich in meinem Logbuch meine Entschlüsse nachlese   1 ... 2 ... 3 ... 4 ... 5
- ich ins Grübeln und Tagträumen komme   1 ... 2 ... 3 ... 4 ... 5
- wenn ich mich an meine Strategien für Notfälle halte   1 ... 2 ... 3 ... 4 ... 5

Gehen Sie die Situationen, die Sie mit einer 4 oder 5 eingestuft haben, durch, und machen Sie dafür einen Notfallplan, indem Sie in Ihrem Logbuch genau aufschreiben, was Sie tun werden, um konsequent weiterzumachen.

| Tipp |

Sich zu wappnen gegen alles, was schief gehen kann, ist einer der besten Wege, die Hindernisse rechtzeitig zu erkennen, um sie dann umgehen oder aus dem Weg räumen zu können. Naive Zuversicht nach dem Motto »Wird schon klappen« nützt Ihnen bei komplexen Vorhaben nichts.

Bevor Corinna sich von Ulli, dem beredten Loser, distanzierte, nahm sie ihn hin wie ein Naturgesetz. Sie brauchte ihre acht Stunden Schlaf, um im Geschäft am nächsten Morgen frisch zu sein. Ihr Projekt bestand darin, tatsächlich so zeitig ins Bett zu gehen, dass sie auch wirklich auf die acht Stunden kam. Ihre hauptsächliche Störquelle war Ulli, der jederzeit mit einem seiner esoterischen Vorträge hereinplatzen und sie in Beschlag nehmen konnte. Corinna hatte sich abgewöhnt, ihm geduldig zu lauschen und ihre Nachtruhe innerlich abzuschreiben, indem sie nicht länger dachte: »Der arme Kerl, er hat ja niemanden, der ihm zuhört, und hat doch so tiefe, empfindsame Gedanken!« Sie hatte eine Zeit lang offen die zuvor latente Wut darüber empfunden, »dass der jederzeit einfach kommt und mich vollquatscht«, aber auch das hatte sie am Schlaf gehindert. Nun hat sie ein sehr einfaches Szenario entwickelt: Wenn Ulli kommt, sagt sie ihm ruhig: »Erzähl es mir doch bitte morgen. Wenn du Angst hast, dass du es vergisst, dann schreib es doch auf. Ich bin müde und möchte schlafen. Bitte versteh das.«

Imaginationen

Um in der Realität konsequent zu bleiben, hatte Corinna sich immer wieder intensiv vorgestellt, wie sie Ulli genau das sagte. Sie hatte sich vorgestellt, wie er wütend guckte, wie er traurig guckte, sie hatte sich vorgestellt, wie er trotzdem einfach weiter redete und wie sie ihn wiederum bat, jetzt zu gehen. Sie hatte sich auf alle Eventualitäten mental vorbereitet.

Unser Gehirn kann nicht unterscheiden, ob eine Situation »real« ist, ein Traum oder eine Vorstellung. Was unsere Gehirnzellen verarbeiten, wird geistige Realität.

Durch Vorstellungsübungen haben Sie eines der mächtigsten Instrumente in der Hand, die es gibt, um konsequent zu bleiben.

- Denken Sie an eine Situation, in der Sie konsequent und eindeutig handeln möchten.
- Erinnern Sie sich dann an eine Situation, in der Sie sich stark gefühlt und entschlossen gehandelt haben. Gehen Sie ganz in dieses Gefühl hinein.
- Nehmen Sie dieses Gefühl mit in die Situation, in der Sie konsequent und eindeutig handeln möchten. Stellen Sie sich genau vor, wie Sie mit demselben guten und entschlossenen Gefühl auch jetzt das tun, was Sie tun möchten oder was erforderlich ist.
- Stellen Sie sich vor, wie gut Sie sich danach fühlen werden.
- Wiederholen Sie diese Übung mehrmals.

George Bernhard Shaw sagte: »Man stellt sich vor, was man will; man will, was man sich vorstellt, und am Ende erschafft man, was man will.« Das gilt für das alte Problemverhalten genauso wie für das neue, gewünschte Verhalten. Hier wird die Macht der Worte und der Vorstellungen besonders deutlich: Wir formen die Realität durch das, was wir zu uns sagen, und durch die Bilder, die wir uns machen. Wenn Sie sich sagen, Sie werden bestimmt nicht durchhalten, dann wird das eintreten. Wenn Sie sich keine neuen Vorstellungen über ein anderes Verhalten machen, dann werden Sie wie immer reagieren. Das bedarf keiner bewussten Anstrengung, und so denken manche, auch eine Veränderung müsste mühelos vonstatten gehen. Natürlich stimmt das nicht. Mehr desselben verlangt genau das: mehr Anstrengung als vorher, mehr Kraft, die alten Bilder und Gewohnheiten zu durchbrechen. Es verlangt aber nicht *zu viel* Kraft, nur *mehr* Anstrengung. Und am Ende kann eine schöne Belohnung winken: die selbstvergessene Ekstase des Flow.

Flow

Der Energieaufwand wird immer geringer, wenn Sie sich eine Chance geben, in den von Mihaly Csikszentmihalyi beschriebenen *Flow* zu geraten, in einen selbstvergessenen Handlungsstrom, in dem Ihr parallel laufendes Denken aus Ihrem Bewusstsein ausgeblendet ist.

Auf das Selbst gerichtete Aufmerksamkeit ist die Hauptquelle für Störungen bei der Umsetzung Ihrer Ziele. Sie beschäftigen sich mit negativen Gedanken über Ihre Befindlichkeit, Sie fangen an, sich Sorgen über Ihre Performance zu machen. Damit unterbrechen Sie Ihren Workflow, Sie machen sich anfällig für alle möglichen Außenreize, und damit sind Sie weg vom Fenster.

Den Flow zu erreichen ist nur möglich, wenn Sie die erforderlichen Voraussetzungen dafür schaffen:

- spielerische Haltung den Vorhaben gegenüber: Setzen Sie Spielregeln fest, Zwischenziele, Herausforderungen, die Sie bestehen wollen, und Belohnungen, wenn Sie es schaffen.
- Ziele, die Sie wirklich anziehend finden: Verlieren Sie während der Vorhaben Ihre übergeordneten persönlichen, gesellschaftlichen oder intellektuellen Ziele nicht aus den Augen.
- Fokussieren: Konzentrieren Sie sich vollständig auf Ihr Vorhaben, und befreien Sie sich von allen inneren und äußeren Ablenkungen.
- Prozessorientierung: Strengen Sie sich nicht an, geben Sie sich keine bewusste Mühe, Ihre Ziele zu erreichen, sondern überlassen Sie sich dem Prozess, lassen Sie Ihre Arbeit geschehen, und genießen Sie es, im Handeln zu sein.
- Ekstase: Sie werden es merken, wenn Sie plötzlich in einen ekstatischen Zustand geraten, in dem alles wie von selbst zu gehen scheint und in dem Ihr Zeitempfinden sich verändert.
- Spitzenproduktivität: Ihr ekstatischer Zustand gibt Ihnen einen Extra-Zustrom an Energie, Kreativität und Leistungsvermögen.

Wollen und Willen

»Der freie Wille der Menschen besteht in ihrer Fähigkeit,
freiwillig das zu tun, was sie unfreiwillig wollen.«
Robert Musil

Musil kannte die Ergebnisse der modernen Hirnforschung natürlich nicht, aber er traf dennoch intuitiv ins Schwarze. Der amerikanische Neurobiologe Benjamin Libet stellte Versuchspersonen in einem Experiment die Aufgabe, nach ihrem eigenen Beschluss zu einem bestimmten Zeitpunkt den Arm zu heben. Sobald sie sich dazu entschlossen hatten, riefen sie »Jetzt!« und führten die Bewegung aus. In den Hirnregionen, die für diese motorische Aktion verantwortlich sind, zeigte sich allerdings bereits durchschnittlich 550 bis 350 Millisekunden *vor* der bewussten Entscheidung zur Handlung elektrische Aktivität. Daraus hat ein so prominenter Wissenschaftler wie Wolf Singer, Direktor des Max-Planck-Instituts für Gehirnforschung in Frankfurt am Main, geschlossen: »Das, was wir als freie Entscheidung erfahren, ist nichts als eine nachträgliche Begründung von Zustandsveränderungen, die ohnehin erfolgt wären.« Noch provokanter drückte es sein amerikanischer Kollege Michael Gazzangia aus: »Wir sind die Letzten, die erfahren, was unser Gehirn vorhat!«

Auch Gerhart Roth, der bekannteste deutsche Verhaltensphysiologe, kommt zur Erkenntnis, dass uns die eigentlichen Antriebe unseres Handelns nicht zugänglich sind. Die Weichen werden tief in unserem Stammhirn gestellt, im »Limbischen System«, das unter anderem Emotionen und Triebe reguliert sowie Informationen, die zur Gehirnrinde gehen, koordiniert. Diese Regionen sind durch Vorsatzbildungen nicht beeinflussbar. Die beiden subjektiv wahrgenommenen Bestandteile des scheinbar freien Willens sind Illusionen: Das Gefühl, etwas frei zu wollen, es zu beabsichtigen und zu planen, entsteht durch eine nachträgliche, bewusste Aneignung von Handlungsmotivationen, die aus dem Limbischen System stammen. Der Eindruck, etwas in einem völlig freien Willensakt zu verursachen, ist ebenfalls ein nachträgliches Bewusstwerden dessen, was im Gehirn längst entschieden wurde.

Bedeutet das nun das Ende der Willensfreiheit, wie wir sie als menschliches Kernmerkmal in der Unterscheidung zu Tieren hochhalten? Bricht die Grundlage unserer Rechtsprechung zusammen? Können wir alle

Hoffnungen auf Überwindung unserer Handlungsstörungen in den Wind schreiben? Ist die perfekte Erklärung für die Aussichtslosigkeit aller guten Vorsätze endlich gefunden?

Unabhängig davon, ob es nun so etwas wie einen freien Willen gibt oder ob er eine Illusion ist, bleibt die Tatsache, dass manche Menschen mit der Handlungsregulierung weniger Probleme haben, andere mehr. Wir können inzwischen davon ausgehen, dass es zwei verschiedene Ebenen gibt, auf denen sich Handlungen vollziehen, die mehr sind als Reaktionen, also komplexe Versuche, Wünsche, Pläne oder Absichten in Taten umzusetzen. Die eine Ebene ist die des bewussten seelischen Erlebens, die in der Psychologie des Wollens beschrieben wird. Die andere Ebene zeigt, was gehirnphysiologisch passiert.

Von der psychologischen Seite her gibt es bei einer vollständigen Willenshandlung die folgenden Phasen:

- Motivation
- Bildung eines Vorsatzes zur Handlung (Intention)
- Willensbeschluss vor Durchführung einer Handlung (Ich mach's!)
- Durchführung der Handlung
- Bewertung der Handlung und des Ergebnisses

Hierbei greifen idealtypisch Wahrnehmungsvorgänge und Handlungstendenzen jeweils ineinander und sind in einem Handlungscode verschränkt. Wie gesagt: idealtypisch! Denn gerade für Menschen mit Handlungsstörungen ist das Auseinanderfallen von Vorsatzbildung und Ausführung ein charakteristisches Phänomen. Sie fassen Vorsätze und haben dann die größten Schwierigkeiten, ihre Absichten über die Ebene der reinen Planung zu hieven, hin zu einer Selbstbindung im Sinne eines verbindlichen Versprechens an sich selbst, die Handlung auch wirklich auszuführen.

Die Gehirnforschung kann hier Licht ins Dunkel bringen und gleichzeitig Wege weisen, wie die Dilemmata zu überwinden sind. Aus ihrer Sicht lässt sich der Vorgang der Handlungssteuerung noch differenzierter beschreiben. Ein zentraler Handlungsprozessor hat die folgenden grundlegenden Operationen zu erfüllen:

- Selektion: zeitliche Auswahl von Zielen und Handlungen
- Planung: gedankliche Simulation von Handlungsabfolgen
- Realisierung: Aufruf und Modulation von Handlungsprogrammen
- Abschirmung: Hemmung von ablenkenden Impulsen und Ausrichtung der Wahrnehmung auf solche Informationen, die der Handlungsabsicht entsprechen

Dazu kommen übergeordnete Steuerungsfunktionen wie:

- Koordinierung und Regulation von untergeordneten Handlungsroutinen
- Überwachung: Bewertung der Handlungsergebnisse und deren Korrektur
- Unterbrechung: Wechsel zu anderen Handlungsabfolgen
- Selbstregulation: Einsatz von Metastrategien zur Steuerung des Gesamtprozesses

---

Diese zentrale Managementinstanz einschließlich des erforderlichen Arbeitsgedächtnisses sitzt nun nicht wie der Hauptprozessor Ihres PCs fest an einer Stelle, sondern wird zunächst einmal durch die Aktivität verschiedener Gebiete der Gehirnrinde gebildet. Sie sind an den diversen erforderlichen Prozessen beteiligt, und sie alle konkurrieren um den Zugang zum Gedächtnis. Dort liegt ein Flaschenhals, denn unser Gedächtnis verarbeitet die hereinkommenden Informationen am besten, wenn sie in höchstens fünf bis sieben Einheiten angeliefert werden. Die verschiedenen erlebnismäßigen Klemmen (Soll ich bei der Sache bleiben, oder mache ich etwas Neues? Wann gehe ich von Abwägen zur Handlung über? Welche kurzfristigen negativen Effekte nehme ich in Kauf?) können ihre Ursache darin haben, dass wegen des Rückgriffs auf Programmteile, die in verschiedenen Gehirnarealen liegen, nicht immer alle rechtzeitig zur Verfügung stehen und dass wegen des Flaschenhalses nicht immer alle gleichzeitig im Gedächtnis repräsentiert sind.

Aus der Forschung weiß man: Menschen mit Schäden im Stirnhirn haben Probleme mit der Handlungssteuerung. Einige bleiben unflexibel immer bei denselben Handlungen, auch wenn diese ineffektiv sind, andere sind zu leicht ablenkbar, manche agieren völlig planlos, wieder andere wissen, was zu tun ist, führen aber die Handlungen einfach nicht aus. Auch Menschen mit Parkinson-Erkrankung können große Schwierigkeiten haben, willkürliche Handlungen auszuführen. Bei ihnen liegen die Bereiche, die nicht richtig funktionieren, jedoch außerhalb der Gehirnrinde. Es müssen also auch tiefer im Hirn liegende Zentren an der Steuerung bewusst geplanter und beabsichtigter Handlungen beteiligt sein. Aus diesen beiden Sachverhalten ergibt sich ein hirnphysiologisches Modell der Handlungsregulierung.

Hirnphysiologische Handlungssteuerung

Es dürfte so sein, dass unser Stirnhirn im Zusammenwirken mit dem limbisch-emotionalen System Wünsche und Absichten bewusst werden lässt, die schon einige interne Zensuren, von denen wir gar nichts wissen, passiert haben (Motivations- und Absichtsbildung). Im Stirnhirn werden diese Antriebe mit der wahrgenommenen äußeren Realität verglichen. Konflikte zwischen Neigung und Pflicht, Gefühlen und Gedanken entsprechen einem mehrfachen Durchlaufen der »limbischen Schleifen«. Setzen sich Impulse durch, und werden sie angesichts der wahrgenommenen Realität als aktuell umsetzbar betrachtet, dann kommt ein erneuter Abgleich mit der Motivation hinzu, also mit dem erwarteten Belohnungswert der Handlung einschließlich der Wahrscheinlichkeit, mit der wir eine Belohnung erwarten. Wenn einer Handlung große Schwierigkeiten entgegenstehen und die erwartete Belohnung gering ist, dann wird die Sache nicht angegangen, sondern zurückverwiesen in Gedankenschleifen (Grübeln), in Konfliktzonen (Zweifeln, Zaudern), auf Eis gelegt (Aufschieben) oder gänzlich aufgegeben. Fällt die Prüfung jedoch zugunsten der geplanten Handlung aus, so werden Zentren aktiviert, in denen die Ausführungsprogramme liegen (Umsetzung). In tiefer liegenden Gehirnteilen werden gleichzeitig konkurrierende Aktionsschemata gehemmt. Die endgültige Handlung wird dadurch festgelegt, dass die erforderlichen Programme energetisiert und alternative Handlungsmöglichkeiten blockiert werden. Automatisierte, also gut eingeübte Programme haben es leichter, aktiviert zu werden und zur Geltung zu kommen.

| Tipp |

Durch häufige Wiederholung lassen sich also diejenigen Muster fest verankern, die Ihren erwünschten Handlungen entsprechen. Sie können Ihr Gehirn programmieren, indem Sie

- neue Einsichten durch Denken (beispielsweise durch Sokratische Dialoge) in die Gehirnrinde platzieren und damit Klippen schaffen, an denen schädliche, alte Programme auflaufen können.
- Ihre neuen Einsichten »limbisch« werden lassen, indem Sie diese mit positiven Emotionen verknüpfen.
- üben, üben, üben.

Wir alle wissen, dass komplexe Bewegungen, wie beispielsweise einen Tango zu tanzen, nur durch häufiges Üben erlernt werden können. Auf einem Ball werden wir das Tango-Programm umso leichter abrufen können, je häufiger wir es praktiziert haben. Bei Willensakten wie jenen, ein Vorhaben anzufangen, gegen Ablenkungen anzukämpfen, sich zum Durchhalten zu bewegen und noch ein wenig mehr Anstrengung zu investieren, ist es nicht anders. Auch hier macht Übung den Meister.

Fassen wir zusammen: Zur vollständigen Ausführung einer bewusst geplanten Handlung bedarf es eines Zusammenspiels von solchen Gehirnteilen, die wir gezielt gedanklich ansprechen können, und tiefer gelegenen Teilen, die unbewusst an der Steuerung und Ausführung der Willenshandlungen beteiligt sind, indem sie die erforderlichen Programme mit Energie versehen und bereitstellen. Diese Regionen können wir nicht direkt, sondern nur indirekt beeinflussen, indem wir Gewohnheiten ausbilden, also Programme leicht zugänglich und ausführbar machen.

Hierdurch löst sich auch das scheinbare Problem der Willensfreiheit, die ja mehr ist als nur die von körperlichen Funktionen vollkommen losgelöst gedachte Fähigkeit, irgendwelche unbedingten Willkürhandlungen auszuführen. Frei fühlen wir uns immer dann, wenn wir unseren Willen verwirklichen können. Und das können wir am ehesten, wenn unsere bewussten Vorsätze in möglichst großer Übereinstimmung mit unseren unbewussten Antrieben stehen. Wenn uns die unbewusste Motivierung fehlt, dann zergrübeln wir unsere Gehirne, und unsere Handlungspläne bleiben dennoch blass, weil sie nicht mit der erforderlichen Energie aufgeladen werden. Wenn unsere unbewussten Antriebe hingegen zu massiv sind, dann stören sie unsere bewussten Pläne und hindern uns an deren Umsetzung, indem wir uns ohnmächtig oder überwältigt fühlen. Die Kunst, den eigenen Willen als frei zu erleben, besteht genau darin, die unbewussten Impulse als die eigenen anzunehmen und in vernünftige Handlungskonzepte zu integrieren. Zu Letzteren gehört vor allem auch eine langfristige Zeitdimension: auf lange Sicht und nicht nur für den Augenblick zu wissen, was man will. Der Rest ist Selbstmanagement mit Hilfe von Planung, Zielbestimmung, Kontrolle des Plans und Selbstverstärkung, also Belohnung.

Ihr Wille ist zwar kein Muskel, aber dennoch trainierbar. Sie können ihm sowohl mit einem Ausdauer- als auch mit einem Krafttraining auf die Sprünge helfen:

• Nehmen Sie sich die Devise des Trinkers zu Herzen: »Einer mehr geht immer noch!« Womit er Missbrauch betreibt, davon können Sie profitieren. Verlängern Sie Ihre Joggingtour, hängen Sie an Ihren üblichen Spaziergang noch eine Viertelstunde ran, treten Sie auf dem Fahrrad oder dem Heimtrainer kräftiger als sonst in die Pedale.

• Beginnen Sie ein Gymnastikprogramm, und machen Sie jeden Tag einen Liegestütz oder ein paar Sit-ups mehr.

• Legen Sie ein Leseprogramm auf. Stellen Sie eine Liste von Romanen oder von Sachbüchern zusammen, die Sie interessieren, und arbeiten Sie diese Liste konsequent ab.

• Fordern Sie sich mit Aufgaben heraus. Egal, ob es das Kreuzworträtselheft ist, ein Schachproblem, Denksportaufgaben, eine Fremdsprache oder Chemiekenntnisse: Sie können immer an dem anknüpfen, was Sie schon (oder noch) wissen und sich ein kleines, überschaubares Lernprogramm aufstellen, um schwierigere Aufgaben zu lösen, Ihre Sprachkenntnisse zu vertiefen oder Ihr Wissen zu vergrößern.

• Nehmen Sie sich vor, im nächsten Vierteljahr drei Menschen neu kennen zu lernen. Machen Sie einen Plan, wie Sie dieses Ziel erreichen können, und setzen Sie Ihre Vorstellungen um.

Sie sehen das Prinzip: Ihre Willenskraft und die Ausdauer, mit der Sie willentlich an einer Sache dranbleiben, steigern Sie, indem Sie sich Herausforderungen suchen, bei denen Sie sich mehr als üblich anstrengen müssen.

Karriere machen

Wenn sie von Karriere sprechen, dann denken die meisten an eine berufliche Laufbahn, an einen Spitzenjob, an Erfolg und viel Geld. Die Hoffnung darauf kann Sie möglicherweise enorm dazu motivieren, sich anzustrengen und sich durch besondere Leistungen auszuzeichnen. Allerdings: Wenn Ihnen die Sache selbst keinen Spaß macht, wenn Sie keine fachlichen Interessen befriedigen und keine persönlich bedeutsamen Werte verwirklichen können, dann werden Sie es schwer haben, in Ihrem beruflichen Aufstiegswillen durchzuhalten – auch dann, wenn Ihnen eine irrationale Überzeugung im Nacken sitzt, wie etwa die Auffassung, dass Sie etwas werden müssen, um kein Nichts zu sein. Nehmen wir also lieber an, dass bei Ihnen entspannt beides zusammenkommt: Ihr Interesse an der Sache, beispielsweise am Finanzwesen, ist groß, und Sie wollen groß rauskommen. Dann wird es Ihnen leicht fallen, das Grundgesetz des Aufstiegs zu akzeptieren: Wenn Sie ganz bewusst und zielstrebig acht Stunden täglich arbeiten, können Sie es zum Chef bringen und dazu, 14 Stunden täglich zu arbeiten. Das ist dann die Krönung des Prinzips »mehr desselben«!

Sich anzustrengen, sich zu fordern, sich über Erfolge zu freuen und die Messlatte das nächste Mal noch ein wenig höher zu legen sind Bestandteile einer gesunden Leistungsmotivation. Im Vordergrund steht dabei das Erleben von Herausforderung und Meisterung. Egal, ob Sie sich vornehmen, eine Stunde täglich zu meditieren, ein schwieriges berufliches Projekt zu übernehmen oder ein Instrument spielen zu lernen: Sie werden es genießen, sich Mühe zu geben und Erfolg zu haben. Sie können auch beschließen, Kunst zu produzieren, ein Buch zu schreiben oder eine Erfindung zu machen. Hoffentlich glückt es Ihnen! Wenn ja, werden Sie den besonderen Genuss haben, den Kreativität mit sich bringt. Aber ist das schon eine Karriere? Nein, dazu gehört mehr. Sie träumen vielleicht von den Buch-Charts im *Spiegel*, die Sie mit Ihrer Erstveröffentlichung noch lange nicht erreicht haben, und Ihr Verleger drängt Sie zu einem neuen Roman, der sich »natürlich« dort platzieren »sollte« – plötzlich erwarten Sie und die anderen etwas. Das Gleiche kann passieren, wenn der Kunstmarkt oder das Patentamt ins Spiel kommen, wenn Geld oder öffentliche Anerkennung winken, wenn Sie vom Amateur zum Profi werden. Sie haben erneut die Chance, auch diese Karriereoptionen als weitere

Sie können mit dem folgenden Fragebogen Ihren beruflichen Stresspegel ermitteln. Kreuzen Sie die zutreffenden Antworten an.

1. Ich habe immer zu wenig Zeit.
   Nein   Ja

2. In den letzten Monaten musste ich besondere Belastungen bewältigen (zum Beispiel einen Todesfall, einen Jobwechsel, eine Trennung).
   Nein   Ja

3. Ich kann vor lauter Gedanken an all das, was ich am Tag nicht geschafft habe, abends kaum einschlafen.
   Nein   Ja

4. Ich habe das Gefühl, dass mir alles über den Kopf wächst.
   Nein   Ja

5. Ich habe einfach nicht die Zeit, um mich einmal zu entspannen.
   Nein   Ja

6. Ich leide im Moment unter den folgenden Symptomen
   Schlafstörungen   Nein   Ja
   Entscheidungsschwierigkeiten   Nein   Ja
   kein sexuelles Interesse   Nein   Ja
   Unaufmerksamkeit, Konzentrationsstörungen   Nein   Ja
   ständige Müdigkeit, Energielosigkeit   Nein   Ja
   Aggressivität und Ruhelosigkeit   Nein   Ja
   Appetitlosigkeit   Nein   Ja
   diffuse körperliche Beschwerden   Nein   Ja

7. Ich muss mich immer selbst um alles kümmern.
   Nein   Ja

8. Als Erstes denke ich morgens an alles, was ich zu tun habe.
   Nein   Ja

9. Ich nehme Medikamente oder trinke Alkohol, um endlich einmal entspannen zu können.
   Nein   Ja

10. Ich habe Angst, beruflich oder privat zu versagen.
    Nein   Ja

Je mehr ›Ja‹ Sie angekreuzt haben, desto mehr stehen Sie unter Stress.

Herausforderungen und zusätzliche Schubkraft zu erleben. Allerdings passiert es nicht selten, dass sich plötzlich bei jemandem Handlungsstörungen ergeben, der vorher noch ganz problemlos unterwegs war. Das neben der Befriedigung fachlicher Interessen ins Auge gefasste Aufstiegsziel führt eine zusätzliche Spannung ein. Sie geben sich dann nicht mehr nur Mühe, weil Ihnen das Spaß macht, sondern weil Sie nach oben wollen, und der Aufstieg kann sich mit Stress verbinden.

Benno startete vor mehreren Jahren seine Laufbahn als Sozialarbeiter. Nach wenigen Jahren übernahm er die Leitung eines Kinder- und Jugendnotdienstes und erwarb sich Anerkennung für sein »Händchen« im Umgang mit den Mitarbeiterinnen und Mitarbeitern. Er engagierte sich in mehreren Trägervereinen, die unterschiedliche soziale Projekte betreuten, und besetzte schnell Vorstandsfunktionen. Er knüpfte Kontakte zu Sozial- und Jugendpolitikern der unterschiedlichsten Parteien in seinem Bundesland und verfügte bald über ein hervorragendes Netzwerk. Sein Fleiß, sein Engagement und seine umfassenden Kenntnisse wurden überall geschätzt. Benno war glücklich und ging in seinen verschiedenen Ämtern und Funktionen auf. Dann wurde er aufgefordert, sich als Geschäftsführer eines Berufsbildungswerks in einem der neuen Bundesländer zu bewerben. Er bekam den Posten, der sehr gut bezahlt wurde. Aber seine Glückssträhne ging zu Ende. Die neuen beruflichen Aufgaben verlangten so viel mehr: Er trug Personalverantwortung für nahezu 800 Mitarbeiter, die nach der Wende nicht alle bleiben konnten. Er hatte Kündigungen auszusprechen, er musste sich in komplizierte sozialrechtliche Fragen einarbeiten, er musste Förderungsmöglichkeiten des Arbeitsamts auftun und sich schließlich auch noch mit baurechtlichen Themen befassen, denn seine Gesellschaft expandierte zunächst unaufhörlich. Benno hatte im Vorstand erstmals auch Gegner, die daran arbeiteten, ihn scheitern zu lassen. Es grauste ihn vor den ständig zu treffenden Entscheidungen, von denen viele unangenehme Folgen hatten. Und die endlosen Meetings, die vielen Termine, die Stapel von Akten! Er fühlte sich oft entschlusslos, verlor seinen Schwung, sprang gelegentlich von einer Aktivität in die andere, ohne Dinge noch zu Ende zu bringen.

Bei einer Karriere im üblichen Sinne sind die Kriterien, die Bahnen und die Stationen des Erfolgs von außen, von anderen vorgegeben. Wenn Sie Deutscher Meister in einer Sportart, wenn Sie Spitzenkandidat einer politischen Partei oder Professorin werden wollen, stets sind die Wege, die Sie zu gehen haben, bereits bekannt, und andere werden beurteilen, ob Sie die erforderlichen Schritte richtig gemacht und die notwendigen Qualifikationen erbracht haben. Ihr Aufstieg ist also etwas anderes als die sprichwörtliche Karriere vom Tellerwäscher zum Millionär, bei der Sie als Selfmademan aus dem Nichts nach ganz oben kommen. »Ganz oben« impliziert dabei schon eine Wertung: Oben ist es besser als unten, oben stehen die, die es geschafft haben, die Elite.

Wenn Sie nach *Exzellenz* streben, nach Selbstverwirklichung oder danach, bestimmte Fähigkeiten zu optimieren, dann geht es um Leistung als Realisierung eines Plans in einem beschreibbaren Gebiet, etwa der Musik, der Quantenphysik oder der Technik des Lackierens. Wenn Sie eine *Karriere* anstreben, dann müssen Sie einen Plan im Bereich des sozialen Bezugssystems umsetzen, in dem Sie aufsteigen wollen.

Hierbei sind neben Ihren fachlichen Vorzügen auch Ihre Fähigkeiten zur Selbstdarstellung und zur Selbstvermarktung gefragt. Ob diese genügen, wird von anderen beurteilt. Karriere in diesem Sinne setzt Erfolg voraus, und Erfolg wird durch die Anerkennung der Bezugsgruppe zugeschrieben. Damit kommt ein Element des sozialen Risikos ins Spiel, das viele durch Anpassung bis hin zur Stromlinienform zu minimieren suchen. Gibt es etwas Trostloseres als auf Flughäfen, im ICE oder in Tagungshotels die Einförmigkeit des Dresscode der Wirtschaftswelt zu betrachten? Viele, die Boss tragen, hoffen, dadurch leichter einer werden zu können.

Bei abhängig Beschäftigten, selbst wenn sie es zum Vorstandvorsitzenden eines weltumspannenden Konzerns bringen, bleibt die anerkennende Instanz außen. Auch die Karrieren der Unternehmer, bei denen scheinbar weniger äußere Instanzen die erfolgreichen Schritte bestätigen, sind längst nicht so binnengesteuert, wie es den Anschein hat.

Die Gefahren bei einer ausschließlichen Karriereorientierung liegen darin, das Erfolgsmodell mit seinen Anerkennungskriterien

- zu sehr zu verinnerlichen, sich also von äußeren Maßstäben abhängig zu machen, und

- es zu generalisieren, ihm also eine bestimmende Funktion für alle Lebensbereiche zu geben.

Nicht alle, die eine Karriere anstreben, erliegen diesen Risiken, aber für viele gilt doch, was Luther so schön in der Bibelübersetzung formulierte: »Was hülfe es dem Menschen, wenn er eine Welt gewönne und nähme doch Schaden an seiner Seele?« Wir kommen hier in den Grenzbereich dessen, was positiv aus »mehr desselben« folgen kann.

Wenn Sie nach Exzellenz streben, danach, herausragende Qualität zu liefern und sich mehr als üblich anzustrengen, dann erhöhen Sie Ihre Chancen auf *Flow-Erlebnisse*. Sobald daraus eine Karriere wird, geraten Sie aus dem Feld des Selbstbestimmten in Bereiche der sozialen Zuschreibung von Macht und Erfolg, die ihren Preis fordern.

Welche Probleme gibt es denn nun? Wir alle kennen aus der Presseberichterstattung die Kollateralschäden des Aufstiegs von Politikern, Wirtschaftsführern oder Sportstars zu ihrer Prominenz. In ihrem Buch *Spuren der Macht. Die Verwandlung des Menschen durch das Amt* hat die Fotografin Herlinde Koelbl über Jahre hinweg die Veränderungen in den Gesichtern führender Politikerinnen und Politiker dokumentiert. Für den Betrachter erschließen sich hinter den rein physiognomischen Veränderungen auch die Belastungen und Strapazen, die jene Verwüstungen erzeugt haben. Immer tragen jedoch auch die Familienangehörigen die Lasten der Karriere mit. Scheidungsdramen, kaputte Familien, Kinder in goldenen Käfigen und *Trophy*-Gattinnen, die ihre Zuflucht im Alkohol suchen, Wohlstandsverwahrlosung in noblen Ghettos. In einer im Jahr 2000 durchgeführten Befragung von 56 Vorstandsvorsitzenden und Vorstandmitgliedern der größten deutschen Unternehmen zum Selbstverständnis von Topmanagern aus der Wirtschaft gaben viele zu, dass einerseits die Familie zeitlich und emotional zu kurz kommt. Andererseits sehen die Wirtschaftsführer gerade in dieser so kurz gehaltenen Familie eine der Hauptquellen für ihre Kraft bei der Arbeit. »Die Familie dient als Quelle der Regeneration, sorgt im Hintergrund für Harmonie und hält den Rücken frei.« So gestählt, kann man erfolgreich sein, und das ist die zweite Kraftquelle: »Der Erfolg, den man als Spitzenmanager erreicht hat, treibt zudem als ›Droge‹ zu neuen Taten!« Zurück bleibt die Ehefrau, die zwar häufig ohne Hoffnung mehr Gleichberechtigung fordert, selbst aber durch Mehrfachprioritäten, mangelndes Zielbewusstsein und die Bereitschaft zur vorschnellen Anpassung zerrissen ist.

Die befragten Manager verfügen über ein Arbeitsethos, das durch »äußerste Selbstdisziplin und strenges Pflichtbewusstsein« gekennzeichnet ist. Allerdings sind viele von ihnen skeptisch in Bezug auf die Frage geworden, was diese Prinzipien als Erziehungsziele noch taugen. Für die junge Generation sehen sie Werte aus dem Bereich der Selbstbestimmung als zunehmend wichtiger an. Vielleicht haben sie am eigenen Leib und in der Familie erfahren, welche fatalen Auswirkungen es hat, wenn alle anderen Werte jenen aus dem Arbeitsleben untergeordnet werden.

Außerhalb der Ebenen der traditionellen Topmanager, auf dem Weg zur Karriere, die jene bereits erreicht haben, stellen sich für junge Leute hingegen andere Anforderungen, die ebenfalls kaum mit dem Familienleben zu vereinbaren sind: Es kommt darauf an, kurzfristig und flexibel zu planen, in Projekten mit wechselnden Teammitgliedern zu arbeiten und schnell funktionale Beziehungen aufbauen zu können. Diese Tugenden sind karriereförderlich, aber nicht kompatibel mit der Art Leben, die sich die meisten jungen Menschen mehr denn je wünschen: stabile, langfristige Partnerbeziehungen mit Kindern.

Während in Schweden junge Manager bereits den von Ronald Inglehart beschriebenen Wandel zu postmodernen Werten praktizieren und statt einer Karriere lieber mehr Zeit mit den Kindern und auf dem Golfplatz verbringen wollen, helfen sich die konfliktbeladenen deutschen Aufsteiger mit einem Coach. Konzerne wie BMW und VW unterhalten eigene Coaching-Zentren. Von 109 befragten Großunternehmen in Deutschland gaben immerhin 78 an, auf externe Coachs zurückzugreifen, um die Karrieren ihrer Mitarbeiter mit System zu fördern. Coaching ist dabei anders als Psychotherapie nicht ergebnisoffen, sondern zentriert darauf, ein vorher festgelegtes Ergebnis zu einem bestimmten Zeitpunkt zu erreichen. Ob es nun um Probleme mit Kollegen, Umgang mit Dauerstress, um einen Auslandseinsatz oder die Übernahme einer neuen Führungsposition geht, das Ziel besteht darin, karrierehemmende Blockaden zu überwinden und bisher ungenutzte Potenziale zu erschließen. Immer häufiger werden allerdings bei Coachings oder in Seminaren auch Methoden aus dem Bereich der Psychotherapie eingesetzt, vielleicht deswegen, weil nur durch Training dem oft vorhandenen Leid nicht beizukommen ist.

Kürzlich sprach mich ein Coach an, der mehrere Führungskräfte eines weltweit agierenden Konzerns betreut. Die Manager waren mit der Frage beschäftigt, ob sie sich auch dann selbst akzeptieren könnten, wenn sie nicht den beruflichen Erfolg als obersten Wert ansetzten. Was sie seit Jahren erlebten, war der Erfolgsdruck. Sie hatten sich an die Prämien für ihre geglückte Arbeit gewöhnt, an die Statussymbole, die ihre Stellung in der Hierarchie des Unternehmens zeigten. Sie arbeiteten hart daran, noch weiter nach oben zu kommen oder ihre Position wenigstens gegen jüngere Konkurrenten zu verteidigen. Würde ihnen das auch noch gelingen, wenn Erfolg nicht mehr ihr oberster Wert wäre? Und welcher andere Wert könnte an seine Stelle treten?

»Karriere ist ein Pferd, das ohne Reiter vor dem Tor der Ewigkeit ankommt«, spottete Karl Kraus. Auch wenn sich bei uns Menschen nicht in vergleichbarem Ausmaß wie in Japan zu Tode arbeiten, so sind die Folgekosten einer ausschließlichen Karriereorientierung, der alle anderen Werte untergeordnet werden, doch erheblich. Wer hoch steigt, kann tief fallen, und dieses Wissen erzeugt Angst. Der Versuch, die Angst durch noch mehr Leistung zu bannen, steigert den Stress und setzt einen Teufelskreis in Gang, bei dem jeder neue Erfolg die Gefährdung durch den unausweichlichen Misserfolg, der irgendwann zu kommen droht, steigert. Vor allem Menschen mit Minderwertigkeitsgefühlen neigen dazu, ihr Gefühl der Unterlegenheit durch besondere äußere Erfolge beseitigen zu wollen. Wenn sie Erfolg haben, können sie ihr labiles Selbstwertgefühl eine Zeit lang stabilisieren. Allerdings sind sie durch den drohenden Verlust von Anerkennung und Aufwertung bietenden Status besonders bedroht, weil dann das abgewehrte Gefühl, eigentlich doch nichts wert zu sein, sich wieder verstärkt bemerkbar machen kann.

| Tipp |

Ihre Karriereorientierung sollte Sie dazu veranlassen, den mit ihr verbundenen negativen Stress möglichst gering zu halten. Legen Sie trotz aller Ängste regelmäßige Pausen und Auszeiten ein. Sorgen Sie dafür, dass Sie täglich mindestens eine Stunde für sich allein haben, in der Woche mindestens einen Tag frei, und machen Sie, gerade wenn Sie sich für unentbehrlich halten, regelmäßig Ferien.

Ihre Karriere verlangt von Ihnen mehr, als nur Leistung zu erbringen. Nach Untersuchungen, die unter anderem beim Computerkonzern IBM durchgeführt wurden, entfallen auf die Qualität der Leistung 10 Prozent, auf das Image desjenigen, der Karriere gemacht hat, 30 Prozent und auf den Grad der Bekanntheit im Konzern 60 Prozent. Mit anderen Worten: Wenn Sie Karriere machen wollen, dann müssen Sie sich selbst vermarkten und dafür sorgen, dass Sie bekannt werden. Das verlangt nicht nur kommunikative Fähigkeiten, sondern auch deren konsequenten Einsatz. Marketing ist eben die Ausrichtung des Angebots an den Bedürfnissen der Abnehmer. Gefällt Ihnen nicht? Tja, geht nicht anders. Wenn Karriere, dann Selbstmarketing. Als Frau haben Sie übrigens nicht einmal in erster Linie wegen der Probleme, Familie und Beruf unter einen Hut zu bringen, Schwierigkeiten beim Aufstieg. Schwerer noch wiegen die Stolpersteine auf dem Karriereweg durch Vorurteile gegenüber Ihrem Geschlecht, die sich auch in schlechterer Bezahlung ausdrücken.

Die richtig große Karriere kann man übrigens nach Befunden der Eliteforscher heutzutage kaum noch durch Bewährung und Aufstieg machen. Vielmehr entscheidet die soziale Herkunft. 80 Prozent aller Führungskräfte in der Wirtschaft kommen einer Studie zufolge aus einer Schicht, der lediglich 3 Prozent der Bevölkerung angehören – und es sind Männer, die Söhne von Unternehmern, Vorstandsvorsitzenden, Staatssekretären. In solchen Elternhäusern erwerbe man die »natürliche Souveränität« in Habitus und Auftreten, die heutzutage den Adelstitel ersetzt. Schlechte Nachrichten also für alle, die darauf vertrauen, dass Leistungen es bringen: Die Schnelligkeit des Studiums, die Qualität des Abschlusses, ja selbst der elitäre Studienort wiege wenig gegen die in der Familie erworbenen und damit zutiefst verinnerlichten Soft Skills, so der Elitenforscher Michael Hartmann von der Technischen Universität Darmstadt nach dem Vergleich der beruflichen Laufbahnen von 6 400 promovierten Akademikern.

Statt nach einer Karriere könnten Sie ja vielleicht nach persönlichem Erfolg streben, den ein Führungskräftetrainer kürzlich so definierte:

»Erfolg = Lebensqualität + persönliche Entwicklung + Spaß«. Zu diesem Verständnis von Erfolg gehört die Ausgewogenheit von beruflicher Laufbahn und privatem Glücksstreben. Das ist sicher dann nicht zu bekommen, wenn die Familie lediglich als emotionales Fitnesscenter betrachtet wird. Stattdessen sind Problembewusstsein, Zielvereinbarungen und Teamfähigkeit gefragt; bewährte Strategien nicht nur für die Firma, sondern auch für das Unternehmen Familie. Die Kunst, erfolgreich zu motivieren und zu kommunizieren, ergebnisorientiert Zusammenarbeit herbeizuführen, Menschen lernbereit zu entwickeln, Ziele zu planen und die erforderlichen Schritte zu tun, ist eine zu wichtige Tugend, um sie nur im Beruf auszuleben.

Teil III

Das Leben neu gestalten

11
Lösungen gibt es viele

»Das Leben ist die Suche des Nichts nach dem Etwas.«
Christian Morgenstern

Wie wäre es mit einer kleinen Denksportaufgabe: Versuchen Sie einmal, die unten stehenden neun Punkte vollständig miteinander zu verbinden, indem Sie vier gerade, zusammenhängende Linien zeichnen, ohne den Stift vom Papier abzuheben (die Lösung steht auf Seite 222). Wir kommen auf diese Aufgabe später zurück!

Erinnern Sie sich noch an die stolzen Worte eines DDR-Potentaten, der angesichts von Perestroika und Glasnost in der damaligen UdSSR meinte, man müsse ja nicht gleich das eigene Haus umbauen, nur weil der Nachbar renoviere. Und wenig später war der gesamte frühere Ostblock dahin! Es kommt also darauf an, rechtzeitig die richtigen Veränderungen vorzunehmen. Wenn in Ihrem Leben die Revolution erforderlich ist, die große Umgestaltung, dann helfen Ihnen kleine Schritte nicht mehr weiter. Ausgangspunkt für einen grundlegendem Wandel Ihrer Überzeugungen oder Ihrer Lebensführung kann ein Gefühl der Sinnlosigkeit sein: Energien dort zu vergeuden, wo nichts zu holen ist. Wenn Sie schon lange auf aussichtslosem Posten kämpfen, wenn Sie sich an hoffnungslosen Projekten abarbeiten, wenn Ihre Methoden nichts bringen, dann kann die Erkenntnis, am Ende zu sein, den besten Anlass für eine Kursänderung um 180 Grad bilden!

Besonders wichtig ist diese komplette Kehrtwende dann, wenn Sie mit der Methode des »mehr desselben« nicht nur nicht weiterkommen, sondern selbst die Probleme schaffen, unter denen Sie anschließend zu leiden haben. Den Unterschied zwischen den beiden grundsätzlich verschiedenen Strategien des Wandels haben Sie bereits im Vorwort kennen gelernt. Hier noch einmal zur Erinnerung: Manche Probleme können Sie mit der Technik, »mehr desselben« anzuwenden, hervorragend lösen. Ist es zu kalt im Zimmer, dann drehen Sie die Heizung auf. Ist es immer noch kalt, drehen Sie weiter auf, bis es Ihnen warm geworden ist.

Es gibt jedoch Probleme, die mit »mehr desselben« nicht zu lösen sind. Nehmen wir an, dass Ihre Zimmerpflanze nicht so wächst, wie Sie es gerne hätten. Sie helfen mit etwas Dünger, die Pflanze wächst nicht, Sie kippen weiteren Nährstoff nach, wieder ohne Ergebnis, ein paar Tage später geben Sie noch einmal einen kräftigen Schuss Chemie dazu – und dann stirbt Ihre Pflanze an Überdüngung: »mehr desselben« als Killerstrategie. Sie haben das, was mit Ihrer Pflanze los war, offenkundig nicht richtig erkannt und deswegen eine falsche Taktik verfolgt. Im menschlichen Verhalten gibt es viele misslingende Lösungen, weil die Probleme falsch eingeschätzt werden. In John Cassavetes Film *Eine Frau unter Einfluss* kommt die Protagonistin aus einer psychiatrischen Klinik zurück in ihre Familie. Sie möchte allen beweisen, dass sie geheilt ist, und ihr Mann beobachtet sie besorgt daraufhin, ob sich noch Symptome der alten Verrücktheit zeigen. Anspannung auf beiden Seiten, also reagiert die Heldin natürlich nervös. Das alarmiert ihren Mann, der jedoch so zu tun versucht, als ob alles in Ordnung sei. Sie bemerkt das und versucht, sich noch mehr zu kontrollieren, verspannt sich also weiter. Er interpretiert ihren zunehmenden Stress als drohendes Anzeichen dafür, dass sie doch nicht gesund sei, und verstärkt seine Bemühungen, alles Beunruhigende zu ignorieren. Am Ende erzeugt der beidseitige Versuch, sich mit »mehr desselben« zu helfen, genau den Zusammenbruch, der vermieden werden sollte.

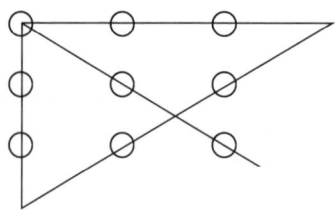

Oben sehen Sie die Lösung der Denksportaufgabe vom Beginn dieses Kapitels. Der Psychologe Paul Watzlawick und seine Mitautoren haben sie in ihrem Buch *Lösungen* als anschauliches Bild verwendet, um zu illustrieren, dass manche Probleme nur dadurch lösbar werden, indem man den Rahmen überschreitet. Die Aufgabe vorhin lautete, alle neun Punkte miteinander zu verbinden, indem Sie vier gerade, zusammenhängende Linien zeichnen, ohne den Stift vom Papier abzuheben. Wenn Sie davon ausgegangen sind, das Problem *innerhalb* des vorgegebenen Quadrats lösen zu müssen, wird es unlösbar. Diese Annahme ist möglicherweise ganz automatisch in Ihrem Kopf entstanden, in der Aufgabenstellung war von ihr nicht die Rede. Sie können die Aufgabe nur lösen, indem Sie den Rahmen des Automatischen und Gewohnten verlassen. Dazu müssen Sie Ihre eigenen Annahmen über die Lösungsmöglichkeiten überprüfen, nicht aber die Lage der Punkte selbst. Sie müssen über das vorgefundene Problem hinaus denken und sich Ihr Konzept der Fragestellung anschauen. Das ist dann die Voraussetzung für eine Lösung zweiter Ordnung, wie Watzlawick sie genannt hat.

Die eigene Handlungsstörung kann in den Ideen stecken, die wir über das Problem haben! Diese Erkenntnis kann einen ziemlich aufrütteln. Sie können diese Einsicht verankern, indem Sie sich des Necker-Würfels bedienen, einer bekannten optischen Täuschung.

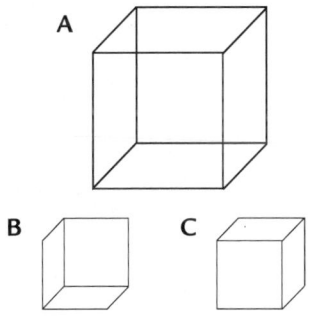

Wenn Sie den Würfel A betrachten, können Sie zwei verschiedene Eindrücke haben: Entweder schauen Sie in ihn hinein wie bei B oder auf ihn, so wie bei C dargestellt. Beide Sichtweisen sind möglich, und beide sind gleichermaßen berechtigt. Wenn Sie den Würfel lange genug anschauen, dann erleben Sie, wie Ihre Wahrnehmung von A nach B umkippt und umgekehrt. Und wenn Sie das Umkippen dieser Figur einmal erlebt haben, können Sie nie wieder naiv sein und entweder die eine oder die andere Sichtweise für allein richtig halten. Ihr Verständnis für Alternativen hat sich ein für alle Mal erweitert.

Beide Beispiele zeigen Ihnen, dass es nicht da draußen die eine, wahre Welt gibt, auf die Sie irgendwelche Problemlösungsprozeduren anwenden. Vielmehr ist es so, dass Sie die Welt durch Wahrnehmung und Vorannahmen konstruieren, die für die Lösung von Schwierigkeiten förderlich oder hinderlich sein können.

Besonders hinderlich sind ideologische Vorannahmen darüber, wie Sie, wie andere Menschen und wie die Welt zu sein haben. Vor allem dann, wenn Sie Ihre Auffassungen über den Soll-Zustand für wichtiger halten als die Informationen über den Ist-Zustand, werden Sie versuchen, Veränderungen an der falschen Stelle vorzunehmen. Wenn Sie also beispielsweise in Ihrer Partnerschaft unzufrieden sind, weil es ab und zu Meinungsverschiedenheiten gibt, dann werden Sie versuchen, Ihren Partner zu verändern, falls Sie der Auffassung sind, dass nur eine Ehe ohne Streit eine perfekte Ehe ist. Ihr Einwirken auf Ihren Partner wird dabei zu genau den Streitigkeiten führen, die Sie beseitigen wollten. Die Lösung des Problems besteht allein im Aufgeben der Überzeugung, dass es eine perfekte Beziehung gibt und dass Sie genau die führen sollten.

Tipp

Wenn Sie mit den Methoden, »mehr desselben« zu tun, nicht weiterkommen, dann wird es Ihnen helfen, wenn die Art und Weise, wie Sie bisher Ihre Welt um sich herum konstruiert haben, irgendwo einen Riss bekommt, durch den Sie dann entweichen können – in eine andere Wirklichkeit, in der sich Ihre Schwierigkeiten unter völlig neuen Blickwinkeln betrachten lassen und eventuell sogar verschwinden.

Grundsätzliche Wandlungen sind ohne Krisen nicht vorstellbar. Zu ihnen gehören häufig bestimmte Symptomatiken, die sich einstellen und darauf hinweisen, dass jemand seinen alten Weg nicht einfach fortsetzen kann. Ängste und Erschütterungen treten auf, bevor neue Möglichkeiten zugänglich werden. Zu ihnen gehört die Aufgabe der Illusion von der vollständigen Kontrolle, die das Ich jederzeit haben kann oder sollte, das Akzeptieren des »Schattens«, wie der Psychoanalytiker Carl-Gustav Jung all das nannte, was uns in Bezug auf uns selbst unangenehm ist, und die Überwindung der extrem überbetriebenen Bedeutung, die wir unserem Ego beimessen.

Das Lebensalter spielt dabei eine wichtige Rolle. In der ersten Lebenshälfte ist »mehr desselben« oft die angemessene Lösung, um das Ich so weit zu stärken, dass es unter den jeweiligen Bedingungen das Leben meistern kann. In der zweiten Lebenshälfte muss das Ich erneut gestärkt werden, um es letztlich zu schwächen – indem es in die Lage versetzt wird, seine Endlichkeit, seine Verletzlichkeit und seine Begrenztheiten anzunehmen. Das Ziel besteht dann darin, mit Angst, Ambivalenz und Ambiguität zu leben, ohne ständig kontrollierend eingreifen zu wollen.

Lösungen zweiter Ordnung erscheinen angesichts der vertrauten Logik des »mehr desselben« häufig als widersprüchlich und unlogisch. Für viele Menschen ist allein schon das erste große Paradoxon der Veränderungen zweiter Ordnung zunächst unvorstellbar: sich mitsamt der Handlungsstörungen zu akzeptieren. Jahrelang haben sie sich gequält, unter Druck gesetzt, haben sich Versprechen gemacht und wieder gebrochen. Immer mehr Druck, immer mehr Selbstablehnung. Und jetzt: all das aufgeben?!

Wir beschäftigen uns im ersten Kapitel dieses Abschnitts mit dem, was sich durch Selbstakzeptanz ändert. Danach geht es darum, alte, hinderliche Überzeugungen zu überwinden und neue, förderliche Einstellungen zu finden. In diesem Teil des Buches werden Sie kaum noch Tipps finden, die Sie einfach anwenden und ausprobieren können. Im Folgenden geht es vielmehr um so etwas wie die Kippfigur von vorhin: Sie gucken sie lange genug an, und das Bild ändert sich. Die Sehhilfen, die Sie dabei kennen lernen werden, sind unter anderem die folgenden:

- Lassen Sie erst einmal alles beim Alten.
- Verschreiben Sie sich Ihr Symptom.
- Legen Sie offen, statt zu verheimlichen.
- Suchen Sie nach Win-Win-Lösungen.
- Ändern Sie Ihren Wahrnehmungsrahmen.
- Limitieren Sie Leidenszeiträume.

Damit bewegen Sie sich in einer Richtung, die Laotse mit den Worten charakterisierte:

»Was du zusammendrücken willst,
musst du erst richtig sich ausdehnen lassen.
Was du schwächen willst,
das musst du erst richtig stark werden lassen.
Was du vernichten willst, das musst du erst richtig aufblühen lassen.
Wem du nehmen willst,
dem musst du erst richtig geben.«

In der Perspektive, die Sie in den folgenden Abschnitten kennen lernen werden, spielt die Neubewertung von Situationen eine ebenso große Rolle wie das Neukonstruieren von Bedeutungszusammenhängen. Zentral ist dabei die Vorstellung, die Tyrannei des Egos zu überwinden, sich also nicht ganz so schrecklich wichtig zu nehmen. Dann wird es leichter, auch die eigenen Vorstellungen und Dogmen nicht länger als Stahlbetonfestungen zu sehen, sondern sie als Sandtürme im Sturm der Zeit zu erkennen. Schließlich können Sie durch ein solches *Reframing* auch die Idee ablegen, dass ein grundsätzlicher Wandel etwas unendlich schwer zu Bewerkstelligendes sei. »Ich glaubte einmal, dass Menschen sich niemals ändern, dass sie sich nur immer ähnlicher werden. Jetzt glaube ich, dass sie nichts anderes tun, als sich zu ändern«, lässt Douglas Coupland in seinem Roman *All families are psychotic* seine Heldin Janet feststellen, deren gesamtes Weltbild sich unter dem Einfluss der Ereignisse verändert hat. »Sie dachte über ihr Leben nach und daran, wie verloren sie sich die meiste Zeit gefühlt hatte. Sie dachte daran, wie alle Wahrheiten, die man sie für wertvoll zu halten gelehrt hatte, unweigerlich mit der Welt, wie sie war, in Konflikt lagen.« (Übersetzung des Autors)

12
Sich akzeptieren

»Ich war es endlich müde, mich fortzuwerfen,
Blumen zu suchen in der Wüste und Trauben
über dem Eisfeld.«

Hölderlin

Wenn Sie sich mehr als bisher akzeptieren, nicht nur Ihre Schokoladenseiten, sondern gerade auch Ihre Handlungsstörungen, dann nehmen Sie Druck aus dem System, statt immer mehr davon zu erzeugen. Sie wissen selbst, wie sinnvoll das sein kann. Denn wenn Ihre Strategien, sich unter Druck zu setzen, wirklich etwas Positives bewirken würden, dann hätten Sie sich schon längst verändert. Und glauben Sie bitte nicht, dass Sie einfach noch nicht genügend Druck aufgebaut hätten. »Wenn ich mich nicht an den Schreibtisch locken kann, dann prügle ich mich eben dorthin«, sagt Jana, »und wenn die Prügel nicht ausreichen, dann brauche ich Tritte in den Hintern« – typisch für das Szenario des Selbstzwangs. Warum also nicht mit mehr Selbstakzeptanz wenigstens einen vorübergehenden Waffenstillstand mit den Vorsätzen schließen, die zu befolgen Ihnen so schwer fällt und gegen die Sie immer wieder verstoßen? Warum sich nicht wenigstens für eine Weile von Idealen freimachen, denen Sie noch nie genügten? Lässt nämlich Ihre Selbstverurteilung nach, dann sparen Sie sich das Grübeln darüber, warum Sie so schrecklich sind. Und damit gewinnen Sie Zeit und einen inneren Spielraum, den Sie anders nutzen können als bisher.

Detlef schildert zwei Probleme, die unlösbar miteinander verschränkt sind: Das eine ist eine katastrophale Unordnung, die in seiner Wohnung herrsche, ein unglaubliches Drunter und Drüber. Unausgepackte Umzugskartons von seinem Einzug vor sieben Jahren stünden noch da, Verpackungsmaterial, Kartons, Bücherstapel auf der Erde, Ordner, Papiere, Unterlagen, elektronische Bauteile, CDs und vieles mehr, alles durcheinander. Das würde ich gerne einmal sehen, aber als ich Detlef frage, ob ich mir das einmal angucken dürfe, winkt er erschrocken ab: Auf keinen Fall, da würde er sich in Grund und Boden schämen, das dürfe niemand zu Gesicht bekommen. Er lasse niemanden in seine Wohnung, treffe sich mit den wenigen Bekannten, die er habe, in Gaststätten oder bei denen zu Hause. Seit zwei Jahren wolle die Hausverwaltung bei ihm einen neuen Herd einbauen lassen. Die Vorstellung sei unerträglich, dass dann Handwerker kämen. Detlef nimmt lieber den Streit mit seiner Hausverwaltung in Kauf und plagt sich mit einem Gasherd herum, der nicht mehr sicher ist und ihn möglicherweise gefährdet, als sich dadurch demütigen zu lassen, dass andere Menschen sein Chaos sehen.

Natürlich ist das eine Projektion: Detlef selbst fühlt sich bereits gedemütigt und unterstellt, dass die Installateure dasselbe Entsetzen verspüren werden, »den Ekel davor, dass jemand so verkommen lebt«, den er tagtäglich empfindet. In Wirklichkeit ist nicht einmal sicher, dass Klempner und Wartungsfachleute, die schon in Tausenden von Wohnungen waren, sich überhaupt für das interessieren, was sie zu sehen bekommen. Und selbst wenn, was können ihre Gedanken oder ihre Äußerungen Detlef schon anhaben? Nein, er fürchtet in ihren Augen etwas zu sehen, was er bereits selbst in seinen eigenen Augen sieht, wenn er in den Spiegel schaut: den unbarmherzigen Blick der Verachtung. Sie wundern sich darüber, dass Detlef nicht aufräumt, die Monteure kommen lässt und die Sache hinter sich bringt? Darüber wundere ich mich auch, aber Detlef *kommt nicht dazu, weil immer so viel anderes los ist.* Detlef hat auch *keine Kraft dazu, kann sich nicht aufraffen.* Einmal hat er einen Anlauf gemacht, aber er fühlte sich wie Sisyphos: Es schien so sinnlos, an einer Ecke anzufangen, weil es *einfach zu viel* ist, nicht zu bewältigen, entmutigend. Er nahm einen Karton mit alten Fotos zur Hand, aber wo sollte er den hinstellen? Detlef hat *keine Vorstellung davon, wie eine Ordnung aussehen könnte.* Ihm fehlt eine Struktur, in die er sein Chaos »hineinsortieren« könnte. Er habe nicht einmal ein Regal, sagt er, oder vielleicht doch, irgendwo auf dem Dachboden, er habe wohl einmal bei Ikea eins gekauft, aber das sei jetzt *bestimmt unauffindbar.* Allein bei dem Gedanken, es zu suchen und an einer Wand aufzustellen, überfalle ihn *panische Hoffnungslosigkeit,* weil ein Regal keinen Damm gegen *ein Universum von Chaos* bilden kann.

Detlef möchte jetzt am liebsten in einer neuen Wohnung ganz neu anfangen. Dieser Wunsch ist bei ihm allmählich zur fixen Idee geworden, er verspricht sich davon eine Art seelischer Wiedergeburt. In seiner Phantasie sitzt er in einer leeren Wohnung, und alles Belastende ist weg, wie ungeschehen. In Wirklichkeit müsste er natürlich umziehen, also die Umzugsleute in die Wohnung lassen, und damit hat er dasselbe Problem wie mit den Monteuren. Also muss er bleiben. Es gibt Entrümpelungs- und Aufräumservices, die die reine Sortierarbeit für ihn erledigen würden, aber was immer Detlef sich ausmalt: Er kommt nicht daran vorbei, dass fremde Menschen seine Müllhalde sehen werden. Und das findet er *unerträglich*.

Stellen wir uns einmal kurz vor, Detlef könnte es akzeptieren, dass er von unaufgeräumten Dingen umgeben ist, ohne diese Situation zu dramatisieren (schauen Sie sich nur einmal alle kursiv gesetzten Äußerungen von ihm an!) und ohne sich dafür zu schämen oder abzuwerten. Dann dürften es alle anderen auch sehen. Würde Detlef sich als krank sehen (und nicht als Versager), dann könnte er auf Mitgefühl hoffen. Würde er sich als Lifestyle-Chaoten akzeptieren (der einfach keinen Standard hat wie: Es muss immer schön aufgeräumt sein!), dann würde er vielleicht von anderen eine ähnliche Liberalität erwarten und käme gar nicht auf den Gedanken, für Unordnung scheel angesehen zu werden. Er könnte sich sogar vorstellen, toll, kreativ, unkonventionell, irgendwie interessant gefunden zu werden. Aber in Detlef steckt ein Kleinbürger, der Law and Order hoch hält, auch wenn er das Gegenteil zu verkörpern scheint. Für ihn gilt das, was Robert Musil über General Stumm von Bordwehr sagt: »Er hatte herausbekommen, dass durch irgendeinen unaussprechlichen Zusammenhang Ordnung zu einem Bedürfnis nach Totschlag führe.« Da Detlef im Inneren durchdrungen ist vom Vorrang der Ordnung und diesem Gesetz nicht genügt, verübt er an sich selbst seelischen Totschlag: durch Isolation, Grübeln, Selbstverachtung und Scham. Alles liegt an jenem vermaledeiten inneren Maßstab, den er höher schätzt als seine Lebenswirklichkeit. Dass er dem Anspruch nicht genügt, erklärt er sich gar nicht, sondern er leidet nur an der Diskrepanz zwischen dem, wie er ist, und dem, wie er sein müsste.

Wenn er *diesen* Ordnungsmaßstab nicht hätte, wäre er glücklicher, weil seine Realität nicht im Widerspruch zu ihm stehen könnte. Wenn er Maß-

stäbe hätte, denen er auch tatsächlich entsprechen würde, wäre er natürlich auch froher. Ein Maßstab, dem er zweifellos gut gerecht werden
könnte, ist der folgende: Unordnung ist auch gut! Detlef protestiert heftig,
als ich ihm das vorschlage. Soll er sich etwa selbst belügen? Das würde er
nicht glauben, nie und nimmer. Ordnung ist gut, Unordnung ist schrecklich. Sie zeigt, dass man sein Leben nicht auf der Reihe hat, und dafür muss
man sich schämen. Man muss sein Leben auf der Reihe haben, sonst darf
man sich nicht akzeptieren. Aber wenn Detlef sich mit seiner Wirklichkeit
identifizieren würde statt mit einem Ideal, dem er nicht entspricht, wäre er
besser dran. Er könnte dann ja immer noch sein Ideal anstreben. Aber er
müsste sich nicht abwerten. Er wäre vielleicht am Punkt Null, das Ideal am
Punkt +5, die Distanz wäre vielleicht groß. Aber er müsste sich nicht im
Minusbereich ansiedeln, er wäre keine *blamierte Unperson*.

– 5	0	+ 5
Unperson		Idealzustand

Er dürfte sich vornehmen, von hier nach dort zu kommen, aber er müsste
sich nicht jeden Tag vorwerfen, dort noch nicht zu sein. Der Punkt des
Akzeptierens ist ein solcher Nullpunkt.

Wenn Sie sich akzeptieren, dann verändert sich Ihr Verhältnis zu Ihren Vorhaben
und zu Ihrer Zeit. Sie werden sich Ihre Handlungsstörungen nicht länger vorwerfen, sondern Ihre Energie in Veränderungen investieren. Und Sie werden es nicht
ständig als tragisch empfinden, dass Sie die Zeit nicht besser nutzen können.

- Sich zu akzeptieren ist das Gegenteil davon, sich fertig zu machen, wenn man
  nicht in Übereinstimmung mit den eigenen Vorstellungen vom richtigen Verhalten gehandelt hat.
- Selbstakzeptanz bedeutet: zugestehen, dass Sie so sind, wie Sie sind – egal, ob
  es Ihnen passt oder nicht –, ohne sich übermäßig aufzuregen.

Wer sein Grübeln akzeptiert, richtet sich unaufgeregt darauf ein, dass er
eben Zeit mit nicht-ergebnisorientiertem Denken verbringt, und wird
danach streben, dies nach Möglichkeit nicht so oft oder nicht so lange zu
tun. Wer sein Überspringen von einer Aktivität zu einer ganz anderen
Sache akzeptiert, regt sich nicht mehr auf, wenn er sich plötzlich bei die-

ser ertappt. Und wer aufgrund seiner Konflikte nicht weiterkommt, wird akzeptierend hinnehmen, dass er nicht ständig kraftvolle Entscheidungen treffen kann.

Hinter dem Versuch, sich durch Vorwürfe und Selbstabwertung auf Trab zu bringen, steckt eine hoch problematische Motivationstheorie, die auf Bestrafung setzt. Diese kann aber höchstens vorübergehend ein bestimmtes einfaches Verhalten unterdrücken, jedoch keine Hilfe dabei sein, neues Verhalten aufzubauen.

Wer einen Flop gelandet hat, dies lediglich konstatiert und zur Fehleranalyse schreitet, damit die Sache das nächste Mal besser läuft, ist in den Augen der Apostel von Schuld und Sühne viel zu lax. Sie wollen, dass Sie sich durch die Mühle der moralischen Selbstqual drehen: »Buß und Reu knirscht das Sündenherz entzwei«, heißt es in der Matthäus-Passion. Wer dem folgt, signalisiert seinem Über-Ich Unterwerfung: Ich habe Mist gebaut, aber ich weiß das und bestrafe mich ja schon selbst. Gelegentlich entstehen aus solchen Unterwerfungsleiden auch Freuden.

Schuldgefühle gibt es in mehreren Ausfertigungen. »Gute« Schuldgefühle helfen Ihnen, sich zu verändern: Sie fühlen sich innerlich wirklich lausig, nachdem Sie beim Kartenspielen Ihre achtjährige Tochter beschummelt haben, um zu gewinnen. Sie beschließen auf der Basis dieses Gefühls, dass Sie so etwas nie wieder tun werden – und halten sich daran. Das Gefühl von Schuld, das Ihnen signalisiert, dass Sie gegen einen Aspekt Ihres Selbstbildes oder Ihrer Moral verstoßen haben, der Ihnen wichtig ist, kann Ihnen zur Veränderung verhelfen. Ein bestimmtes Ausmaß an Unzufriedenheit kann uns motivieren und dazu drängen, etwas zu unternehmen. Unzufriedenheit ist aber etwas ganz anderes als Selbstbeschimpfung.

»Schlechte« Schuldgefühle sind jene, aus denen nichts folgt, außer dass Sie sich schlecht fühlen. Meistens sind dies gar keine echten Schuldgefühle, sondern eine Mischung aus Ärger und Angst: Sie fühlen sich durch Ihre Partnerin eingeschränkt, also haben Sie eine offen erlebte oder latente Wut. Sie rebellieren gegen die vermeintliche Einengung und gehen fremd. Anschließend haben Sie Angst davor, dass Ihr Seitensprung auffliegt und Ihre Partnerin Ihnen die Hölle heiß macht. Daraus generieren Sie neuen Ärger, der Ihnen die Energie gibt, Ihre Amouren fortzusetzen. Bewusst erleben Sie ein diffuses Schuldbewusstsein, ein schlechtes

Gewissen. Wäre partnerschaftliche Treue aber wirklich ein Wert für Sie, dann würden Sie sich schämen. Scham ist das Gefühl, mit dem man reagiert, wenn man gegen seine eigenen moralischen Standards verstößt. Sich herabzusetzen und zu beschimpfen schmerzt natürlich und kränkt das Selbstwertgefühl. Sie erinnern sich bestimmt noch an die hauptsächlichen Quellen für die Bedrohung des Selbstwertgefühls, von denen im Kapitel »Die Problembilanz« die Rede war: Für die meisten Menschen ist die eigene Selbstkritik gefährlicher als das Unverständnis des Partners.

Die gute Nachricht lautet also, dass der meistgefürchtete Kritiker in uns selbst sitzt – dort also, wo wir am leichtesten Änderungen bewerkstelligen können. Wertschätzung der eigenen Person, die an realisierbare Bedingungen gebunden ist, ist das, was Ihnen das Leben leichter machen wird; oder, mit anderen Worten, möglichst uneingeschränkte Solidarität mit sich selbst. Eine vollständig bedingungslose Selbstakzeptanz ist demgegenüber nicht unbedingt etwas Anstrebenswertes, weil sie zu einer Werterelativierung beitragen kann. Sie würden dann mit gutem Gewissen fortfahren, Ihre Tochter beim Spiel zu beschummeln.

Sich zu akzeptieren heißt keinesfalls zu resignieren, alles gut zu finden oder sich keine Mühe mehr zu geben.

Resignieren = sich selbst aufgeben, keinerlei Anstrengungen mehr, Depression, Verzweiflung (Norman Mailer hat in einer hübschen Bemerkung auf den Zusammenhang zwischen Alkoholkonsum und Resignation hingewiesen: »Leute, die Scotch trinken, haben schon aufgegeben.«)

Akzeptieren = wahrnehmen, wie die Lage ist, ohne übermäßige Emotionen, Ziele bestimmen, Handlungen planen und umsetzen

Sich akzeptieren – wie geht das?

»Ich bin, wie ich bin, aber nicht, wie ich sein möchte!«, lässt Fellini in dem Film *Achteinhalb* sein Alter Ego, den Filmregisseur Anselmi, feststellen. Diese Wahrnehmung teilen viele, die sich verändern möchten. Allerdings kann die Einsicht, dass unsere Wirklichkeit nicht mit unseren Wünschen übereinstimmt, emotional sehr unterschiedlich erlebt werden.

Ralf leidet an einer sozialen Phobie: Er fühlt sich unter fremden Menschen unwohl, er ist schüchtern, fühlt sich beobachtet und hat Angst bis zur Panik. Neulich war Ralf zu einer Party eingeladen worden und ging tatsächlich auch hin. Er kannte niemanden und stand mit seinem Glas in der Hand in einer Ecke. Er fühlte sich schlecht, fehl am Platz, er merkte, wie er immer angespannter wurde und wie sein Herzschlag sich beschleunigte. Als er kurz vor einem Schweißausbruch stand, verließ er das Fest, ohne auch nur mit einer Person ein Wort gesprochen zu haben – abgesehen von der kurzen Begrüßung durch die Gastgeber.

Am nächsten Tag war Ralf sehr sauer auf sich. Aber er hatte sich vorgenommen, seine Phobie zu überwinden, und wusste, dass er dazu als erstes eine präzise Vorstellung von seiner inneren Situation brauchte. Dazu verwendete er ein einfaches, aber sehr hilfreiches A–B–C-Schema zur Gliederung von Problemen, das auch Sie in Ihrem Logbuch benutzen können.

Legen Sie einen Ausgangspunkt A *(activating event, activating experience)* fest. A ist ein Ereignis oder eine Situation. Unter B notieren Sie Ihre Gedanken und Einschätzungen über A *(beliefs)*. Diese können mehr oder weniger rational oder irrational sein. sein. Ihre Kognitionen enthalten eine Bewertung, die Sie sich klar machen sollten. Viele einzelne Gedanken zusammen können ein System bilden, eine Überzeugung *(belief system)*. Aus ihnen folgen am Punkt C bestimmte Konsequenzen *(consequences)*, nämlich Gefühle und Handlungen. Diese können Ihnen helfen, Ihre Ziele zu erreichen oder diesen entgegengerichtet sein.

A Nach einer Party

B
1 Niemand hat mich angesprochen
2 Ich bin völlig unattraktiv
3 Typisch, dass ich auf niemanden zugegangen bin
4 Mit mir ist einfach nichts los
5 Ich bin ein Langweiler

C
Gefühle: niedergedrückt
Verhalten: vor mich hin schmollen

Dass bei dieser Art des Denkens nicht viel Gutes herauskommen kann, wurde noch viel klarer, als Ralf daran ging, seine Gedanken zu bewerten:

A Nach einer Party

B

1 Niemand hat mich angesprochen, *wie blöd!*

2 Ich bin völlig unattraktiv, *das ist schrecklich!*

3 Typisch, dass ich auf niemanden zugegangen bin,
   das traue ich mich nie, und das finde ich ätzend!

4 Mit mir ist einfach nichts los, *das sollte anders sein!*

5 Ich bin ein Langweiler, der nie eine Freundin finden wird,
   und das ist furchtbar!

C

Gefühle: Ärger (aus B1, B3), Selbsthass (aus B2, B4, B5)

Verhalten: vor mich hin schmollen, sich Vorwürfe machen

Über unsere Reaktionen in einer Situation A können wir natürlich nachdenken, womit wir neue Gefühle und Reaktionen erzeugen. Als sich Ralf fragte, wie er seinen Ärger und seinen Selbsthass erlebte, ergab sich das folgende Bild:

A Mein Schmollen, meine Selbstvorwürfe

B

1 *Ich finde es richtig,* dass ich mir Vorwürfe mache, wenn ich mich
   so blöd anstelle.

2 *Es wäre mir lieber,* wenn ich das lockerer nehmen würde.

3 *Es ist einfach bescheuert,* sich so hängen zu lassen.

4 Eigentlich bin ich eine ziemliche Niete, *und das finde ich blöd!*

C

Gefühle: Stolz (aus B1), Ärger (aus B3, B4)

Verhalten: grübeln, fernsehen, sich ablenken

Nun konnte Ralf deutlich sehen, wie seine Selbstabwertung und Selbstbestrafung direkt aus seinen negativen Gedanken entstanden.

Wie kann Ralf zu mehr Selbstakzeptanz kommen? Auf mehreren Wegen, von denen zwei besonders wichtig sind:

- Ralf muss Einsicht bekommen in die Beliebigkeit seiner negativen Wertungen, die keine andere Basis haben, als dass er sie zu sich sagt.
- Ralf muss sein negativ getöntes inneres Selbstgespräch ersetzen durch positive Äußerungen, die sein Selbstvertrauen erhöhen.

Dass Wandel nur durch Einsicht möglich ist, ruft immer wieder Erstaunen hervor. Jonathan Franzen schreibt in seinem Buch *The Corrections* (Übersetzung des Autors, Hervorhebung im Original):

»Und wenn das Ereignis, die große Veränderung in deinem Leben, einfach nur eine Einsicht ist – ist das nicht seltsam? Dass sich absolut nichts ändert, außer dass du die Dinge anders siehst, und als Ergebnis davon bist du weniger ängstlich, weniger besorgt und ganz allgemein stärker: Ist es nicht erstaunlich, dass sich ein vollständig unsichtbares Ding in deinem Kopf wirklicher anfühlen kann als irgendetwas, was du vorher erlebt hast? Du siehst die Dinge klarer, und du *weißt*, dass du sie klarer siehst.«

Sie finden im Folgenden einen Auszug aus Aufzeichnungen, die Ralf gemacht hat. Sein Ziel dabei war es, mit Hilfe des Sokratischen Dialogs seine herabsetzenden Überzeugungen zu modifizieren. Bei dieser Methode werden – ausgehend von der eigenen Erfahrung – die Schlussfolgerungen, die man zieht, kritisch hinterfragt. Ralf hatte dieses Verfahren durch ein Seminar an der Volkshochschule kennen gelernt und es sehr nützlich gefunden (Sie können im Internet ein paar anschauliche Sokratische Dialoge nachlesen, so beispielsweise einen amüsanten zu Fragen des Tennisspiels, des besten Clubs, der besten Spieler, Trainer und Platzwarte unter www.roehrner.de/seiten/Philosophie/Sokratischer%20Dialog.html und einen ernsthaften über Wahrheit und Glaubwürdigkeit unter: www.denkmal-nach.de/html/doc75.htm.)

Die Leitfragen dieser Methode, mit denen auch Sie Ihre negativen selbstbezogenen Gedanken überprüfen können, lauten:

- Ist das wahr, was Sie denken?
- Angenommen, es ist wahr, was dann?
- Was tut dieser Gedanke für Sie?

Ralf findet, dass seine Selbstablehnung besonders deutlich in dem Gedanken »Ich finde es richtig, dass ich mir Selbstvorwürfe mache, wenn ich mich so blöd anstelle« zum Ausdruck kommt. Also nahm er sich den vor.

»*Ist es wahr, dass ich mir Selbstvorwürfe machen muss?* Nein, ich muss nicht, aber ich finde es richtig, das zu tun. Wenn man sich blöd anstellt, kann man sich doch nicht einfach auf die Schulter klopfen und sagen, Okay, weiter so, war echt gut! *Ist es wahr, dass man das nicht zu sich sagen kann?* Nein, ich kann mir durchaus vorstellen, dass manche Leute sich sagen: Es endete zwar blöd, aber besser so, als wenn ich – wie sonst üblich – gar nicht erst hingegangen wäre. Aber mir kommt es vor wie eine Art mich selbst zu belügen. *Ist das wirklich eine Lüge?* Nein, stimmt eigentlich ja: Ich hätte mich auch drücken können, aber ich bin hingegangen. Also habe ich mich jedenfalls nicht total blöd angestellt, sondern auch was Gutes getan. *Ist es richtig, sich Selbstvorwürfe zu machen und das, was gut war, auszublenden?* Nee, das scheint mir jetzt eher dumm zu sein. (Ich merke gerade, dass ich schon wieder anfange, mich fertig zu machen, jetzt dafür, dass ich so dumme Gedanken habe!) *Was meine ich eigentlich mit richtig?* Es scheint mir in Fleisch und Blut übergegangen zu sein, mich runterzuputzen, wenn ich nicht so bin, wie ich sein möchte. Aber nur weil das bislang immer so war, heißt das ja nicht, dass es auch richtig ist. *Was tut der Gedanke eigentlich für mich?* Mein Ziel ist es, meine Angst vor anderen Menschen zu verlieren. Trägt meine Selbstablehnung dazu bei? Natürlich nicht. Ich bekomme durch sie auch nicht mehr Energie, mehr Zuversicht oder mehr Lust, etwas zu riskieren. Wie denn auch? Komisch, ich denke gerade, dass die Selbstablehnung und die Tatsache, dass ich sie richtig finde, mein Problem eher am Leben erhält, anstatt mir bei der Lösung zu helfen. Ich bin zur Party hingegangen, was ein guter Schritt war. Ich habe es einige Zeit ausgehalten, ich habe mich meiner Angst gestellt, aber dann, zu Hause, brate ich mir eine rüber. Das baut meine Angst nicht ab, sondern damit ziehe ich mich runter. Das war bisher immer so. Wie eine schlechte Angewohnheit. Also kann ich mir das sicher auch abgewöhnen.«

Ralf ist nach dieser Argumentation nicht mehr so sicher, dass es wirklich richtig ist, sich selbst zu verurteilen. Und dann fällt ihm plötzlich eine Bekannte ein, Roswitha. Er greift wieder zum Stift:

»Ich muss gerade an Roswitha denken, die ist auch total schüchtern und traut sich nirgendwo hin. Ich würde aber nie auf den Gedanken kommen, ihr zu sagen: Hey, Roswitha, du benimmst dich einfach bescheuert, und du musst dir Vorwürfe machen, damit du dich änderst. Quäl dich doch mal ein bisschen, damit du vorankommst! Ich bin überzeugt davon, dass Vorwürfe Roswitha nicht helfen würden. Eigentlich glaube ich auch nicht, dass Menschen mit einer sozialen Phobie überhaupt durch Vorwürfe motiviert werden können. Nur bei mir, da erschien es mir bis heute ganz natürlich zu sein, mich auch noch zu demütigen. Etwas in mir möchte jetzt am liebsten sagen: Na gut, für Roswitha ist das nichts, für die anderen auch nicht, aber für mich ist das gut. Als ob ich die ganz harte Tour brauche. So ein bisschen was davon steckt immer noch in mir drin. So, als ob es zwei Sätze von Spielregeln geben soll, einen für mich und einen anderen für die anderen. Die harten Regeln für mich und die liberalen für die anderen. Als ob ich die Strafe verdiene, und Mitgefühl und Verständnis nur für die anderen da sei. Okay, das kommt mir jetzt wirklich nicht richtig vor. Ich schreibe mal versuchsweise auf: »Ich finde es nicht richtig, dass ich mich selbst beschimpfe. Ich habe es auch so schon schwer genug.« Klingt gut.

Ich will so bleiben, wie ich bin – oder doch nicht?

Die Ironie der Verhältnisse ist ausgerechnet durch die Werbung für Diätlebensmittel auf die Spitze getrieben worden: Eine dünne, aber attraktive Frau, die dem gängigen Schlankheitsideal entspricht (dem lediglich 10 Prozent der Frauen nahe kommen), swingt gut gelaunt durch die Welt und betrachtet zufrieden ihr Spiegelbild in den Schaufensterscheiben. Unterlegt ist die Szene mit den Worten: »Ich will so bleiben, wie ich bin«, und beruhigend antwortet eine Stimme aus dem Off: »Du darfst« – vorausgesetzt, die Schaufensterscheiben-Dame ernährt sich mit der beworbenen Magermargarine, dem kalorienreduzierten Käse und der fettarmen Wurst. Diese Werbung suggeriert natürlich allen Übergewichtigen, dass auch sie aussehen können wie die Dünne, falls sie die richtigen Produkte kaufen. Das Problem der Dicken entspricht jedoch in Wirklichkeit genau dem Wunsch, der dem TV-Modell in den Mund gelegt wurde: Auch sie wollen so bleiben, wie sie sind – und gleichzeitig auch nicht.

Worum es sich bei Übergewicht wirklich handelt, ist, sich selbst zu belügen und diese Tatsache zu verdrängen. Man hat eine richtige Einsicht, nämlich die, dass Sahnetörtchen dick machen. Das glaubt man immer dann zu circa 50 Prozent, wenn man nicht im Café sitzt. Im Ernstfall, Auge in Auge mit dem Dickmacher, glaubt man es nur noch zu 5 Prozent. Zu 95 Prozent aber ist man dann davon überzeugt, dass man dieses Sahnetörtchen jetzt unbedingt, sofort und auf der Stelle ganz und gar aufessen muss und dass dieser eine Leckerbissen folgenlos bleiben wird.

Wir alle verhalten uns in bestimmten Bereichen unseres Lebens so: Auch wir wollen schlank sein, aber nicht unbedingt weniger essen. Wir wollen entschlusskräftiger werden, aber nicht die damit verbundene Angst auf uns nehmen. Wir wollen ein abenteuerliches Leben führen und etwas erleben, aber nicht die Sicherheit aufgeben, die uns so vertraut ist.

Diese Konflikte scheinen zum Leben dazuzugehören. Es gibt keine allgemeinverbindlichen Lösungen für sie. Wir leben mit ihnen und dürfen wirklich auch so bleiben, wie wir sind. Wir müssen dann zwar die nachteiligen Folgen unserer Lebensführung hinnehmen, aber wir müssen uns allein deswegen nicht ändern. Den Aposteln einer bestimmten Lebensführung gefällt aber gerade das nicht. Sie machen Druck in die Richtung, die ihrer Mission entspricht, und vermitteln Ihnen, dass Sie *auf eine bestimmte Weise* leben sollen. Sie raten Ihnen dazu, sich mehr zu bewegen, gesünder zu essen, sich mehr zu entspannen, mal über Ihren Schatten zu springen, einen Erlebnisurlaub zu buchen, um aus dem Alltagstrott auszubrechen, durch einen Seitensprung Ihr Liebesleben zu bereichern. Sie geben Ihnen zu verstehen, dass Sie unakzeptabel sind, wenn Sie das nicht tun.

Angebliche Experten können großen Einfluss gewinnen, weil sie sich mit Ihrer Unzufriedenheit verbünden. Denn es stimmt ja, dass Sie mit Ihrer Figur, mit Ihrer Trägheit, mit Ihrem Gegrübel und Ihrem ewigen Aufschieben nicht zufrieden sind, oder? Ihre Unzufriedenheit und Ihre Verliebtheit in Ihr Ideal-Selbstbild machen Sie anfällig für die Predigten der Anbieter von Fitnessstudios, der Autoren von Ratgeberbüchern und der Vorbeter von irgendwelchen Wunderdiäten. »Seien Sie vorsichtig, wenn Sie Gesundheitsratgeber lesen. Sie könnten an einem Druckfehler sterben«, warnte Mark Twain. Aber Sie wollen sich doch schließlich verändern, oder etwa nicht? Haben Sie sich nicht deswegen auch dieses Buch gekauft? Bücher können tatsächlich Meilensteine auf dem langen Weg zur Weisheit sein – oder auf dem kurzen zum Verrücktwerden. Skepsis und Vorsicht sind immer dann angebracht, wenn die Lebensführungsexperten Ihnen das Blaue vom Himmel versprechen oder anfangen, Druck zu machen. Davon erzeugen Sie im Zweifel bereits selbst genug. Besser ist, Sie versuchen es mit dem sanften Weg zur Veränderung, bei dem Sie davon ausgehen, dass Sie – wenn alles nicht klappen sollte – zur Not auch so bleiben könnten, wie Sie sind. Sie dürfen das nämlich. Dann sind Sie immer noch ein *Small Winner*.

Akzeptieren Sie sich selbst, so wie Sie sind, mit allen Ihren guten und schlechten Gewohnheiten – einschließlich Ihrer Unzufriedenheit. Wo steht geschrieben, dass Sie nicht unzufrieden sein dürfen? Es ist allerdings wichtig, die eigene Unzufriedenheit nicht durch den Vergleich mit irgendwelchen angeblichen Normen oder Idealen noch zu steigern.

Sigmund Freud sah als Ziel einer Psychotherapie die Beseitigung neurotischen Elends. Übrig bliebe dann das normale, alltägliche Unglück. Zu diesem Rest gehört sicher auch eine bestimmte Unzufriedenheit. Wichtig ist es also zu lernen, mit ihr zu leben und umzugehen, statt sich an ihr aufzureiben.

Ganz entspannt im Schlendrian

Man muss nichts schaffen. Es wäre töricht anzunehmen, dass ausschließlich diejenigen gut ankommen, die rührig sind. Die Journalistin Christiane Peitz hat einem ganz anderen Typ ein Kompliment gemacht, als sie nach einer Begegnung mit einem amerikanischen Schauspieler die trostreichen Worte für alle Oblomows dieser Welt schrieb: »Unwiderstehlich, diese Kunst zu verlieren. Diese Tatenlosigkeit. Der komplette Mangel an Ehrgeiz. Die bequeme und doch unkorrumpierbare Haltung. Ein Mann ist nicht, was er tut, sondern was er ist. Ziemlich sexy, so ein Typ: Sollen die anderen Action machen, es gibt Wichtigeres.« Irgendwie beruhigend.

In diesem Kapitel möchte ich Ihnen vorschlagen, sich versuchsweise einfach auf die Seite der stärkeren Bataillone zu schlagen und zu akzeptieren, dass sich bei Ihnen meistens Kräfte durchsetzen, die Sie bisher nicht bejahen konnten.

Nehmen wir einfach mal an, dass etwas in Ihrem Unbewussten stets dafür gesorgt hat, dass Sie nicht das erreichen, was Sie wollten. Gegen unbewusste Kräfte anzukämpfen ist nicht nur aussichtslos, sondern auch unklug, weil Sie dadurch nichts über die Natur der Gegenkräfte erfahren. Wenn Sie sich jedoch mit dieser Seite in Ihnen verbünden (und damit Verantwortung übernehmen), dann können Sie – statt folgenlos zwischen dem, was richtig wäre, und dem, was Sie ohnehin tun werden, zu pendeln, – daran arbeiten, sich vorübergehend im Schlendrian wenigstens komfortabel einzurichten. Sie zerreiben sich nicht mehr im Konflikt, sondern vereinfachen ihn radikal, indem Sie davon ausgehen, dass das, was sich bisher durchgesetzt hat, auch weiterhin siegen wird. Sie beziehen klar Stellung und sagen sich und anderen: Ich werde auch weiterhin unvernünftig handeln, grübeln, trödeln, mein Leben verpassen und aufschieben. Auch Ihre kleinen Fluchten in andere Aktivitäten als die eigentlich vorgesehenen, die Ausflüge ins folgenlose Grübeln, das Verharren im Jein: Akzeptieren Sie all das einmal, versuchsweise, vorübergehend. Sie schaffen sich damit eine Waffenstillstandszone, statt weiterhin mit sich im Krieg zu liegen.

Dieses Moratorium können Sie später nutzen, um für die Zukunft zu entscheiden, ob Sie sich vielleicht künftig doch mehr anstrengen wollen. Jetzt aber hätte das keinen Sinn.

Sie werden mit dieser Haltung von Ihrem schlimmsten Gegner zu Ihrem eigenen Therapeuten. Denn nur weil Sie vielleicht schon lange mit Ihren Handlungsstörungen leben, heißt das ja noch nicht, dass Sie deren Hintergründe auch verstanden haben. Wenn Sie zu einem Psychotherapeuten gingen, würde sich der Rahmen, den Sie um das Problem gelegt haben, verändern. Sie würden damit eingestehen, dass Sie allein nicht weiterkommen. Vielleicht würden Sie sich in der Praxis Ihres Behandlers auch unter Druck setzen und herabwürdigen. Mein Kollege würde Sie immer wieder darauf hinweisen, dass Sie Ihre Lage damit nicht verbessern, aber zu allem Überfluss Ihre Stimmung noch weiter verschlechtern. Das würde Ihnen einleuchten, und Sie würden die Selbstanklagen allmählich weglassen. Was würden Sie danach tun? Wahrscheinlich würden Sie von Ihren Ängsten sprechen, davon, was alles Schlimmes passieren würde, wenn Sie sich nicht bald veränderten. Der Therapeut würde Ihnen helfen, einige dieser Befürchtungen zu relativieren, und Sie bei anderen auffordern, sie zu spezifizieren. Aus Ihren Einfällen und aus der zunehmenden Kenntnis Ihrer Lebensverhältnisse und der Art, wie Sie Ihre Erfahrungen verarbeiten, würde im Laufe der Zeit deutlicher werden, welche Dynamik sich zwischen Ihnen, Ihren wichtigsten Bezugspersonen, Ihrer Lebensgeschichte und Ihren Zielen entwickelt hat. Sie würden Ihre inneren Blockaden und Hemmungen besser verstehen und begreifen, dass alles sich so ergeben hat, wie es ist, weil alle Gründe dafür vorhanden waren. Dinge in dieser Welt passieren, wenn die notwendigen und hinreichenden Bedingungen gegeben sind. Ihr *jetziger* Wunsch, dass es *damals* hätte anders laufen sollen, gehörte seinerzeit nicht zu den Bedingungen. Mit dieser Einsicht würden Sie sich mehr als je zuvor akzeptieren. Das Therapiezimmer ist ein Möglichkeitsraum. Sie würden dort immer wieder zur Sprache bringen, welche Chancen Sie mit Veränderungen verbinden. Ihre *gegenwärtigen* Wünsche, etwas zu erledigen, Ihr Wille, *künftig* etwas zu erreichen, würden jetzt auf einer ganz anderen Ebene als früher wieder ins Spiel kommen. Sie hätten nicht mehr das Gefühl, etwas erreichen zu *müssen*, um die »Sünden« der Vergangenheit ungeschehen zu machen, sondern wären bereit, Ihre Ziele neu zu bestimmen und diejenigen, die Ihnen wirklich etwas bedeuten, umso intensiver anzustreben. Die Therapie würde es Ihnen ermöglichen, auf der Basis einer vertieften Selbsterkenntnis dort Wahlfreiheit zu erleben und Entscheidungen zu treffen, wo Sie sich vorher ergebnislos und erschöpft nur getrieben und verzweifelt gefühlt haben.

Tipp

Treten Sie sich selbst akzeptierend und respektvoll gegenüber, mit dem Wunsch, sich besser zu verstehen. Das braucht Zeit und einen Freiraum, in dem Sie Hintergründe Ihrer Handlungsstörungen und alternative Möglichkeiten erforschen können. Am besten geht das, wenn Sie sich nicht unter Druck setzen.

Nutzen Sie die unten aufgeführten, hilfreichen Techniken, um sich den Klärungsprozess zu erleichtern.

Weniger desselben

»Weniger desselben« sieht aus wie das genaue Gegenstück zu »mehr desselben«: Es ist zu heiß im Zimmer, also drosseln Sie die Heizung. Bezogen auf Handlungsstörungen gehört »weniger desselben« jedoch zu den paradoxen Techniken, weil es zunächst so unlogisch erscheint, dass man durch ein Nachlassen des Drucks, ein Weniger an Selbstdisziplin und einer geringeren Selbstkontrolle seine Ziele erreichen können soll. Aber Sie können es ja selbst ausprobieren. Statt sich immer wieder neu anzutreiben, können Sie sich gestatten, für die nächste Woche, den nächsten Monat oder die nächsten Jahre so wie bisher weiterzumachen.

Sobald Sie aus einem Verhalten, das Sie sich verboten haben, eines machen, das Sie sich gestatten, entfallen der sinnlose Kampf und die Schuldgefühle. »Man ist unzufrieden mit seiner Lage; man denkt unaufhörlich daran, sie zu ändern, und fasst einen Vorsatz nach dem andern, ohne ihn auszuführen; endlich gibt man es auf – und mit einem Mal hat man sich umgedreht! Eigentlich müsste man sagen, man ist umgedreht worden. Nach keinem anderen Muster handelt man sowohl in der Leidenschaft als auch in den lange geplanten Entschlüssen«, lässt Robert Musil seinen Mann ohne Eigenschaften feststellen.

Es kann natürlich auch sein, dass Ihre innere Opposition sich gegen Ihre neue, liberale Haltung richtet. Dann werden Sie vermutlich ranklotzen und das schaffen, was Sie sich vorgenommen haben.

Carlo hatte sich vorgenommen, am Ende der Neun-Uhr-Nachrichten zum Telefon zu greifen und seinen ersten Kundenkontakt herzustellen. Sobald der Verkehrslagebericht vorbei war, nahm Carlo jedoch keinesfalls einfach den Hörer auf, sondern schaute fasziniert dem intensiven inneren Kampf zu, der in ihm tobte. »Verrückt«, so beschrieb er seine Lage, »ich sage mir: Nun heb schon den Hörer ab und wähle die Nummer, aber dann krieg ich den Arm einfach nicht hoch. Ich stelle mir vor, wie bei der Bank, in der ich anrufen will, Hektik herrscht, wie unwirsch man mich abfertigen wird, und sage mir, dass es noch zu früh ist, da anzurufen. Ich könnte woanders anrufen, aber auch dort wird es zu früh sein. Montags um 9 Uhr morgens ist es einfach zu früh, um Geschäfte einzufädeln! Um 10 Uhr wäre es besser, aber bis dahin hätte ich schon drei Anrufe machen sollen, stattdessen nichts, niente, null. Um 10 ist meine Stimmung schon im Eimer, und ich kann dann nicht beschwingt und erfolgsorientiert am Telefon rüberkommen. Also kann ich es auch gleich ganz lassen. Und so gerät der Plan aus den Fugen, noch ehe es losgegangen ist.«

Ich beruhige Carlo und sage ihm, es sei gut, dass er den Ablauf der Ereignisse so genau beobachtet habe, das sei bereits ein wesentlicher Schritt der Veränderung. Er solle einfach ungefähr sechs Wochen genauso weiter machen, aber täglich auf keinen Fall mehr als drei Anrufe einplanen, von denen der erste keinesfalls vor 11 Uhr liegen dürfe. Für eine positive Veränderung sei es entscheidend, dass Carlo sich genau an diese Anweisung halte.

Carlo fühlte sich in der ersten Woche entlastet, in der zweiten auch. Die drei Anrufe machten ihm keine Mühe, und weil er entspannt war, war er auch erfolgreich.

Symptome verschreiben

Es gibt eine berühmte Anekdote über einen der Großmeister der Psychotherapie, Milton Erickson. Eine schwer übergewichtige Dame kam zu ihm und erbat seine Hilfe, um endlich abzunehmen. Sie wog 85 kg, und ihr Ziel war es, auf 55 kg herunterzukommen. Bislang hatten alle Diäten versagt. Erickson verbürgte sich für den Erfolg seiner Behandlung, aber ließ sie wissen, dass sein Vorschlag ihr nicht gefallen würde. Er verpflichtete seine Klientin darauf, auf jeden Fall das zu tun, was er ihr auftrug, und sie versprach es. Nachdem sie feierlich ein Abkommen geschlossen hatten, trug er ihr auf, dass sie in den nächsten zwei Wochen 5 Kilo *zunehmen* sollte, um anschließend das Abnehmen zu beginnen. Die Dame, die wie alle Übergewichtigen *eigentlich* essen wollte, war zunächst sehr erleichtert, weil sie nach Ericksons dramatischer Einleitung eine besonders radikale und grausame Methode des Nahrungsentzugs erwartet hatte. Also aß sie, da es ja jetzt auch noch der Therapie nützte, und erreichte ihr Ziel. Beim nächsten Termin bestand Erickson auf weiteren 5 Kilo Gewichtszunahme, da das Abnehmen sonst keinen Sinn hätte. Diesmal fand die Klientin das nicht mehr lustig, aber Erickson war unnachgiebig. So ging es weiter, die Dame wurde immer dicker und unglücklicher und beschwor Erickson, er möge ihr endlich erlauben abzunehmen. Was dieser großmütig gestattete, nachdem sie 110 kg schwer geworden war.

Durch Symptomverschreibung statt Vermeidung haben Sie stets einen Gewinn: Sie verlieren das schlechte Gewissen, oder Sie erreichen Ihr Ziel. Verordnen Sie sich Ihr Grübeln, verschreiben Sie sich Übersprünge von einer zur anderen Aktivität. Sie fühlen sich nicht motiviert: Kein Problem, schreiben Sie sich vor, Ihre Motivation vollständig zu reduzieren. Sie neigen zum Katastrophendenken? Gut, machen Sie mehr davon. Wenn Sie gerne träge sind, dann verordnen Sie sich, den nächsten Urlaub gänzlich im Bett zu verbringen.

Alternativen schaffen

Jeder, der Handel und Wandel treibt, kennt das Problem: Sie haben ein Fachgeschäft, sagen wir einmal für Delikatessen, und Sie haben verschiedene Olivenöle im Angebot. Das eine bieten Sie für 9,90 Euro an, das andere kostet 19,90 Euro. Das günstigere Öl hat einen Umsatzanteil von 80 Prozent, das teurere von 20 Prozent, und Sie würden gerne mehr von dem teureren verkaufen, weil bei dem Ihre Gewinnspanne auch größer ist. Sie haben es schon mit einer Preissenkung versucht, aber das hat nichts gebracht. Die Lösung besteht darin, ein noch teureres Olivenöl zusätzlich anzubieten, sagen wir eins für 27,90 Euro. Für Ihre Kunden verändert sich durch diese dritte Alternative die bisherige Relation von teuer und preisgünstig vollständig: Das Öl für 27,90 Euro stellt eindeutig die Luxusklasse dar, die vielleicht 2 Prozent Ihrer Kunden wählen. Das 9,90-Euro-Öl wirkt aber nun plötzlich billig, und nur noch 22 Prozent der Käufer entscheiden sich dafür. Der Umsatzanteil Ihres 19,90-Euro-Öls liegt bald stabil bei 76 Prozent.

Im Seelenleben kann eine ähnliche Ökonomie walten.

Jeanette, die unter großen Entscheidungsproblemen leidet, plagt sich unter anderem seit zwei Jahren mit einer Anschaffung herum: Sie sucht ein neues Bett. Jeanette ist sehr, sehr sparsam, und deswegen kommt eigentlich nur etwas vom Discounter in Frage, so für ungefähr 400 Euro. Dabei müsste sie vom Design her Abstriche machen, und das würde sie schmerzen. Aber das schicke Bett, das sie in einem italienischen Einrichtungshaus gesehen hat, ist leider dreimal so teuer. So viel Geld will sie nicht ausgeben. So schaut sie weiter, und schwankt immer wieder zwischen den beiden Alternativen billig und nicht so schön oder schick und teuer. In die Sache kommt Bewegung, als Jeanette mit einer Freundin spricht, die auch ein Traumbett vor Augen hat. Das steht im Betten-Spezialfachgeschäft, sieht gut aus, wie Jeanette zugeben muss, und hat darüber hinaus Features, an die sie noch nie gedacht hat, zum Beispiel jede Menge Verstellmöglichkeiten. Man muss nicht einmal aufstehen, sondern kann sich auf Knopfdruck in immer bequemere Lagen bringen lassen. Dieses Bett kostet weit über 3 000 Euro. Jeanette findet den Preis astronomisch, aber die Tatsache, dass ihre Freundin bereit ist, ernsthaft darüber nachzudenken, so viel Geld für ein Bett auszugeben, kann sie nicht einfach ignorieren. Durch diese dritte Alternative erscheint ihr eine Investition von 400 Euro zunehmend knausrig sich selbst gegenüber. So ein billiges Bett muss sie sich wirklich nicht zumuten.

Offen legen statt verheimlichen

Anspannung kommt nicht von den Problemen alleine, sondern durch den Versuch, sie geheim zu halten. Dahinter stecken meistens Scham und die Angst, dass die anderen einen belächeln, verspotten und verachten werden. So spaltet man sich auf in eine »öffentliche« Seite, die die Leute sehen dürfen und sollen, und eine private, die man für sich behält. Für manche geht es aber noch weiter: Da man sich vor sich selbst schämen kann, entsteht für sie die Notwendigkeit, die belastenden Schwierigkeiten auch vor sich selbst zu verbergen. Das Unbewusste erledigt diese Arbeit mit dem Mechanismus der Verdrängung. Leider werden dadurch die Probleme gar nicht mehr lösbar, sie verschwinden lediglich aus dem Blickfeld.

Wenn Sie sich entspannen wollen, dann sollten Sie den Prozess umkehren und Menschen Mitteilung von Ihren Schwierigkeiten machen. Jeder weiß, dass der erste Schritt aus der Alkoholkrankheit mit dem Eingeständnis beginnt, Alkoholiker zu sein. Auch der Weg aus Handlungsstörungen kann dadurch erleichtert werden, dass Sie diese Schwierigkeiten eingestehen. Es geht dabei nicht darum, wahllos allen möglichen Leuten Ihre Probleme aufzudrängen, und es ist auch nicht unbedingt ratsam, Ihrem Chef reinen Wein darüber einzuschenken, wie oft Sie Zeit im Büro mit unproduktiven Grübeleien verschwenden. Aber vielleicht müssen Sie das nicht auch vor allen Ihren Kollegen verbergen, und sicher nicht vor Ihren Freunden. Offenheit ist im Sozialleben etwas, was mit Offenheit honoriert wird. Ihre Freunde werden Ihnen also möglicherweise auch etwas von ihren Schwierigkeiten anvertrauen, was Sie entlasten kann, weil Sie dann nicht mehr den Eindruck haben, der Einzige mit Schwächen zu sein. Entscheidender aber ist, dass Sie erneut Druck reduzieren: diesmal den, allen anderen Leuten vorzuspielen, dass alles in Butter sei. Frauen tun sich mit Offenheit übrigens entschieden leichter als Männer. Forschungen haben gezeigt, dass Frauen miteinander telefonieren, um sich über ihr Befinden auszutauschen. Männer rufen ihre Freunde an, wenn sie eine Information brauchen. Frauen mobilisieren viel mehr emotionale Unterstützung, auf die Männer durch ihre unkommunikative Haltung verzichten.

> Als ich Carlo das einmal berichte, wehrt er ab: »Frauen haben doch keine Ahnung, deswegen reden sie immer. Wer Ahnung hat, schweigt.« Carlo ist ein großer Schweiger, weswegen niemand seine geschäftlichen Kämpfe so richtig mitbekommt. Nicht einmal seiner Freundin Molly erzählt er, wie belastet er manchmal ist. Stattdessen ist er gereizt und reagiert auf ihre Nachfragen abweisend. Als er sich dazu durchringt, ihr gegenüber offener zu sein, entdeckt er zu seinem Erstaunen, dass sie ihn nicht verachtet, sondern tröstet. Sie hat zwar keine zündenden Vorschläge, was er tun sollte, aber sie interessiert sich für seine Gefühle. Das bringt Carlo nicht mehr Geld in die Kasse, aber gibt ihm auf eine Art, die er nicht erklären kann, eine gelassenere Sicht auf die Dinge.

Zum Offenlegen von Schwierigkeiten gehören auch diese wichtigen Aspekte:

- Bitten Sie andere um Hilfe.
- Machen Sie ruhig einmal einen Fehler.
- Gestehen Sie Kritikern deren Sichtweise zu.

Alle diese Dinge sind wichtig und – wiederum – vor allem für Männer ungewöhnlich. Vor allem mit Kritik tun sich viele schwer und leben nach dem Motto: Angriff ist die beste Verteidigung. Auf Kritik hin wird scharf zurückgeschossen nach der Devise: Der soll sich doch mal an die eigene Nase fassen! Auf diese Weise kommt wieder eine Menge Anspannung in den Umgang mit sich und anderen. Sie können sich viel ersparen, wenn Sie Ihren Kritikern zugestehen, ein Recht auf eine eigene Wahrnehmung zu haben. Das bedeutet nicht, dass Sie sich unterwerfen und Ihre Sichtweise aufgeben müssen, und auch nicht, dass die anderen Recht haben. Es bedeutet nur zu akzeptieren, dass nicht alle von Ihnen ein positives, makelloses Bild haben müssen.

Suchen Sie nach Win-Win-Lösungen

Stress reduzieren Sie dann, wenn Sie mit sich selbst so umgehen wie mit Ihrem wichtigsten Verhandlungspartner. Den würden Sie ja hoffentlich nicht beschimpfen, unter Druck setzen und erpressen, um Ihre Ziele zu erreichen. Das macht man nicht einmal mit Bankräubern oder Geiselnehmmern. Auch mit denen verhandelt man so, dass Gemeinsamkeiten statt Interessengegensätzen betont werden und die Maximierung des Nutzens für alle Beteiligten in den Vordergrund gestellt wird. Wenn man hingegen befürchten muss, über den Tisch gezogen und um seinen eigenen Vorteil gebracht zu werden, dann entsteht jede Menge Widerstand. Von einer Win-Win-Lösung profitieren Sie gleich doppelt, also traditionell gedacht der Teil in Ihnen, der etwas durchziehen will, und der andere Teil, der sich dagegen ausspricht. Versetzen Sie sich deswegen in beide hinein! Wichtig dabei ist, dass nicht nach Schuld und früheren Fehlern gefahndet, sondern unbefangen nach vorne gedacht wird. Entdramatisieren und Zeitgewinn sind entscheidende Rahmenbedingungen. Und dann kommt es darauf an, sich die richtigen Fragen zu stellen, so wie man einen Verhandlungspartner ja auch befragen würde. Die richtigen Fragen zielen auf Motive und Ziele ab. Wenn Sie sich hingegen auf Positionen versteifen, dann erheben Sie lediglich Forderungen, und die bewirken gleich wieder die Ihnen ja schon bestens bekannte Reaktanz.

Carlo ist viel erfolgreicher geworden, seit er Kaufinteressenten als Menschen sieht und nicht nur als Beute, der er Geld aus der Tasche ziehen will. Er fragt sie nach ihren Motiven, warum sie jetzt ein Haus oder ein Grundstück suchen, und er macht sich über die genannten Gründe Gedanken. Sucht jemand ein repräsentatives pied à terre, oder geht es um eine Familie, die Kinder mit einer schönen Umgebung glücklich machen will? Ist die Finanzierung gesichert, oder wird es sehr eng? Können seine Kunden sich ein paar Mehrkosten leisten, oder müssen sie mit dem Cent rechnen? Und bei denen, die es sich leisten können: Wollen die es sich auch leisten, oder sind sie geradezu versessen darauf, ein Schnäppchen zu machen? Er stimmt sein Vorgehen auf die Motive ab und versäumt dabei nicht, einfühlendes Verständnis für die Kunden zu vermitteln: »Ich sehe, dass Sie Ihren Kindern ein angenehmes Umfeld bieten wollen, das werde ich bei meiner Suche ganz in den Vordergrund stellen.«

Natürlich soll auch sein Honorar stimmen, und Carlo weiß, dass seine Dienstleistung dem so genannten Schlüsseldienstprinzip unterliegt, nach dem der Wert einer Dienstleistung ab dem Zeitpunkt seiner Erbringung rapide abnimmt. Solange Sie sich ausgesperrt haben, finden Sie das Honorar des Schlüsseldienstes von 250 Euro zwar hoch, aber Sie wollen in Ihre Wohnung. Nachdem der Monteur in zehn Sekunden aufgesperrt hat, Sie wieder drinnen sind und Ihr Portemonnaie holen dürfen, finden Sie das Honorar absolut überzogen. So geht es den meisten Menschen auch mit Maklern, und deswegen kommuniziert Carlo den Mehrnutzen für die Kunden, der darin liegt, dass er auch nach dem Verkauf für weitere Beratungen und Dienstleistungen rund um das Haus zur Verfügung steht. »Ich weiß, mein Honorar ist nicht niedrig, und Sie wissen, dass ich mir nicht nur wegen Ihnen, sondern auch wegen meines Verdienstes Mühe geben werde«, vermittelt Carlo die Wahrheit. »Aber mit meinem All-inclusive-Paket haben Sie auch noch zwei Jahre nach der Transaktion Anrecht auf bestimmte Dienstleistungen, die ich für Sie erbringen kann. Auf diese Weise verteilt sich die Höhe meiner Courtage auf einen wesentlich längeren Zeitraum als nur den der Suche nach einem Objekt für Sie.«

Ändern Sie Ihr inneres Selbstgespräch

Sie wissen aus eigener Erfahrung, dass Wörter nicht nur trockene Beschreibungen liefern, sondern Gefühle auslösen und Realität erzeugen können. Wörter können verletzen und Schmerzen hervorrufen. Wörter können Dinge in Gang setzen und ebenso Prozesse abwürgen. Wörter sind das mächtigste Werkzeug, das wir zur Verfügung haben, um andere Menschen und vor allem uns selbst zu beeinflussen. Wahlkampfstrategen schreiben ihren Kandidaten »Die Rede«, mit der sie uns Wähler ultimativ von ihren Vorzügen überzeugen sollen. Verkaufspsychologen hecken Formulierungen aus, die uns einen besonderen subjektiven Nutzen eines Produkts suggerieren, damit wir es kaufen. Liebende schreiben Briefe oder E-Mails voller süßer Worte, um Zuneigung zu erzeugen. Was liegt also näher, als dass auch Sie – auf der Suche nach einer entspannteren Haltung zu sich selbst – sich der Wörter bedienen? Es ist ganz einfach: Sie verändern Ihr inneres Selbstgespräch, also die Art, wie Sie zu sich sprechen, und die Wörter, die Sie dabei benutzen. Statt hartem Schimpfen verwenden Sie künftig die sanfte Sprache desjenigen, der sich freundlich und motivierend gegenübersteht. Dabei helfen Ihnen ein paar Grundsätze, die auch Psychotherapeuten in ihren Gesprächen mit Klienten und Patienten beherzigen:

- Wörter sind nicht identisch mit Sachverhalten: Wenn Sie sich »dumm« *finden*, bedeutet das nicht, dass Sie »dumm« *sind*.
- Wörter sagen nicht alles über einen Sachverhalt: Wenn Sie sich »dumm« finden, bedeutet das nicht die ganze Wahrheit über Sie. Fragen Sie sich, welches Verhalten Sie »dumm« fanden. Unterscheiden Sie sorgfältig zwischen Tatsachenbeschreibungen und Ihren Urteilen.
- Wörter können sich von Sachverhalten immer mehr lösen: Wenn Sie sich »dumm« finden, »dumm« für Sie »schrecklich« bedeutet, Ihre Mutter Tante Beate immer »eine schrecklich dumme Person« nannte, Sie Tante Beate nervend fanden und nun Angst haben, dass andere Sie auch so nervend finden könnten wie Sie damals die Tante, dann hat das alles wenig mit der Sache zu tun, wegen der Sie sich »dumm« fanden. Hüten Sie sich vor Verallgemeinerungen und beliebigen Schlussfolgerungen auf immer höheren Abstraktionsebenen.
- Das, was Wörter bedeuten, steckt nicht in den Wörtern, sondern in Ihnen: Man kann Sie einen »Unterschleif« nennen, ohne dass Sie sich angegriffen fühlen – es sei denn, Sie kommen aus Bayern, geben dem Wort die Bedeutung »Betrüger«, finden diese Bedeutung schlimm und sind daher der Meinung, dass Sie beleidigt reagieren müssen, wenn man Sie so bezeichnet.
- Die Bedeutung von Wörtern ergibt sich aus dem Zusammenhang, das wird schon aus dem obigen Beispiel klar. Ändert sich der Zusammenhang, dann ändert sich auch die Bedeutung: Wenn Sie am Schreibtisch

sitzen und nichts tun, dann können Sie das als »Erholungspause« empfinden oder als »Aufschieben«, je nachdem wie Sie den Zusammenhang beurteilen.

Aus Letzterem ergibt sich die besondere Bedeutung des Änderns von Zusammenhängen und Bedeutungsrahmen, das in Therapien stattfindet. Sie machen sich Druck, weil Sie das für richtig halten, auch wenn es seit einigen Jahren nichts bringt, außer Sie zu deprimieren, sodass Ihnen noch weniger Energie zur Verfügung steht. Ihr Therapeut findet, dass Sie *streng* mit sich umgehen, und stellt Ihr Verhalten in einen Zusammenhang von unangenehmen Lehrern und Strafen, während es für Sie die natürlichste Art der Motivation zu sein schien. Sie machen eine Hausaufgabe nicht, die Sie in der Therapie vereinbart hatten, und der Behandler beglückwünscht Sie dazu, dass Sie sich trauen, auch einmal gegen seine Autorität aufzumucken, er sieht darin ein positives Zeichen Ihrer zunehmenden Ich-Stärke. Sie leiden unter wiederholter Kritik Ihres Chefs; der Therapeut gibt zu bedenken, dass der Vorgesetzte Ihnen offenbar viel Aufmerksamkeit widmet.

Tipp

Ihr inneres Selbstgespräch verändern Sie am einfachsten, indem Sie in Ihrem Logbuch aufschreiben, was geschehen ist, so objektiv, als hätte eine Kamera oder ein Tonband es aufgezeichnet. Anschließend schreiben Sie Ihre Gedanken und Ihre Bewertungen dazu. Schreiben Sie auch auf, was Sie über Ihre eigenen Gedanken denken, und bewerten Sie auch diese Kognitionen. Dann gehen Sie die Gedanken, einen nach dem anderen, beginnend mit denjenigen, die die stärksten Gefühle bei Ihnen auslösen, durch und beantworten schriftlich die Fragen:

- Ist das wahr?
- Und wenn es wahr wäre, was dann?
- Was ist das Schlimmste, was passieren könnte?
- Was könnte ich dann zu mir sagen?

Limitieren Sie Leidenszeiträume

Wenn Sie es schon nicht vermeiden können, mit sich selbst unangenehm harsch ins Gericht zu gehen, dann setzen Sie jedenfalls einen Zeitraum dafür fest. Niemand wird in unserem Rechtssystem einfach so ins Gefängnis gesteckt. Stets wird die Strafe entweder zur Bewährung ausgesetzt oder zeitlich befristet. Das sollten Sie mit sich ebenso handhaben.

Wenn Sie merken, dass Sie ins *Self-Downing* geraten, dann können Sie gleich festlegen, wie lange es dauern soll, und damit schon einmal eine Grenze ziehen. Wenn es Ihnen Ernst damit ist, erledigt Ihr Gehirn den Rest für Sie und schaltet die negativen Gefühle am Ende der festgesetzten Zeit ab.

Seit Jahren rate ich denjenigen, die nach einer Trennung vom Partner nicht über die Beziehung hinwegkommen, unter herabgesetzten Selbstwertgefühlen leiden und daran wirklich etwas ändern wollen, zu folgendem Vorgehen: Sie legen zunächst einen Zeitraum fest, während dessen sie ihrem Kummer nachgehen wollen. Zwei Wochen, drei Monate, vier Jahre, alles ist möglich. Am Anfang ist es sinnvoll, jeden zweiten Tag eine Stunde der Andacht vorzusehen. Allerdings macht es wenig Sinn, sich in der häuslichen Umgebung, womöglich noch der, die man mit dem Partner geteilt hat, dem Schmerz hinzugeben, alte Fotos zu betrachten oder Musik zu hören, die man in schönen, gemeinsamen Stunden genossen hat. Jeder weiß, dass damit die Wunden jedes Mal eher wieder aufgerissen werden, statt abzuheilen. Wer wirklich die Schuld für die Trennung bei sich sieht, gehört zu den Losern, und die treffen sich beispielsweise am Hauptbahnhof. Also ist es ratsam, die Trauerstunden dorthin zu verlegen. Durch beides, die zeitliche Begrenzung des Leidens und den Ortswechsel, wird aus dem bittersüßen Liebeskummer und Weltschmerz eine harte, schwer zu ertragende Situation, an deren Beendigung viele ein neues Interesse entwickeln.

13
Dogmen überwinden

»Dieses sind meine Prinzipien!
Wenn Sie Ihnen nicht gefallen: Ich hab auch andere.«
Groucho Marx

Aus Ihren eigenen Erfahrungen, aber auch aus Identifizierungen mit anderen Menschen, mit Ideen und Ideologien haben sich in Ihnen Überzeugungen und Selbstbilder geformt, die als Glaubenssätze wirksam sind, vielleicht die folgenden:

- So etwas tut man nicht.
- Es lohnt nicht, sich mit dicken Büchern zu beschäftigen.
- Oper ist langweilig.
- Entweder ganz oder gar nicht.
- Wer A sagt, muss auch B sagen.

Besonders wichtig sind die Überzeugungen, die sich auf Sie selbst beziehen, auf Ihre Fähigkeiten, Werte und Ziele, und die, mit denen Sie Ihre Welt strukturieren:

- Ich kann einfach nicht rechnen.
- In unserer Familie sind alle langsam.
- Geld macht nicht glücklich.
- Es muss gerecht zugehen in der Welt.
- Andere Menschen müssen mich so behandeln, wie ich es gerne habe.
- Wer sich nicht an die Spielregeln hält, muss bestraft werden.
- In einer Familie müssen alle zusammenhalten.
- Wer nicht für mich ist, ist gegen mich.
- Ich muss von allen gemocht werden.

Manche Glaubenssätze sind hilfreich, andere stellen bösartige Einschränkungen dar. Wenn sich Glaubenssätze zu Bündeln von Überzeugungen zusammenballen, dann kann aus ihnen ein Weltbild beziehungsweise ein

Selbstbild entstehen, das die Grenzen der Möglichkeiten definiert, die Sie für sich sehen. Sie können sich innerhalb dieser Grenzen wohl fühlen, aber auch leiden, wenn Sie deren Beschränkungen nicht überwinden können. Das wird immer dann der Fall sein, wenn sich Ihre Überzeugungen zu unflexiblen Dogmen verhärten. Sie sind der besonders verkrustete Teil von Vorstellungen und werden erkennbar an bestimmten Formulierungen:

- Es kann doch gar nicht anders sein, als ...
- Jeder sieht sofort ein, dass ...
- Für jeden denkenden Menschen ist doch ganz klar, dass ...
- Man muss einfach ...

Tipp

Es gibt drei besonders üble Metadogmen, die jede Menge Schaden anrichten. Sie lauten:

- Ich muss meinen Vorstellungen von mir selbst entsprechen. Wenn nicht, muss ich mich ablehnen.
- Ich muss von anderen Menschen, die mir wichtig sind, anerkannt und geliebt werden. Wenn nicht, dann ist das schrecklich!
- Die Welt, einschließlich der anderen Menschen, sollte so sein, wie ich es für richtig halte.

Glaubenssysteme bestehen aus mehreren Komponenten:

Kognitionen

Emotionen   Aktionen

Die einzelnen Bestandteile stabilisieren sich gegenseitig. Wenn Sie der Überzeugung sind, Ihre Partnerin nehme keine Rücksicht auf Sie und behandle Sie absichtlich schlecht, dann werden Sie ihr Zu-spät-Kommen aus genau dieser Haltung heraus interpretieren (Kognition), Sie werden Ärger und Wut ihr gegenüber empfinden (Emotionen) und sie möglicherweise anfauchen: »Typisch, bei anderen bist du pünktlich, aber für mich musst du dir ja keine Mühe geben!« (Aktion) Das alles, hinreichend oft wiederholt, ergibt scheinbar ein stimmiges Bild, bei dem alles zueinander passt.

Hinter dem ersten Dreieck liegen weitere, tief gestaffelt, die dann eine Fülle unterschiedlicher Situationen als strukturell ähnlich erscheinen lassen, je nach Ihrer Überzeugung.

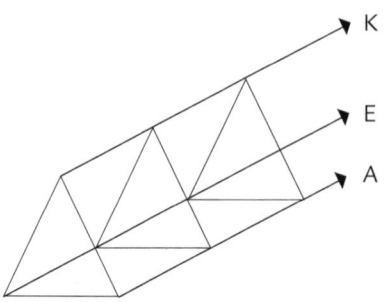

Pfeil K im obigen Diagramm stellt eine zentrale kognitive Überzeugungskomponente dar, mit der Sie – sobald Sie Ihre Erfahrungen zu einem Glaubenssystem verdichtet haben – sich immer dasselbe sagen: »Sie behandelt mich gleichgültig und schlecht.« Ob Ihre Partnerin vor Müdigkeit abends früher einschläft, als Sie es sich gewünscht haben, ob sie vergisst, Ihnen eine Zeitung mitzubringen, oder ob sie telefoniert, wenn Sie nach Hause kommen: Sie interpretieren die Lage jedes Mal mit denselben Gedanken.

Pfeil E beschreibt einen emotionalen Zustand, der aufgrund Ihrer Gedanken ebenfalls immer wieder auftritt: Ärger. Ärger, der noch dadurch verstärkt wird, dass Sie sich – Ihrer eigenen Deutung der Dinge folgend – schlecht behandeln lassen, statt die Beziehung zu Ihrer Partnerin zu beenden. Verdienen Sie etwa nichts Besseres? Werden Sie zu Recht schlecht behandelt? Diese nagenden Selbstzweifel steigern Ihre innere Aggressionsbereitschaft und stimulieren noch mehr Wut.

Pfeil A zeigt die immer gleiche Handlungskomponente: aggressive verbale Äußerungen, körpersprachliche Wutsignale.

Mit alldem sind Sie nach einer gewissen Zeit – selbst für ein sehr geduldiges Gegenüber – auch nicht mehr die Traumbesetzung im Partnerschaftsspiel. Früher oder später wird also Ihre Liebste mit dem Verhalten reagieren, das Sie ihr die ganze Zeit nahe legen, und anfangen, Sie wirklich schlecht zu behandeln. Damit haben Sie dann scheinbar einen eindeutigen Beweis, dass Sie auch vorher richtig lagen, und das Spiel kann weitergehen, sich steigernd.

Glaubenssätze und -systeme können rational oder irrational sein. Dabei geht es hier nicht um abstrakte philosophische Definitionen, sondern um praktische: Rational sind Überzeugungen dann, wenn Sie Ihnen helfen, Ihre Ziele zu erreichen. An der Spitze der rationalen Ziele steht der Wunsch, am Leben zu bleiben und es möglichst zu genießen. Falls Sie ein Selbstmordattentäter sind, der Ungläubige mit Sprengstoff beseitigen will, und dessen Ziel es ist, möglichst bald in ein jenseits gelegenes Paradies zu gelangen, dann sind Sie nach dieser Definition jemand mit irrationalen Zielen.

Um frei zu werden für künftige Erfolge, empfiehlt es sich, alte Glaubenssätze zu identifizieren und zu dekonstruieren. »Innovation ist schöpferische Zerstörung«, stellte der Wirtschaftswissenschaftler Joseph Schumpeter schon 1911 fest. Wenn Sie Ihre dogmatischen Haltungen verändern wollen, geht es also darum, den oben beschriebenen engen Zusammenhang zwischen den kognitiven, emotionalen und aktionalen Komponenten Ihrer Überzeugungen aufzubrechen, zu zerreißen oder als sinnlos zu erkennen. Davon handeln die nächsten Abschnitte.

Ein besseres Leben führen

Nehmen wir an, dass Sie die Realität Ihres gegenwärtigen Lebens nicht länger an Vorstellungen davon, wie es sein sollte, messen, sondern mit Ihren Wünschen vergleichen, mit dem, was Sie und wie Sie es gerne hätten. Der wichtigste kognitive Schritt, den Sie anschließend machen, besteht darin, dass Sie sich selbst autorisieren: Sie beschließen, dass Sie ein besseres Leben verdienen. Warum sollen Ihnen nur die besten Shampoos oder Hautcremes zustehen, wie die Fernsehwerbung suggeriert? Sie verdienen nicht nur die besten Kosmetika, sondern das beste Leben, das Sie führen können. Weil Sie es sich wert sind!

Unbewusst, durch Imitation und durch Übernahme von Zuschreibungen und Einstellungen aus Ihrer Familie, aber auch bewusst durch Vergleiche mit anderen, hat sich in Ihnen eine Überzeugung herausgebildet, was und wie viel Sie wert sind. Bekommen Sie das Geld, das Sie verdienen, steht Ihnen ein großes Haus, ein dickes Auto zu? Bei materiellen Gütern ist die Sache oft einfach (die meisten von uns finden, dass sie nicht das haben, was ihnen zusteht, erheben also Ansprüche auf mehr).

Schwieriger wird es bei immateriellen Gütern: Wie schön sollte Ihre Freundin sein, wie gutaussehend Ihr Freund? Menschen schließen Partnerschaften auf der Basis Ihrer eigenen Selbstbewertung und suchen sich andere, von denen sie meinen, dass sie zu ihnen passen. Vollends schwierig wird es bei der Frage, wie viel Lebensglück Ihnen nach Ihrer eigenen Einschätzung zusteht. Leicht sagen wir: so viel wie möglich, aber unsere eigene Lebensführung straft uns oft Lügen. An der Basis des Lebens, wie wir es führen, steht leider häufig die unbewusste Überzeugung, auch kein besseres zu verdienen, also genau das zu bekommen, was uns zusteht. Solange Sie sich dabei wohlfühlen, ist natürlich alles im Lot und Ihr Seelenfrieden nicht in Gefahr. Aber selbst wenn Sie mit Ihrem Leben unzufrieden sein sollten, kann es sein, dass Sie Ihr Unglück unbewusst für richtig halten.

Ein besseres Leben beginnen Sie, indem Sie akzeptieren, dass Sie nicht ewig existieren werden. Diese Tatsache wird von den meisten von uns als wirkungslose Banalität empfunden. Das liegt daran, dass wir unseren Tod in weiter Ferne lokalisieren – so um das 85. Lebensjahr herum. Wir verdrängen nicht nur, dass er uns ganz konkret jeden Tag ereilen kann, sondern auch, dass wir alle bereits sterben und demnächst lange tot sein werden. Vielleicht spüren Sie die gewohnheitsmäßige Regung, jetzt lieber an etwas Erbaulicheres zu denken. Angst und Unbehagen rufen leicht Abwehr hervor. Aber bleiben Sie noch einen Moment bei der Stange: Wenn Sie für einen Augenblick akzeptieren, dass all das, was Ihnen so erscheint, als hätten Sie noch viel Zeit, um es sich irgendwann später einmal gut gehen zu lassen, eine Illusion ist; wenn Sie sich einmal kurz darauf einlassen, dass es tatsächlich nur dieses Heute gibt und die Hoffnung auf ein Morgen nichts weiter ist als eine Hoffnung; wenn Sie einmal zugestehen, dass wir wirklich, wie die alten Lateiner sagten, mitten im Leben vom Tode umfangen sind, ist es dann nicht wunderbar, heute, gerade jetzt, (noch) am Leben zu sein? Zu atmen, zu sehen, zu fühlen – und die intensive Hoffnung zu haben, auch morgen noch da zu sein, auch morgen wieder unsere Kinder zu sehen, den Frühling in der Luft zu fühlen, den Sonnenschein auf unserer Haut zu spüren oder das Herbstlaub zu riechen. Sollte man nicht einiges tun, um die Wahrscheinlichkeit dafür zu erhöhen, auch den morgigen Tag genießen zu können? *Ob* wir ihn erleben werden, liegt nicht vollständig in unserer Hand, *wie* wir ihn erleben können, falls uns diese Möglichkeit gegeben wird, schon.

Bei unseren Handlungsplanungen die Zeit mit zu berücksichtigen, und das nicht nur im Sinn eines Zeitmanagements, sondern eines Sinnmanagements, ist ein wirkungsvoller Schritt hin zu größerer persönlicher Zufriedenheit. Das Leben ist zu kurz, um es mit unwichtigen Dingen zu vertrödeln. Immer nur nach Tat*kraft* zu suchen, bringt wenig, wenn Sie keinen Tat*sinn* finden. Umgekehrt sind die größten Veränderungen möglich, wenn Sie neue Sinnkonstruktionen vornehmen.

> Kerstin ist schwanger geworden und hat das Rauchen aufgegeben, einfach so, von einem Tag auf den anderen, und ganz ohne Entzugserscheinungen. »Mein Baby ist das Wichtigste auf der Welt«, sagt sie, »ich möchte auf keinen Fall seine Gesundheit gefährden! Es ist für lange Zeit auf mich angewiesen, darauf, dass ich mich vernünftig verhalte und gut für mich sorge, damit ich gut für mein Kind sorgen kann.«

Kerstins Leben hat eine ganz andere Ausrichtung bekommen: Sie sieht die lange Zeit vor sich, in der ihr Kind von ihrer Verantwortlichkeit abhängig sein wird, und bejaht das.

> »Beneidenswert«, meint Holger, ein schwerer Raucher mit einem Teil-Ich, das nicht rauchen will, »wenn ich schwanger wäre, würde ich auch damit aufhören. Aber ich kann ja nicht schwanger werden und werde niemals jemanden in mir haben, dessen Gesundheit ich auf keinen Fall gefährden will. Es ist leichter, für jemand anderen auf etwas zu verzichten. Es ist leicht, sich selbst zu schädigen, und mir fehlt ein Gegengewicht dazu. Wenn ich für jemanden auf das Rauchen verzichten könnte, wäre es leichter.«

Was für Kerstin die sinnvollste Sache auf der Welt war, wird bei Holger nicht klappen. Da in ihm kein Leben heranwachsen kann, auf das er Rücksicht nehmen will, ergibt dieses Konzept für ihn keinen Sinn. Überzeugungen vermitteln wie ein Getriebe zwischen uns und den *facts of life*, aber nicht alle sind bei jedem von uns wirksam, so wie nicht jedes Getriebe in jedes Auto passt. Holger hat schon selbst gesagt, worum es ihm geht. Während Kerstin gesünder leben will, möchte er sich bis auf weiteres überwiegend schädigen.

Denken Sie einmal darüber nach, ob Sie wirklich meinen, dass Sie mit Ihren Handlungsstörungen leben müssen und nichts Besseres verdienen. Was sind Ihre Vergehen, für die Sie sich damit bestrafen, was haben Sie ausgefressen, dass Sie so leiden müssen? Warum halten Sie das für richtig? Und wenn Sie es nicht für richtig halten, was können Sie tun, um die Muster, die ins Unglück führen, abzulegen? Wenn Sie keine Hoffnung haben, Ihr Problemverhalten verändern zu können, dann verändern Sie zunächst etwas anderes in Ihrem Leben. Damit zeigen Sie sich, dass Sie mehr Möglichkeiten haben, als Sie dachten, und tanken Zuversicht, auch in den wirklich kritischen Bereichen Änderungen herbeizuführen.

Alte Programme löschen

Es kann sein, dass Sie nach alten Programmen handeln. Programme sind nützlich, weil sie geordnete, automatisierte Handlungsabfolgen darstellen. Sie brauchen bei Standardsituationen nicht jedes Mal zu überlegen, was Sie jetzt tun sollen, sondern Ihre Handlungen laufen stets nach demselben Schema ab. Schemata sind gut, wenn alle äußeren Umstände so bleiben, wie sie stets waren. Sie taugen aber nur noch bedingt, wenn sich die Situationen ändern, denn dann sind neue Handlungen gefragt.

Schauen wir uns als Analogie einmal die Situation auf unserem Computer an. Manche Anwendungsprogramme auf Ihrem PC können über lange Zeit unverändert bleiben. Mit Ihrer alten Textverarbeitung können Sie im Prinzip noch heute genauso gut Briefe schreiben wie vor fünf Jahren. Neue Herausforderungen, wie das Abspeichern von Texten in internetfähigen Formaten, können Sie damit allerdings nicht meistern, denn über diese Möglichkeit verfügt das alte Programm nicht. Vielleicht gibt es ein Update, so dass Sie Ihr altes Programm auch dafür noch nutzen können, aber eventuell müssen Sie sich auch ein neues zulegen.

Auf der Festplatte sammeln sich oft alte, nicht mehr benötigte Anwendungsprogramme, die als Datenmüll keinen Schaden anrichten, sondern lediglich Speicherplatz fressen. Übler sind Reste alter Betriebssysteme, die mit den neuen nicht zusammenarbeiten und Abstürze verursachen können oder dafür verantwortlich sind, dass sich manche Funktionen nicht ausführen lassen. Es empfiehlt sich, gelegentlich alte Programme völlig zu deinstallieren, ihre Reste zu löschen und die Registrierungsdateien von ihren Einträgen zu säubern.

Tipp

Dieses Prinzip lässt sich auch auf unsere Verhaltensweisen anwenden: Machen Sie Inventur, welche Routineprogramme Sie draufhaben, und entscheiden Sie dann, ob die wirklich noch angemessen, hilfreich und nützlich sind. Wenn nicht, dann befreien Sie sich notfalls vollständig von ihnen.

Erik hatte sich in seiner Jugend angewöhnt, bei »Stress mit der Freundin«, wie er Streit und Auseinandersetzungen nannte, nach einiger Zeit das Feld zu räumen. Wenn ihm die Argumente ausgingen, warf er ihr ein »Mir ist das alles zu blöd« hin und machte sich auf in seine Stammkneipe, wo er sein Selbstmitleid mit Alkohol pflegte. Als er Katharina kennen lernte, mit der er sich ohne Worte verstand, als sie später heirateten, kam er gar nicht mehr in die Lage, seine Abgänge zu inszenieren und seine Zufluchtsstätte aufzusuchen. Denn Katharina war extrem harmoniebedürftig und riskierte niemals, ihn in einem Streit so weit in die Enge zu treiben, dass er einen Walkout gemacht hätte. Dann wäre sie ja allein dagesessen, mit ihren Schuldgefühlen und der Angst, dass Erik sie verlassen würde. Also lenkte sie immer ein.

Dieses Muster änderte sich, als Anne, ihre Tochter, geboren wurde. Wie bei vielen Paaren, die ihr erstes Kind bekommen haben, fühlte sich Erik vernachlässigt. Katharina kümmerte sich nicht mehr ausschließlich um ihn und sein Wohlbefinden. Er verstand ja, dass sie für Anne sorgen musste, aber übertrieb sie nicht? Verdiente nicht auch er Zuwendung und Aufmerksamkeit? Als Katharina, übermüdet und gestresst, seine sexuellen Annäherungen zurückwies, war es, als ob ein Klick das alte Programm wieder gestartet hätte: »Das ist mir hier alles zu blöde«, zischte Erik, knallte die Haustür hinter sich zu und fand sich – seit Jahren erstmals – in der Bar wieder, wo man ihn wie einen verlorenen Sohn begrüßte. Da die Konflikte bei der Umstellung von trauter Zweisamkeit auf Familie mit Kleinkind nicht abnahmen, gab es künftig immer wieder Anlässe für das Fluchtprogramm.

Weil Katharina keine Angst mehr haben musste, allein zu sein, weil Anne ja immer da war, lenkte sie nicht mehr so bereitwillig ein. Erik fühlte sich böse reingelegt, Katharina sich zunehmend im Stich gelassen. Beide begannen, an Trennung und Scheidung zu denken …

Natürlich ist es leichter, ein altes Programm von der Festplatte Ihres PCs zu entfernen – das kostet Sie nur ein paar Mausklicks –, als Reaktionsprogramme aus Ihrem Verhaltensrepertoire zu löschen. Wie schön wäre es, wenn alle Lösungen für Lebensprobleme anklickbar wären! Sind sie aber nicht. Dennoch kann man alte Programme entfernen. Und so geht es:

1. Identifizieren Sie das alte Handlungsprogramm, das Sie löschen wollen. Nehmen Sie dazu ein Blatt Papier, und schreiben Sie auf, welches Problem Sie angehen wollen; in Eriks Fall »Löschen des Wegrenn-Programms bei Streit in der Partnerschaft«.

2. Beantworten Sie sich die Frage, die Ihnen Ihr PC auch stellt: Sind Sie sicher, dass Sie das alte Programm *einschließlich aller seiner Komponenten* endgültig löschen wollen? Wirklich? Beim geringsten Zweifel sollten Sie erst einmal analysieren, was Sie sich von dem alten Programm noch versprechen.

3. Wenn Sie mit »Ja« geantwortet haben, dann schreiben Sie genau auf, welche einzelnen Verhaltensweisen, die zu dem Programm gehören, Sie nicht mehr verwirklichen wollen. Erik notierte unter anderem:
   - Aufspringen, wenn ich nicht mehr weiter weiß
   - »Das ist mir alles zu blöd« rufen
   - Zur Haustür rennen, Tür knallen
   - In die Kneipe gehen
   - Dort trinken

4. Wenn sich Ihr altes Programm, wie in Eriks Beispiel, auf andere Menschen erstreckt, dann geben Sie denjenigen, die es angeht, jetzt das Papier, und erkundigen Sie sich, ob es andere Komponenten gibt, die als belastend und störend empfunden werden und die daher ebenfalls gelöscht werden sollten. Tragen Sie diese weiteren Verhaltensweisen nach.

5. Schreiben Sie jetzt auf, was Sie statt des alten Programms künftig machen wollen. Bei Erik steht:

   - Ich halte stand, atme tief durch. Ich denke: Ich lasse mich nicht provozieren!
   - Ich bleibe ruhig sitzen.
   - Ich spreche mit ruhiger Stimme.

6. Machen Sie von dem Papier ein paar DIN A3 große Kopien, die Sie in der Wohnung aushängen. Befestigen Sie eine an der Innenseite der Haustür, für Notfälle. Fertigen Sie auch ein paar kleine Kopien an, die Sie in der Wohnung bereitlegen.

7. Versprechen Sie sich und Ihrer Partnerin, dass Sie die alten Verhaltensweisen ein für allemal aufgeben wollen, dass Sie sie aus tiefstem Herzen verabscheuen und nie wieder so reagieren wollen. Bitten Sie Ihre Partner um Hilfe.

8. Schließen Sie eine Vereinbarung, dass Ihr Partner Ihnen ein Signal gibt, wenn Sie ansatzweise das alte Programm zeigen sollten, etwa indem er Ihnen ein »Halt!« zurufen.

9. Wenn sich eine Situation ergibt, in der Sie früher Ihr altes Programm gestartet hätten, so sind Sie jetzt umgeben von Hinweisreizen, die Ihnen helfen, das zu tun, was Sie als alternative, neue Verhaltensweisen aufgeschrieben haben.

10. Machen Sie häufig Vorstellungsübungen: Stellen Sie sich so entspannt wie möglich vor, wie sich eine Situation, in der Sie früher das alte Verhalten gezeigt haben, entwickelt. Beobachten Sie sich selbst, wie Sie nun mit Ihren neuen Reaktionen ruhig und souverän bleiben. Gehen Sie innerlich immer näher zu Ihrem Ich in der Vorstellung, und verschmelzen Sie schließlich mit dieser Figur.

Das Entscheidende ist, alte Programme, die Sie wirklich loswerden wollen, tatsächlich nicht mehr zu starten. Bewahren Sie auf keinen Fall noch irgendwo eine Sicherheitskopie auf.

Wenn es Ihnen Ernst ist mit dem schlechten Gewissen und der Scham, dann sollten Sie das alte Verhalten nicht mehr zeigen und keinesfalls durch Rechtfertigung belohnen. Fort damit!

Herausforderungen suchen

Gabi hat aus ihrer Familie ein Faible für klassische Musik mitgebracht. Sebastian, ihr Freund, steht auf Jazz und Soul. Er lehnt es ab, zu Liederabenden, die Gabi besonders toll findet, mitzugehen, das ist für ihn das Letzte. Sie ist offener und genießt durchaus auch einmal ein Popkonzert. Umso mehr kränken sie Sebastians herabsetzende Tiraden über die Oper, die abgeschafft werden müsste, Dirigenten, die wie Pinguine aufträten, und die Blödheit des Belcantos.

Es scheint nahe liegend, dass Sebastian ablehnt, wozu er keine Lust und keinen Zugang hat. Aber für die Partnerschaft wäre es besser, er würde Gabis Musikgeschmack nicht abwerten. Und auch für Sebastian selbst wäre es besser, er würde sie mal zu einem Liederabend begleiten, denn dadurch könnte er Ängste überwinden, die sich hinter seiner schroffen Ablehnung verstecken. Er kennt sich mit dieser Art Musik nicht aus, steht also plötzlich in Gabis Schatten. Er, der bei einem Soulsong sofort mit den Fingern mitschnippst, findet keinen spontanen Zugang zu Schubert-Liedern, was eine unangenehme Spannung schafft. Er müsste sich Mühe geben, sich aktiv reinhören, was eine bestimmte Anstrengung von ihm erfordert, nichts ist mit »easy listening«. Kurz: Er könnte seine üblichen Hörgewohnheiten verlassen und etwas Neues lernen. Genau darin bestünde die Herausforderung für ihn. Er hat keine Lust auf sie, er bleibt beim Gewohnten und verschenkt damit nicht nur in Hinblick auf die Partnerschaft Möglichkeiten, sondern auch ganz eigene.

Neue Herausforderungen bestehen kaum jemals in heroischen Aktivitäten wie einer Weltumseglung oder der Besteigung des Mount Everest. Sie müssen es nicht mit Nietzsche halten, der sagte:»Nur wer gefährlich lebt, hat wirklich gelebt!« Es kommt für die meisten von uns vielmehr darauf an, im Alltag die Routine des Lebens zu durchbrechen. Herausforderungen zu suchen ist Teil eines offenen Lebensstils, bei dem es Ihnen wichtig ist, aus den Bahnen des Gewohnten herauszutreten. Für die meisten Menschen zerfällt die Welt in einen Bereich, in dem sie sich bevorzugt bewegen, einen weiteren Bereich, von dem sie Kenntnis haben, der ihnen aber weitgehend egal ist, und einen Bereich von Ablehnung. Im ersten bewegen wir uns die meiste Zeit, immer in der Gefahr, dass es uns langweilig wird.

Tipp

Arbeiten Sie daran, auch für sich selbst nicht völlig vorhersagbar zu sein. Achten Sie auf spontane Einfälle, flüchtige Impulse und durch Ihr Gemüt ziehende Sehnsüchte, und geben Sie ihnen Raum.

Zu den großen Herausforderungen im Leben gehört sicherlich, eine feste Bindung einzugehen, Kinder zu bekommen, sich auf eine berufliche Karriere einzulassen – und sich aus diesen und ähnlichen Verpflichtungen wieder zu lösen, wenn es um Ihrer inneren Wahrhaftigkeit willen erforderlich ist.

Hier eine Liste von neuen Herausforderungen, aus denen Sie wählen können, was zu Ihnen passt:

- mehr Zeit mit Familienmitgliedern verbringen
- weniger Zeit mit Familienmitgliedern verbringen
- alleine verreisen
- ein neues Hobby finden, beispielsweise Bonsai, Volkstanz oder Theater spielen
- die Wohnung renovieren oder in eine andere Wohnung umziehen
- unbezahlten Urlaub nehmen und durch Nepal trecken, endlich die Route 66 bereisen oder im Kloster meditieren
- eine Gehaltserhöhung fordern
- den Job wechseln
- eine Weiterbildung absolvieren
- eine Sprache lernen
- eine neue Sportart erlernen
- sich selbstständig machen
- um die Welt reisen
- eine neue Partnerin/einen neuen Partner finden
- ein Buch schreiben
- Bilder malen, bildhauern, töpfern, stricken (wenn Sie es nicht schon tun)
- einen ehrenamtlichen Job anfangen
- einen Tanz- oder Rhetorikkurs mitmachen

| Tipp |

Gehen Sie einmal in einen Film, von dem Sie sich nichts versprechen, schauen Sie sich ein Ballett an, auch wenn Sie Ballett hassen. Lernen Sie neue Menschen kennen, wechseln Sie Ihren Kleidungsstil, gehen Sie zu einer Typberatung, legen Sie sich ein Haustier zu, fahren Sie auf einer anderen Strecke als der gewohnten ins Büro oder in die Firma. Besuchen Sie einen Ort, an dem Sie noch nie waren. Hören Sie sich einen Vortrag an über ein Thema, das Ihnen fern liegt, gehen Sie ins Off- statt ins Stadttheater, lesen Sie nicht ein Buch von der Bestsellerliste, sondern lassen Sie sich vom Buchhändler etwas ganz anderes empfehlen. Lernen Sie kochen, oder – wenn Sie es schon können – kochen Sie einmal ganz andere Gerichte als die üblichen. Halten Sie es mit einem der Tipps des Dalai Lama: »Widme Dich der Liebe und dem Kochen mit wagemutiger Sorglosigkeit!«

Selbstbestimmt Werte setzen

Alte Glaubenssätze können Sie daran hindern, neue Möglichkeiten zu erschließen, alte Programme nützen Ihnen nichts bei neuen Anforderungen. Und alte, nicht mehr zu Ihnen passende Wertsetzungen schmälern Ihre Motivation, kraftvoll zu handeln. »Alt« ist gleichbedeutend mit: übernommen und unreflektiert beibehalten durch Identifikation mit den Eltern oder der Peer-Group der Gleichaltrigen, um dazuzugehören. Werthaltungen werden stark bestimmt durch die Kultur, aus der man stammt, und die soziale Schicht, der man angehört.

Jürgen ist ein Psychotherapeut in Ausbildung. In seiner Lehrtherapie beschäftigt ihn ein Gespräch, das er neulich, vor der Bundestagswahl, mit seiner Großmutter geführt hat: »Oma sagt, ist ja klar, was wir wählen, wir gehören ja zur Arbeiterklasse! Ich hab ganz automatisch genickt, aber dann doch gestutzt. Omas Eltern waren Arbeiter, Oma selbst schon eher Angestellte, Opa war Beamter. Meine Mutter ist auch Beamtin, ich selbst bin Angestellter und Freiberufler, auch mein Vater war Beamter – weit und breit nichts mit Arbeiterklasse. Woher kommt eigentlich mein Nicken? Ich denke, aus einer Wertegemeinschaft heraus, denn das Gespräch drehte sich ja um Solidarität. Solidarität finde ich als Wert auch gut. »Wie drücken

Sie das denn aus?«, frage ich. »Tja«, sagt Jürgen, »eigentlich ist das nur ein Lippenbekenntnis. Ich kaufe ab und zu mal eine Obdachlosenzeitung, das ist es denn aber auch schon. Ich bin da nicht irgendwie politisch oder sonstwie aktiv. Konkret tue ich gar nichts, was irgendeine Solidarität zeigt. Komisch eigentlich. Ist auch irgendwie anstrengend, über diese Sachen nachzudenken.«

»Sie können es ja einmal versuchen«, schlage ich vor. »So scheinen Sie etwas zu sagen, was Sie gar nicht wirklich fühlen und wonach Sie sich auch nicht richten. Etwas Folgenloses, Unreflektiertes.«

Jürgen denkt laut nach: »Vielleicht möchte ich zu den Besserverdienenden gehören. Uff, gar nicht so leicht, sich das einzugestehen. Aber ist nun mal so.«

Tipp

Wenn Sie zu eigenen Werten finden wollen, dann ist es sinnvoll, diejenigen, die im Moment Ihr Leben bestimmen und regulieren, einmal zu überprüfen. Es ist unwahrscheinlich, dass alle up to date sind. Eine Renovierung Ihrer Werte gibt Ihnen neue Möglichkeiten und eröffnet ungeahnte Perspektiven.

Werte stellen normative Standards dar, nach denen Alternativen beurteilt und gewählt werden. Wenn Sie im Mammon einen Teufel sehen, werden Sie kaum das Ziel haben, reich zu werden. Wenn anderen Menschen zu helfen für Sie das Höchste ist, dann haben Sie möglicherweise einen entsprechenden Beruf ergriffen oder engagieren sich privat in caritativen Dingen. Für manche ist die Familie der oberste Wert, für andere die Freizeitgestaltung, wieder andere wollen unbedingt kreativ, autonom und selbstständig sein oder Macht und Führung über andere ausüben. Werte können träge im Hintergrund liegen, wie bei Jürgen, ohne wirksam zu werden. Sie können aber auch feurigen Motoren gleichen, die Sie antreiben, sich in einer bestimmten, konsistenten Weise zu verhalten. Werte sind ziemlich komplex verbunden mit Gefühlen, Motiven und Einstellungen. Sie selbst sind Teile gesellschaftlicher Prozesse und damit auch einem Wandel unterworfen.

Lokalisieren Sie sich auf diesen oder ähnlichen Werthaltungen.

Wert	selbst-bestimmt	über-nommen	bejahe ich	lehne ich ab	will ich ändern
persönliche Werte					
Freiheit, Unabhängigkeit					
Eigenverantwortung					
Mut					
Selbstverwirklichung					
innere Harmonie					
Ehrgeiz					
Erfolg					
Genuss, Spaß, Freude					
Liebe					
Sexualität, Erotik					
Kreativität					
Ehrlichkeit					
Offenheit					
Vertrauen					
Engagement					
Zuverlässigkeit					
Risikobereitschaft					
Prinzipientreue					
soziale Werte					
Beitrag zur Gesellschaft leisten					
Familie, Kinder					
Freundschaft					
Hilfsbereitschaft					
Anerkennung und Unterstützung geben/empfangen					

Wert	selbst-bestimmt	über-nommen	bejahe ich	lehne ich ab	will ich ändern
Respekt vor anderen					
Toleranz					
Heimatliebe					
Pflichterfüllung					
Patriotismus					
berufsbezogene Werte					
Fachkompetenz					
Methodenkompetenz					
befriedigende Arbeits-inhalte					
Sicherheit					
Selbstständigkeit					
Karrierechancen					
Prestige					
Herausforderungen					
hohes Einkommen					
Team- und Kompromiss-fähigkeit					
Fehlertoleranz					
Selbstmanagement					
Loyalität					
Ziel- und Ergebnisorientie-rung					
Markt- und Kundenorientie-rung					
strategisches Denken					
Internationalität					

Natürlich erhebt diese Auflistung keinen Anspruch auf Vollständigkeit. Manche der Werte beziehen sich auf Ergebnisse, andere auf Prozeduren.

Wertbindungen authentisch leben

In den Zielen, die Sie sich setzen, zeigen sich Ihre Werte. In der Energie, mit der Sie die Ziele umsetzen, zeigt sich Ihre Wertbindung, das heißt, wie ernst es Ihnen mit Ihren Werten ist. Die meisten Werte werden im Lauf unserer Erziehung an uns herangetragen. Wir übernehmen Werte zunächst deswegen, weil wir uns mit denjenigen, die sie vertreten, identifizieren und so sein wollen wie sie. Glaubwürdig sind Werte immer dann, wenn unsere Eltern sie uns vorleben. Ein Vater, der als Couch Potatoe auf dem Sofa das antriebslose Spiel seiner Lieblings-Fußballmannschaft kritisiert, wird einen Wert wie Anstrengungsbereitschaft nicht glaubhaft vermitteln können, wohl aber eine Mutter, die selbst in einer Damenmannschaft Eishockey spielt und hart trainiert. Es muss also jemand da sein, der uns signalisiert, dass sie oder er ein bestimmtes Verhalten gut findet. Dadurch wird der Wert attraktiv, und wir bekommen Lust, uns an ihn zu binden, anders als an Normen oder Gebote, denen wir uns unterwerfen müssen. In der Pubertät stellen wir oft die bisherigen Werte in Frage und binden uns an neue, selbst gewählte, die durch eigene Erlebnisse geprägt werden. Ihnen zu folgen erleben wir als verpflichtend, und gleichzeitig empfinden wir dabei eine Freiheit der Selbstbindung, die es nicht gibt, wenn uns Werte aufgezwungen werden.

Birgit, die Rechtsanwältin, kommt aus einer Familie, in der sie gelernt hatte, sich der wohlwollenden Autorität ihrer Eltern unterzuordnen. Dieses Muster übertrug sie auf Polizisten und Lehrer, in deren Nähe sie sich eher geborgen fühlte. In der Sekundarstufe I auf dem Gymnasium übernahm sie die Leitung der Schülerzeitung. Wie jede Chefredakteurin, so geriet auch sie bald in Konflikt mit ihrer Schulleitung. Sie hielt die im Sozialkundeunterricht vermittelten Werte der freien Meinungsäußerung und der Pressefreiheit hoch und war schockiert darüber, mit welcher Selbstverständlichkeit ihr nahe gelegt wurde, kritische Artikel umzuschreiben. Sie weigerte sich und durchlitt erhebliche Ängste, sich mit den Autoritäten anzulegen. Aber sie argumentierte klug, sie schaffte sich Verbündete, sie kämpfte für ihre Kritik. Mit Hilfe der Schulkonferenz errang sie einen Sieg, der für sie prägend war und erhebliche Bedeutung für ihre spätere Entscheidung hatte, Rechtsanwältin zu werden: Sie setzte durch, dass ein Artikel, in dem sie sich sehr kritisch mit der innerschulischen Demokratie auseinander setzte, gegen den Willen des Schulleiters in der Schulzeitung veröffentlicht wurde.

Wir alle sehnen uns danach, möglichst authentisch zu leben, das heißt unsere Werte so unverstellt wie möglich zur Geltung bringen zu können. Zwar sind überall Kompromisse erforderlich, aber ein guter Kompromiss enthält immer noch genügend eigene Werte und zwingt uns nicht, unser Rückgrat in einem ungesunden Winkel zu verbiegen oder unsere eigene Meinung aufzugeben.

Überlegen Sie sich, welche der obigen Werte Sie künftig stärker verwirklichen wollen. Schreiben Sie in Ihr Logbuch, was Sie dafür tun müssen. Wenn Ihnen das schwer fällt, dann können Sie die folgenden Tricks nutzen:

- Stellen Sie sich vor, Sie feiern Ihren 75. Geburtstag. Ihre Kinder, Ihre Partnerin oder Ihr Partner, Ihre Freunde, Nachbarn oder Ihr Vereinsvorstand halten jeweils eine Rede auf Sie. Was wünschen Sie sich, in diesen Reden zu hören? Was möchten Sie auf keinen Fall hören?
- Bei berufsbezogenen Werten können Sie sich vorstellen, Sie werden in Ihrer Firma, Ihrer Behörde, Ihrer Universität oder Schule für besondere Leistungen ausgezeichnet. Ihr Chef, der Präsident oder der Schulleiter hält eine Lobrede. Was sollte unbedingt darin vorkommen, worauf könnten Sie stolz sein? Was wäre das Unangenehmste, was auf Sie zuträfe?
- Stellen Sie sich vor, Sie hätten nur noch sechs Monate zu leben. Was würden Sie unbedingt noch sehen wollen, wo würden Sie unbedingt einmal hinfahren, was würden Sie mit welchen Menschen noch in Ordnung bringen, was würden Sie bereuen?
- Schreiben Sie auf, was Sie an welchen Menschen bewundern. Was davon könnten Sie übernehmen, was könnten auch Sie anstreben?

Jana hat seit langem den Wunsch, sich mehr zu engagieren. Früher hat sie bei Amnesty International mitgearbeitet, aber jetzt möchte sie gerne etwas ganz anderes machen. Bei ihren Recherchen ist sie auf ein interessantes Projekt gestoßen, das sich »Die Vorleser« nennt. Jetzt investiert sie zwei Stunden in der Woche in eine unmittelbare Art von sozialer Arbeit: Sie geht in ein Krankenhaus in ihrer Nähe und liest Kindern und Jugendlichen dort aus Büchern vor.

Oft ist es eine innere Not, die uns dazu veranlasst, über die Übereinstimmung zwischen unseren Werten und unserer Lebenspraxis nachzudenken. Wir stellen schmerzliche Diskrepanzen fest, und beschließen, das in irgendeiner Zukunft in Ordnung zu bringen. Diese Vorstellung könnten Sie radikal in Frage stellen. Die Zukunft muss nicht etwas sein wie ein fernes Land, das Sie im nächsten Jahr besuchen werden. Die Zukunft kann in der nächsten Minute beginnen, und Sie können sich vornehmen, gleich jetzt das zu tun, was aus Ihren Werten folgt.

Max Frisch hat in einem seiner Tagebücher Fragebögen verwendet, die sehr hilfreich sind, um über ein paar der eigenen Wertsetzungen nachzudenken und sie eventuell zu revidieren. Ich habe Ihnen eine kleine Auswahl zu einigen Lebensbereichen zusammengestellt:

»Frauen

- Tun Ihnen die Frauen leid?
- Warum? (Warum nicht?)
- Was bezeichnen Sie als männlich?
- Möchten Sie Ihre Frau sein?
- Lernten Sie von einer Liebesbeziehung für die nächste?

Hoffnung

- Welche Hoffnung haben Sie aufgegeben?
- Hoffen Sie angesichts der Weltlage

  a) auf die Vernunft?
  b) auf ein Wunder?
  c) dass es weitergeht wie bisher?

- Können Sie ohne Hoffnung denken?

- Was erhoffen Sie sich von Reisen?
- Genügen Ihnen die privaten Hoffnungen?

Geld

- Wie viel Geld möchten Sie besitzen?
- Haben Sie schon gestohlen:

  a) Bargeld?
  b) Gegenstände?
  c) eine Idee?

- Fürchten Sie sich vor den Armen?
- Warum nicht?
- Was tun Sie für Geld nicht?

Freunde

- Halten Sie sich für einen guten Freund?
- Möchten Sie ohne Freunde auskommen können?
- Was fürchten Sie mehr: das Urteil von einem Freund oder das Urteil von Feinden?
- Halten Sie die Dauer einer Freundschaft (Unverbrüchlichkeit) für ein Wertmaß der Freundschaft?
- Sind Sie sich selbst ein Freund?

Tod

- Haben Sie Angst vor dem Tod, und wenn ja, seit welchem Lebensjahr?
- Was tun Sie dagegen?
- Wem gönnen Sie manchmal Ihren eigenen Tod?
- Welche Qualen ziehen Sie dem Tod vor?
- Wenn Sie jemanden lieben: Warum möchten Sie nicht der überlebende Teil sein, sondern das Leid dem anderen überlassen?«

Vernünftiger Egoismus

Viele von uns haben in ihrer Kindheit gelernt, sich davor zu fürchten, »egoistisch« zu sein. Das Wort hat einen negativen Beiklang: ichsüchtig, nur sich selbst gelten lassend. In der Psychologie spricht man von einem übertriebenen Narzissmus, wenn jemand nur sich selbst im Auge hat.

Irgendwo zwischen dieser unangenehmen Selbstbezogenheit und einem Altruismus, der – wie im ersten Teil des Buches beschrieben – häufig ein Abwehrmechanismus ist, steht das, was ich mit vernünftigem Egoismus meine. Es ist eine Haltung, die im Talmud mit den Worten angesprochen wird: »Wenn ich nicht für mich bin, wer ist für mich, und bin ich nur für mich, was bin ich, und wenn nicht jetzt wann dann?« Das ist wunderbar gesagt und zeigt in die richtige Richtung: dass ein wohlverstandener Egoismus, der die eigenen Anliegen zur Geltung bringt und die der anderen dabei berücksichtigt, einen Beitrag leistet, die unsägliche Aufspaltung zwischen dem eigenen Ego und den anderen zu überwinden.

Sich angemessen wahrzunehmen, die eigenen Wünsche und Bedürfnisse im Bewusstsein in den Vordergrund zu stellen, ist die beste Grundlage für Kompromisse mit den Wünschen und Ansprüchen der anderen. So bildet Ihr vernünftiger Egoismus die Voraussetzung für ein gedeihliches Miteinander im Beruf und im Privatleben.

Sie kennen sicher den Spruch: »Everybody's darling is everybody's fool.« Solange Sie sich als Liebling aller fühlen können, wird der Preis, den Sie dafür bezahlen, nicht allzu spürbar. Erst dann, wenn Sie etwas planen, bei dem Sie mit dem Entzug der Zuwendung durch andere rechnen müssen, wird es möglicherweise prekär. Natürlich ist es für Sie als Kleinkind überlebenswichtig gewesen, sich das Wohlwollen und die Zustimmung Ihrer Eltern zu sichern. Wenn alles gut lief, dann werden Sie sich davon jedoch nach und nach unabhängig gemacht und es auch riskiert haben, Dinge zu tun, die Ihnen eher die Missbilligung der Eltern eingetragen haben. Der Eigenwille erwacht um das dritte Lebensjahr herum, was früher in der Pädagogik gerne als »Trotzalter« bezeichnet wurde. In der Pubertät und im Jugendalter wird die Bindung an die Eltern weiter gelockert und von einer Art gehorsamer Fügsamkeit auf kritische Wahrnehmungen verlagert. Man lernt, sich mit den eigenen Standpunkten und Meinungen auch gegenüber wichtigen Menschen durchzusetzen und sich wohl zu fühlen, auch wenn man mit ihnen nicht übereinstimmt.

Die Erfahrungen, dass unser Eigenwille mit dem, was die Menschen in der nächsten Umgebung von uns wollen, in Konflikte gerät, und die Folgen daraus prägen uns nachhaltig. Es ist sehr wichtig, die Spannung ertragen zu lernen, die sich aus Konflikten ergibt. Wer zu schnell klein beigibt, wer gar das Gefühl hat, zu Kreuze zu kriechen, dessen Selbstbehauptungsbestreben bekommt einen empfindlichen Knacks. Oft ist es die Übermacht der Erwachsenen, mit der die Kapitulation des eigenen Wollens erzwungen wird, brachial durch Liebesentzug, Schweigen oder andere Formen der Bestrafung. Der eigene Anteil besteht jedoch darin, sich durch diese Manöver erpressen zu lassen. Als Kind hat man vielleicht nicht viel Widerstandskraft. Als erwachsener Mensch sind Sie objektiv wesentlich stärker und können es lernen, Nein zu sagen. Wie so oft schon werden Sie merken, dass die katastrophalen Folgen, vor denen Sie sich ängstigen, nicht eintreten beziehungsweise auszuhalten sind.

Horst wird durch Paula gut in Schach gehalten. Sie hat eigentlich keinen Einblick in seine geschäftlichen Aktivitäten, das will sie auch gar nicht. Was sie will, ist Geld. Da beide in einer etwas angestaubten Vorstellung von Ehe leben, bekommt Paula von Horst das Haushaltsgeld zu Beginn des Monats in bar ausgezahlt. Nun ist Horst gerade da besonders oft klamm, denn dann werden alle regelmäßigen Zahlungen wie Miete und Krankenversicherung abgebucht. Also rückt er kein Geld raus, und dann wird Paula rabiat und droht, ihn zu verlassen. Ganz so, wie sie es bei ihrer eigenen Mutter erlebt hat, die Probleme mit ihren insgesamt vier Männern nicht austrug, sondern sich scheiden ließ. Weil Paula jedoch die Folgen der Scheidungen am eigenen Leib erlebt hat, macht sie ihre Drohung (bis heute jedenfalls) nicht wahr. Aber allein die Drohung reicht schon aus, damit Horst, der sonst so vitale Geschäftsmann mit dem Killercharme und dem Selbstvertrauen aus Stahl, emotional abschmiert. Denn er hat ein Ideal: Die Ehe ist heilig! Dieses Ideal bedroht zu sehen, ängstigt ihn. Hinter der Idealisierung steht natürlich noch mehr: Ein Scheitern der Ehe wäre für ihn die persönliche Bankrotterklärung, es nicht geschafft zu haben. Hinzu kommen Ängste vor dem Alleinsein und davor, den Kontakt zu seinen Kindern zu verlieren. Drei Tage rennt er in der Gegend herum, dann besticht er sie mit Blumen und einem teuren Parfüm. Wenn sie dann nicht mehr von Scheidung spricht, klingt bei Horst der Horror allmählich ab – bis zum nächsten heftigen Ehestreit, bei dem sich alles wieder genau so wiederholt.

Für einen erwachsenen Mann zeigt Horst einen beklagenswerten Mangel an Selbstbehauptung. Er setzt sich mit der Scheidungsandrohung nicht rational auseinander, sondern gerät in den Panikmodus und tut alles, um sich selbst wieder ruhig zu stellen, indem er seine Frau beschwichtigt. Er lebt in der Auffassung, dass ihren Worten zweifellos Taten folgen werden (was nicht stimmt), und er ist der festen Überzeugung, dass seine Gefühle direkt von ihr abhängen (was ebenfalls nicht der Fall ist). Ist sie ruhig, fühlt er sich gut. Tobt sie, hat er Angst.

Ein Freund, dem Horst sich einmal anvertraute und der auch Paula kennt, meinte, er solle sich doch freuen, wenn er sie endlich los sei, denn was verliere er eigentlich mit dieser selbstgerechten Frau, die Horst wenig Interesse und Anteilnahme entgegenbringe? Horst war zutiefst schockiert. Aber nach ein paar weiteren Runden Ehestreit, bei denen Paula ihn schließlich schlug, begann er sich langsam an den Gedanken zu gewöhnen, dass eine Trennung auch ihre positiven Seiten haben könnte. Dabei wurde ihm klar, dass es tatsächlich nicht ihre Worte waren, die über sein Befinden bestimmten, sondern seine eigene innere Bewertung der Scheidungsandrohung. Wenn er in ihr ein entsetzliches Fiasko sah, dann packte ihn die Panik. Wenn er in ihr neben allen Belastungen, die eine Scheidung mit sich bringen würde, auch eine Chance sah, blieb er gelassen.

Es war also Horsts eigener Horrorfilm, der da ablief und der einen Inhalt hat: Horst, der Versager auf ganzer Linie. In Ehestreitigkeiten nur an sich selbst zu denken könnte man einen unvernünftigen Egoismus nennen, den sowohl Paula als auch Horst praktizierten. Sie denkt nur an das Geld, er nur an sein Ideal. Bei so selbstbezogenen Sichtweisen ist es kein Wunder, dass beide sich nicht füreinander interessieren. Weder ist Paula bereit, auch finanzielle Verantwortung zu übernehmen, noch fragt sich Horst, wie das Leben an seiner Seite für seine Frau eigentlich ist, welche Ängste und Phantasien der notorische finanzielle Engpass bei ihr auslöst.

Ja zu sagen, wenn Sie eigentlich Nein meinen, Ihre Wünsche zurückzustellen und sich denen der anderen zu beugen, vorauseilend gehorsam zu sein und immer schon im Voraus eine etwaige Katastrophe zu fürchten, sind Bestandteile einer modernen Version der Sucht zu gefallen. Deren extremste Variante ist die depressive Lösung bestimmter Lebensprobleme, bei denen jemand seine innere Wunschwelt zum Stillstand bringt. Wenn kein Eigenwille mehr vorhanden ist, der mit dem anderer aneinander geraten könnte, kann es mit Personen in der Außenwelt keine Konflikte mehr geben. Es ist so, als wenn Sie als Besitzer einer Mineralwasserquelle aus Angst vor Kritik an Ihrem Getränk die Produktion einstellen würden. Der Preis dafür ist hoch, denn nun sprudelt nichts mehr. Im übertragenen Sinn veröden Ihre Kreativität, Ihre Emotionalität, Ihr Lebenswille.

Menschen honorieren einen vernünftigen Egoismus. Es gibt Untersuchungen, in denen Personen bei verschiedenen Spielsituationen miteinander kooperieren oder wetteifern können. Wetteifernde Spielzüge sind egoistischer als kooperative. Der Prototyp dieser Spiele ist das so genannte Gefangenendilemma: Zwei Ganoven werden verhaftet und in Einzelzellen gesperrt, sodass sie nicht miteinander kommunizieren können. Der Richter teilt ihnen Folgendes mit: Gestehen beide ihre Täterschaft, so bekommen beide zwei Jahre Haft. Gesteht nur einer, so bleibt er als Kronzeuge straffrei, der andere wird zu fünf Jahren verurteilt. Gestehen beide nicht, so bekommen sie je drei Jahre. Jeder ist als Einzelner in der Versuchung zu gestehen, um straffrei zu bleiben. Das würde individuell den Nutzen maximieren. Im Interesse beider Komplizen ist es jedoch, dass jeder gesteht.

Man kann diese Art von Spiel in vielerlei Hinsicht ausgestalten und oft hintereinander durchführen lassen, und man kann damit Versuchung, Strafen, Belohnungen, Gier und andere zwischenmenschliche Dimensionen simulieren. Spieler wurden so instruiert, dass manche immer kooperativ wählen, auch wenn ihre Partner es nicht tun. Das sind dann die so genannten »Märtyrer«, und die Spieltheorie zeigt, dass diese armen Opfer nicht nur ausgenutzt, sondern auch verachtet werden. Märtyrertum zahlt sich weder im Hinblick auf ökonomische Ergebnisse noch auf soziale Beliebtheit aus. Dem Märtyrer im wirklichen Leben bleibt nur die Selbsteinschätzung als moralisch besonders hochstehend, die bis zum Hochmut reichen kann und oft genug einer Saure-Trauben-Reaktion entspricht. Sie kennen diese vielleicht aus der Fabel: Der Fuchs möchte gerne die leckeren Weintrauben essen, aber sie hängen zu hoch, er kann sie nicht erreichen. Um sich zu trösten, redet er sich ein, sie wären ohnehin zu sauer gewesen.

Besser geeignet ist die so genannte Tit-for-Tat-Strategie, bei der konkordante Spielzüge gemacht werden: Kooperative Wahlen werden mit ebensolchen Entscheidungen beantwortet, und auf wettbewerbliche Herausforderungen wird mit gleicher Münze reagiert. Auch wenn solche Handlungsweisen in vielen Bereichen ihre Nachteile haben – beispielsweise zu symmetrischen Eskalationen führen können wie im Kalten Krieg zu immer neuen Rüstungsspiralen –, so sichern sie im öffentlichen wie im Privatleben zumindestens Respekt. Wer seinem Haustyrannen stumm ergeben die Pantoffeln reicht und keine Kritik mehr anmeldet, meint sich das Wohlverhalten sichern zu können, läuft aber ein hohes Risiko, einen Fußtritt zu bekommen. Schwer wiegen auch der Verlust der Selbstachtung und die resignative Selbstaufgabe.

Vernünftiger Egoismus hat allerdings nichts damit zu tun, die schmerzhafte Grenzziehung zwischen dem »Ich« und den »anderen« zu vertiefen. Im Gegenteil: Es wäre fatal, wenn Sie aus Ihrer früheren Abhängigkeit von anderen in eine schroffe Pseudo-Unabhängigkeit verfielen und nun ängstlich bestrebt wären, nur noch Ihre Interessen durchzusetzen.

Das Problem liegt beim Ich. Auf der einen Seite erzeugt der Begriff des »Ich« automatisch die Trennung von den »anderen«. Das Getrenntsein verstärkt die Wahrnehmung unserer Individualität, die wir in unserer Kultur unbedingt bewahren und auch vor den anderen zur Geltung bringen wollen – oder lässt unsere Einsamkeit spürbar werden. Auf der anderen Seite haben wir Wünsche nach Verschmelzung, die mit dem Tod des Ichs, mit Verlust der Selbstkontrolle gleichgesetzt werden, und die wir deswegen massiv fürchten. Diese Angst unseres Ichs vor dem Verlust des bisher Erreichten, vor dem Verlust seiner Struktur ist eine der Hauptursachen für die Ängste vor Veränderung. Unser altes Ich glaubt letztlich nicht, dass es Veränderungen überleben kann. Es rät uns daher, alles beim Alten zu lassen. Während Therapien träumen Menschen immer wieder davon, wie sie zu Tode kommen, und sind oft durch diese Träume sehr geängstigt. Tatsächlich zeigt sich häufiger in solchen Bildern, dass der notwendige Veränderungsprozess in Gang gekommen ist und das alte Ich anfängt abzusterben.

Viele Menschen behalten die Grenze zwischen ihrem Ich und den anderen andauernd im Auge, wie bei einer Grenze zwischen Staaten, die einander misstrauen. Die Kräfte, die sie brauchen, um diese Grenze unentwegt zu bewachen, fehlen ihnen dann natürlich im Alltag; sie sind unfähig zur Entspannung, zum gelösten Spiel, nicht in der Lage, sich auch einmal gehen zu lassen.

Die Macht dieser unbewussten Ängste stellt eine Gegenkraft dar, die immer auftaucht, wenn Sie versuchen, mehr die Person zu leben, die Sie sind. Die Gegenkräfte, die Sie schwächen, können Sie nur durch Bewusstheit entkräften, nicht durch ein Dagegen-Ankämpfen.

Ein dazu passendes Gleichnis, das Sie vielleicht kennen, geht so: Stellen Sie sich vor, ein Dieb kommt nachts in Ihr Haus und schleicht unten herum. Sie hören von oben, wie er Ihre Schubladen öffnet. Was tun? Wenn Sie mit einem Knüppel in der Hand hinunterstürzen, hat er dann nicht vielleicht auch einen? Wenn Sie Ihre Pistole zücken, müssen Sie nicht damit rechnen, dass der Dieb auch schießt? Was bleibt Ihnen also? Machen Sie das Licht an! Bringen Sie Licht in die Vorgänge, und Sie haben eine gute Chance, dass der Dieb, der nicht erkannt werden möchte, flieht.

14
Neue Überzeugungen finden

»Wer A sagt, der muss nicht B sagen.
Er kann auch erkennen, dass A falsch war.«
Bertolt Brecht

Brecht hat gut reden, denken Sie? Vorsicht! Es könnte sein, dass Sie gerade dabei sind, eine alte Überzeugung zu verteidigen, die Ihnen anerzogen worden ist oder die Sie übernommen haben: »Nichts ist so schwer, wie alte Haltungen aufzugeben und neue anzunehmen« – ein effektiver Stoppgedanke. So zu denken ist leider etwas durch und durch Deutsches, wie sich in den vergangenen Jahren immer deutlicher angesichts des Reformstaus in unserer Gesellschaft gezeigt hat. Bedenkenträger und Besitzstandswahrer so weit das Auge reicht. Uraltüberzeugungen werden beschworen, als seien sie ewige Wahrheiten und nicht Regelungen, die neuen Gegebenheiten dringend angepasst werden müssen. Der italienische Schriftsteller Giuseppe Tomasi di Lampedusa schrieb in seinem Roman *Der Leopard*: »Wenn alles bleiben soll, wie es ist, dann muss sich alles ändern.« Erhaltung durch Wandel, Neugestaltung statt Konservierung, die Dinge verbessern, statt sie zu mumifizieren. Natürlich wissen wir, dass sich immer einmal wieder auch auf der Ebene unseres individuellen Lebens einiges ändern muss, damit unsere Lebensqualität erhalten bleibt. Aber oft tun wir uns schwer damit, den erforderlichen Schwung und Optimismus für einen gründlichen Wandel aufzubringen.

Das ist anderswo anders. Wenn auch vieles, was aus Amerika kommt, uns befremdet: Aber dort glaubt erfreulicherweise kaum jemand, dass Statik besser als Dynamik sei und Unbeweglichkeit so etwas wie Charakterfestigkeit signalisiere. Stattdessen herrscht die Überzeugung, dass man sich – wenn erforderlich – jeden Tag neu erfinden kann und dazu mental mobil sein muss. Einmal geschäftlich auf die Nase gefallen zu sein ist kein Problem, während es hierzulande als Schande betrachtet wird. Verantwortung zu übernehmen ist eine gefragte Tugend. Bei uns hingegen besteht eines der beliebtesten Spiele darin, sich als Opfer der Umstände, der Unternehmer, der Gewerkschaften oder des Staates, in jedem Fall aber als Opfer zu sehen. Inzwischen geben im Internet ehemalige Strafgefangene den jetzt Einsitzenden Ratschläge, wie die ihren Sozialarbeitern und Psychologen vermitteln können, nicht etwa Täter, sondern selbst beklagenswerte Opfer ihrer schlechten Kindheit zu sein.

In diesem Kapitel möchte ich Ihnen ans Herz legen, nicht in die Opferrolle zu schlüpfen oder sie – falls Sie doch schon in ihr stecken – schnellstens zu verlassen. Es nützt Ihrem Selbstwertgefühl mehr, wenn Sie sich als Urheber Ihres Schicksals sehen, als lernendes Wesen mit Einflussmöglichkeiten. Sie lernen ohnehin jeden Tag hinzu, und mit ein wenig Übung können Sie Ihre Lernmöglichkeiten und Lernerfolge deutlich steigern.

Sie wissen ja bereits: Überzeugungen sind tief sitzende Glaubenssysteme, bei denen sich Ihre Gedanken, Gefühle, Werte und Handlungsweisen in Übereinstimmung befinden. Neue Überzeugungen aufzubauen gelingt Ihnen dann am besten, wenn Sie

- Ihrer alten, gewohnten Einstellungen müde geworden,
- auf der Suche nach Neuem und
- zum Experimentieren bereit sind.

Der beste Weg zu neuen Überzeugungen besteht darin, neue Erfahrungen zu machen, die Sie veranlassen, Ihre alten Einstellungen und Vorurteile zu revidieren.

Carla war sich immer sicher gewesen, dass ein Urlaub im Club Mediterranée das Letzte sein müsste: lauter Snobs, die von morgens bis abends durch schwachsinnige Animateure in Stimmung gebracht werden müssen, die unentwegt essen und dauernd etwas machen, von Bogenschießen bis Töpfern. »Nicht mit mir!«, hatte sie ihren Freunden entgegengehalten, die schon einmal Cluburlaub erlebt hatten. Als sie diesen Sommer nach Korsika gereist war, wie stets spontan, und nun ohne Vorausbuchung in der Hauptsaison frustriert auf der bisher vergeblichen Suche nach einem Hotelzimmer war, traf sie im Bistro einen netten Typen, der meinte, er hätte genau das Richtige für sie – was sich just als ein freies Appartement im Club Med bei Cargèse herausstellte, deren Manager jener sympathische Mann war. Natürlich sträubte sich alles in Carla, aber dann sagte sie sich, sie könne es ja wohl eine Nacht aushalten und morgen weitersuchen. Irgendwie blieb sie dann zwei Wochen und kam mit einer komplett anderen Haltung zum Cluburlaub zurück.

Was sich für Carla zufällig ergeben hat, müssen Sie, wenn Sie neue Einstellungen annehmen wollen, natürlich systematisch herbeiführen. Wenn Sie Ihrer eingefahrenen Vorurteile müde sind, dann gehen Sie doch einmal zu einem Bundesligafußballspiel (»Nur was für Proleten!«), zu einem Konzert mit moderner Zwölftonmusik (»kakophoner Krach«), reisen Sie nach Island (»Da ist doch überhaupt nichts los«). Allein die höhere emotionale Beteiligung, verglichen mit Ihrem Standardrepertoire, wird Ihnen ein angenehmes Gefühl des Lebendigseins vermitteln.

Sie können natürlich auch von der gedanklichen Komponente Ihrer Überzeugungen her starten, diese überprüfen und verändern. Dabei werden Sie auf eine Menge Vorurteile stoßen, die Sie durch eine Art geistiger Neueinstellung beiseite legen können. Aber die massivste Veränderung erzielen Sie durch direkte Aktionen und verändertes Verhalten. Als wirkungsvoll hat sich auch herausgestellt, versuchsweise Argumentationen zu übernehmen, die Sie eigentlich nicht vertreten. Falls Sie seit Jahren ein überzeugter Anhänger einer bestimmten politischen Partei sind, dann sollten Sie trotzdem nicht darauf verzichten, die Programme der anderen Parteien zu lesen. Sie können versuchsweise einmal den Standpunkt eines konkurrierenden Parteigängers einnehmen und am Abendbrottisch Ihre Familie mit einer ungewohnten Argumentation überraschen. Wenn Sie sich wirklich darauf einlassen, werden Sie feststellen, dass Ihr früherer Standpunkt nicht mehr ganz so betonfest steht. Die festgefügten Strukturen der eigenen Sichtweisen aufzulockern erzeugt eine Ungewissheit, die Sie nach und nach als Offenheit schätzen lernen können und nicht länger als Unsicherheit fürchten werden.

Ganz oben auf der Liste der neuen Überzeugungen, die Sie erwerben wollen, sollte stehen, fehlerfreundlich zu werden. Überwinden Sie Ihre hinderliche Angst davor, einen Fehler zu machen oder dumm aufzufallen. Was immer Sie auch tun, Sie werden von einer fehlertoleranten Haltung profitieren, bei der Sie Fehlschläge als Lernmöglichkeiten statt als Beweise dafür sehen, dass es sowieso nicht klappt oder dass speziell Sie es nicht hinkriegen.

Neue Einstellungen zu finden, ist einerseits ein Vorgang aktiven Suchens, andererseits eine Haltung innerer Bereitschaft. Auch hier werden Sie von erhöhter Bewusstheit profitieren, die Sie durch Aufzeichnungen erzielen können, über die Sie reflektieren. Suchen Sie Gespräche mit Menschen, die die Welt anders sehen als Sie selbst, lesen Sie andere Zeitschriften. Orientieren Sie sich an Buddhas Wort: »Es gibt nur eine Zeit, in der es wesentlich ist aufzuwachen. Diese Zeit ist jetzt!« Wenn Sie nach dem Erwachen ins Handeln kommen, steht einem Plus an Glück nichts mehr im Weg.

Heraus aus der Opferrolle

Die meisten von uns leben mit bestimmten Grundannahmen, die uns dabei helfen, das Selbstwertgefühl zu bewahren und handlungsfähig zu sein. Eine dieser Grundannahmen besteht darin, sich für unverletzbar und frei zu halten. Wir glauben, wenn wir uns nur richtig verhalten, dann kann uns nichts passieren. Wenn wir jedoch überfallen oder in einen Unfall verwickelt werden, einfach weil wir zur falschen Zeit am falschen Ort waren, dann erweist sich die Annahme der Unverletzlichkeit als Illusion. Nach solchen Erlebnissen sind wir zutiefst erschüttert, haben Angst, fühlen uns unsicher und erleben die Welt nicht länger als einen behaglichen Ort, sondern als bedrohlich. Wirkliche Opfer verdienen unseren Respekt und unser Mitgefühl. Die Illusion, in einer Welt zu leben, in der es letztlich doch geborgen zugeht, ist ihnen genommen worden.

Allerdings sehen sich manche unter uns, die Handlungsstörungen haben, scheinbar ganz gerne als Opfer – der Umstände, des Schicksals oder von anderen Menschen. Sie fühlen sich aber nicht in derselben Weise wie »echte« Opfer erschüttert und traumatisiert, sondern wirken eher ent- als belastet dadurch, dass sie in der Durchführung ihrer Vorhaben verunglückt sind. Manche haben sich in der Opferrolle eingerichtet, und auch wenn sie meinen, darin ganz komfortabel untergebracht zu sein, so verschenken sie doch viele Möglichkeiten, die ihr Leben reicher und erfüllter machen könnten.

Aus der Opferrolle herauszutreten ist demzufolge ein sehr wirkungsvoller Schritt in Richtung eines besseren Lebens.

Tipp

Übernehmen Sie versuchsweise einmal Verantwortung für Dinge, die scheinbar
gar nicht von Ihnen beabsichtigt sind. Sagen Sie nicht: »Die Tasse ist runtergefal-
len«, sondern: »Ich habe eine Tasse kaputt gemacht!«

Sie werden merken, dass Ängste im Spiel sind – wieder einmal. Sie fühlen
sich vielleicht wie ein Kind, das etwas ausgefressen hat und nun erwartet,
ausgeschimpft zu werden. Wenn Sie sagen, dass die Tasse fiel, dann tritt
Ihre Urheberschaft an diesem Sturz nicht so deutlich in Erscheinung, als
wenn Sie klar sagen, dass Sie das Tablett zu schief gehalten haben. Im ersten Fall schieben Sie die Schwerkraft in den Vordergrund, im zweiten Fall
übernehmen Sie Verantwortung.

Wahrscheinlich haben Sie sich in Ihrer Kindheit die Tarnung durch die
Umstände zugelegt, um Strafen zu vermeiden, harte Worte oder gar
Schläge. Verantwortung zu übernehmen lohnte sich damals nicht und
war eventuell sogar gefährlich. Wenn meine Tochter, als sie noch klein
war, stolperte und stürzte, dann gab sie dem Fußboden die Schuld. Das
half ihr dabei, ihr Ich-Ideal, geschickt zu sein (mindestens so geschickt
wie ihr älterer Bruder, der viel seltener hinfiel), aufrechtzuerhalten. Aber
gleichzeitig kränkte es ihre Allmacht, denn offenbar konnte der Fußboden ihr etwas anhaben. Darin liegt das Dilemma der Zuflucht zur Opferrolle: Sie entlasten sich, indem Sie sich entmündigen.

Auch in Erwachsenen können die alten Ängste vor Beschämung oder
Bestrafung noch sehr aktiv sein. Wenn Ihnen etwas misslingt, werden Sie
vielleicht wie früher schnell, geradezu automatisch, nach einer Ursache
suchen, die außerhalb Ihrer Verantwortung liegt. Voilà, schon machen Sie
sich zum Opfer. Wenn Sie in der Opferrolle leben, schauen Sie sich die
Dinge und sich selbst nicht so scharf an, wie es möglich wäre. Sie laufen
mit einem inneren Weichzeichner herum, der die Konturen der Ereignisse
und Ihrer eigenen Rolle verwischt. Leider hat die Flucht in die Opferrolle
erhebliche Nachteile. Sie geben die Handlungskontrolle weg, die Sie dringend brauchen, um Vertrauen darin aufzubauen, dass Sie sich verändern
können.

Wenn Sie sagen: »Ich war das – ich habe das getan«, dann legen Sie mit dieser Übernahme der Verantwortung den Grundstein dafür, dass Sie künftig auch anders handeln können, falls Sie sich dazu entschließen. Sie könnten Ihre Achtsamkeit steigern, und Sie könnten aufkommende innere Schuldzuweisungen ablehnen.

In Fachkreisen gilt es als besonders übler Ausgang einer Psychotherapie, wenn der Patient sich am Ende als Opfer der lebensgeschichtlichen Entwicklung sieht. Natürlich ist er dessen Resultat, so wie wir alle. Neben der Trauerarbeit über das, was uns angetan wurde, müssen wir jedoch Verantwortung übernehmen für das, was wir mit den vorgefundenen Umständen angefangen haben, für unsere Entscheidungen also, die keinesfalls vollständig durch die Umstände unserer Erziehung und unseres Aufwachsens vorherbestimmt und determiniert waren.

Georg ist ein gepflegter Herr von Anfang 60. Ihm gehört eine mittelständische Firma mit 150 Angestellten, er steht am Ende seiner Karriere als Kaufmann, und er bereitet die Übergabe der Firma an einen Nachfolger vor. Ein Headhunter hat ihm bereits ein paar hoffnungsvolle junge Manager vorgestellt. Die Begegnungen mit ihnen haben Georg in eine tiefe persönliche Krise gestürzt. Sie, die ihr berufliches Leben noch weitgehend vor sich haben, lassen ihn über seine nach außen hin eindrucksvolle Karriere verzweifelt sein. Er habe seine Berufung verfehlt! Konzertpianist, das wäre es gewesen. Aber das habe sein Vater hintertrieben, der noch heute, als über 90-Jähriger, sein Leben überschatte. Nie habe er ihn hochkommen lassen. Der Vater sei Maler und Bildhauer gewesen, in beiden Disziplinen erfolgreich, angesehen, umschwärmt und verehrt. Das musische Talent seines Sohnes Georg habe ihn nicht interessiert. »Nie hat er mich gefördert, niemals hat er mich zu einer künstlerischen Laufbahn gedrängt. Das sollte sein Monopol bleiben. Er hätte mich aufs Konservatorium schicken müssen!« Kein Zweifel, Georg hegt jede Menge Bitterkeit. Doch es wirkt merkwürdig deplatziert, wie ein erfolgreicher älterer Herr sein Leben als durch den nahezu 100-jährigen Vater dominiert sieht. Ob er sich denn schon einmal mit dem Vater-Thema auseinander gesetzt habe? »Mit ihm war doch nie zu reden, er hat jede Schuld abgelehnt!« Er habe Georg die Karriere als Künstler nicht gegönnt, das sei klar. »Was bringt es Ihnen heute, Ihrem Vater die

Schuld zuzuweisen?«, frage ich. Georg antwortet mit dem Bericht über eine langjährige Einzeltherapie, die ihm erst richtig das Verständnis dafür vermittelt habe, »auf welch aussichtslosem Posten ich ihm gegenüberstand«. Ich möchte aber dennoch wissen, was Georg davon hat, seine Lebensgeschichte als Opfer seines monomanischen Vaters zu sehen. Georg wehrt sich empört: »Was heißt hier, die Geschichte so zu sehen? Sie tun so, als hätte ich mir das zurechtgelegt. Aber das war so, er hat mir nie eine Chance gegen ihn eingeräumt!«

Muss man wirklich darauf warten, dass der übermächtig empfundene Rivale, als den Georg seinen Vater sah und sieht, einem eine Chance einräumt, ihn zu entthronen? Ist es nicht von jeher Aufgabe der rebellischen Söhne, das Risiko des Aufbegehrens auf sich zu nehmen? Georg hat sich nicht getraut, sich vom Vater zu lösen, und tut es heute immer noch nicht, wenn er sich in seiner Lebensgestaltung als gänzlich durch den Vater bestimmt ansieht.

Medienberichte und ein bestimmtes gesellschaftliches Klima beeinflussen natürlich unsere Selbstwahrnehmung als Menschen mit oder ohne Handlungsmöglichkeiten. In den Nachrichten scheinen wir nur noch als Opfer vorzukommen: von Arbeitslosigkeit, Kriegen, Katastrophen, Nahrungsmittelskandalen, medizinischem Pfusch oder dem Straßenverkehr. »Only bad news are good news«, und deswegen sind 90 Prozent dessen, was in der Zeitung steht oder in den Nachrichtensendungen ausgestrahlt wird, schlechte Nachrichten. Auf diese Weise wird unsere Hilflosigkeit betont, und wir denken eher daran, was uns alles zustoßen kann. Ermutigende Beispiele von Menschen, die sich aus eigener Kraft aus schwierigen Lagen befreit oder ihre Situation durch Initiative, Ausdauer und Willenskraft entschieden verbessert haben, werden uns leider viel seltener präsentiert. Sie aber könnten uns Mut machen, ebenfalls aus misslichen Verhältnissen auszusteigen, eine unwürdige Partnerbeziehung zu beenden oder einem fiesen Mobbing an unserem Arbeitsplatz entgegenzutreten. Außerdem lehren uns solche Beispiele, darüber nachzudenken, was wir aktiv tun können, um nicht dauernd in tausend Ängsten zu schweben vor dem, was uns möglicherweise zustoßen kann.

Tipp

Statt sich in der Opferrolle einzurichten und sich damit in Schach zu halten, dass alles noch viel schlimmer kommen könnte, ist es sinnvoll, nach dem besseren Leben zu streben, das Sie verdienen. Außerdem können Sie Ihr Selbstwertgefühl dadurch steigern, dass Sie aktiv werden: Wirklichen Stolz kann man kaum über schöne Absichten und Pläne empfinden, sondern über Handlungen, die man vollbracht hat.

Es gehört zu unseren Rechten, nach einem besseren Leben zu streben; wir sind nicht dazu verdammt, uns im Elend und in Halbherzigkeiten, in ermüdender Routine oder in Problemen, im »wunschlosen Unglück«, wie Peter Handke es einmal nannte, einzurichten. Zu diesem Recht gehört aber auch die Pflicht, aufzustehen und Widerstand zu leisten, wenn die faulen Kompromisse Sie erdrücken. »Wer sich nicht wehrt, lebt verkehrt«, lautete zutreffend ein Slogan aus der Anfangsphase der grünen Bewegung, der zeitlose Gültigkeit hat.

In der hier vertretenen Sicht der Dinge ist kein Platz mehr für die bildhaften und erlebnisnahen Beschreibungen von Konflikten, wie wir sie im ersten Teil dieses Buches noch dargestellt haben. »Ein Teil von mir wollte arbeiten, aber ein anderer Teil kam dazwischen« – das zieht nicht mehr, wenn Sie wirklich heraus wollen aus der Opferposition. Überlegen Sie einmal genau: Mit dem Glauben daran, dass es wirklich die verschiedensten Teile in Ihnen gibt, die alle etwas anderes wollen, können Sie sich als Akteur verabschieden. Genauso gut könnten Sie sagen, dass fremde Stimmen oder teuflische Einflüsse Ihre Handlungsweisen bestimmen würden. Als Metapher ist die Rede von den widerstreitenden Parteien in Ihnen vielleicht brauchbar. Sobald Sie die Metapher aber ernst nehmen, ist es aus. Eine Landkarte ist auch etwas anderes als die wirkliche Landschaft. »Aber es gibt doch Konflikte«, wenden Sie ein, und Ihnen fallen auch gleich ein paar ein: Sie wollen Geld sparen und gleichzeitig ein paar neue Klamotten kaufen; Sie wollen Ihrem Partner treu sein, aber sind auch einem gelegentlichen Abenteuer nicht abgeneigt. Natürlich gibt es diese Konflikte. Wir stellen uns in ihnen oft so ein, dass wir uns nicht handlungsfähig fühlen, aber zwingend ist das nicht. Wir können uns entscheiden, das Geld auf die Bank zu bringen oder untreu zu werden. Handlungen sind trotz Konflikt möglich. Der berühmte Psychoanalytiker Alfred Adler war sogar der Ansicht, dass wir unsere Konflikte in der Absicht entwickeln, nicht handeln zu müssen. Und die subjektiv erlebte Aufspaltung in mehrere Teile, die im Konflikt liegen, ist in seinen Augen nur eine Augenwischerei, um der Handlung auszuweichen. Was eigentlich gefürchtet wird, ist die Übernahme von Verantwortung.

Sobald man die Illusion, gelähmt zu sein, hinter sich lässt und sich trotz gefühlter Konflikte als handlungsfähig ansieht, gewinnt man eine unglaubliche Freiheit hinzu. Sie liegt darin, jederzeit Wahlmöglichkeiten zu haben und Aktionen starten zu können. Der Preis dafür ist die Übernahme von Verantwortung. Statt in Konflikten zwischen Baum und Borke stecken zu bleiben und gar nichts zu tun, sind Sie nun frei zu tun, wofür Sie sich auch immer entscheiden. Sie müssen nur bereit sein, dazu zu stehen und die Konsequenzen auf sich zu nehmen. Genau das löst bei manchen derartige Ängste aus, dass sie schnell die Einsicht in ihre Freiheit vergessen oder zu den alten Argumenten der Zerrissenheit zurückkehren.

Oswald ist ein hochqualifizierter, bestens ausgebildeter und sehr unglücklicher Arzt. Er ist Mitte 30, und alle sagen ihm ständig, was er zu tun hat: sein Klinikchef, seine Kollegen, seine Frau, seine Eltern. Wenn sie es ihm nicht freiwillig sagen, dann fragt er sie um Rat, denn er sieht sich in einem heillosen Gestrüpp von Möglichkeiten und Problemen gefangen. Seine Arbeit als Internist in einer Klinik liebt er schon lange nicht mehr, der Dienst ist ihm zu anstrengend, und er lebt in der ständigen Angst, mit einer Fehlentscheidung einem Patienten zu schaden. Aus diesem Grund versucht er sich – wenn es irgend geht –, durch Rücksprachen mit Kollegen und Recherchen in Datenbanken abzusichern, und deswegen ist er nicht der Flotteste. Der Chefarzt hat ihn schon mehrfach gerüffelt, er müsse einfach schneller eine Diagnose stellen oder eine Therapie vorschlagen. Das alles bedrückt ihn so sehr, dass er sich geradezu ins Krankenhaus schleppen muss. Er leidet unter häufigen Erkältungen und würde nichts lieber tun, als zu Hause zu bleiben, aber das traut er sich nicht. In der Klinik arbeitet auch seine Kollegin Silke, mit der er ein Verhältnis hat, seitdem sie ihn bei einem gemeinsamen Nachtdienst verführte. Sie ist verheiratet, wie er, aber unzufrieden mit ihrer Ehe, und Oswald fürchtet sich vor dem Tag, an dem sie ihm sagen wird, dass sie sich von ihrem Mann getrennt hat und nun womöglich mehr von ihm erwartet.

Oswalds Frau Elke weiß nichts von dieser Affäre. Sie drängt ihn, sich in eigener Praxis niederzulassen, damit er aus der Klinik herauskommt, aber er hat Angst vor den hohen Schulden, vor dem Ganz-auf-sich-gestellt-Sein, bei dem er niemanden mehr fragen kann. Seine Eltern, zu denen er einen sehr engen Kontakt hat, raten ihm, eine Auszeit zu nehmen. Sie haben gute Kontakte zu einer Reederei und könnten ihm einen Job als Schiffsarzt auf einem Luxus-Kreuzfahrtschiff verschaffen. Doch dann müsste er sich ja für diese Zeit von seiner Frau trennen, die das sicher nicht will. Oswald ist verzweifelt.

In einer Reihe von Gesprächen wird deutlich, dass Oswald sich selbst noch nie mochte. Er studierte Medizin, weil er sich vom Status als Arzt eine Aufwertung und damit die Lösung seiner Probleme, sich selbst zu akzeptieren, versprach. Das hat nicht geklappt. Eigentlich wollte er Instrumentenbauer werden. Noch heute, in seiner spärlichen Freizeit, bastelt er autodidaktisch an einem Cembalo herum. Er sieht sich als Opfer seiner bisherigen Entscheidungen, die er bereut, als Opfer der Klinik, seiner Frau, seiner Geliebten, als Opfer des verfehlten Lebens schlechthin. Und das mit 35 Jahren!

Die Überzeugung, die ihn jetzt lähmt, lautet: Es ist alles zu spät, und ich kann sowieso nicht das tun, was ich tun möchte. »Sie wissen nicht, wie gut es sich anfühlt, das Richtige zu tun«, sage ich. »Ich bemühe mich ja jeden Tag herauszufinden, was das Richtige wäre«, wehrt Oswald sich. »Sie suchen das Richtige bei den Optionen, also draußen«, sage ich, »aber richtig wäre es, Verantwortung zu übernehmen und das zu tun, was Sie schon immer tun wollten!« Ungläubig schaut Oswald, der unglückliche Arzt, mich an: »Sie meinen: Ich sollte jetzt noch umsatteln und Instrumentenbauer werden?« »Sie haben so viel Zeit und Energie darauf verwendet, sich in einen elenden Zustand zu versetzen, ein ganzes langes Studium, dann all die Jahre in der Klinik, die Alternativen, als Arzt weiterzumachen, bedrücken Sie schon beim bloßen Denken daran – was haben Sie zu verlieren?«

Und allmählich formt sich der bislang unerhörte Gedanke in Oswalds Hirn: Vielleicht ist es doch nicht zu spät. Wenn er seinen Mut zusammennähme, dann könnte er diesen riesigen Sprung vielleicht machen. Aber auch dieses Bild suggeriert eher einen Sturz ins Ungewisse. Was er bräuchte, liegt viel näher: eine Ausbildungsstelle, einen Lehrer, der ihn, einen 35-jährigen Akademiker, als Azubi annimmt. Diesen Lehrer müsste er suchen, danach würde man weitersehen. Oswald besorgt sich Informationen, macht sich kundig, findet schließlich einen Geigenbauer, der in Oswald eine Berufung spürt und bereit ist, ihn auszubilden.

Angesichts der Möglichkeit, sein Leben wirklich radikal zu verändern, beginnt Oswald, »schlotternd vor Angst«, sich zu fragen, ob er diesen Schritt wirklich machen will. Auf der einen Seite beglückt ihn der Gedanke, seinen Traum zu verwirklichen, auf der anderen Seite erlebt er das, was Elias Canetti mit den Worten beschrieb: »Wie leicht sich das sagt: sich selber finden! Wie man erschrickt, wenn es wirklich geschieht!« Er führt lange Gespräche mit Elke, die ihn beruhigt, er schreibt auf, welche Konsequenzen sich ergeben, und siehe da: Er findet keine wirklich schrecklichen. Natürlich stößt er auch hier auf Ängste: Wird er genug verdienen können, wird er ausreichend geschickt sein, wird es ihm nicht langweilig werden? Doch diese Ängste haben etwas Offenes, Unbestimmtes, während die depressive Stimmung, wenn er an seine Perspektiven als Arzt denkt, schwer als täglich aufs Neue erfahrene Gewissheit auf ihm lastet.

Peu à peu wird deutlich, dass Oswald seine Energie bislang stets darauf gerichtet hat, sich Situationen zu schaffen, in denen er sich nicht wohl fühlte. Allein schon die Vorstellung, nun wirklich seinen alten Wunsch ernst zu nehmen und sich auf ihn festzulegen, ein Commitment einzugehen, gibt ihm Gefühle von Autonomie und Handlungskraft, die er noch nie so gekannt hat. Auch ihm wird klar, dass es um seine Art zu leben geht, nicht nur um einen Berufswechsel. Seine Energie, an der es ja nie mangelte, in etwas zu stecken, hinter dem er stehen und für das er die volle Verantwortung übernehmen kann, ist eine zutiefst befriedigende Idee. »Es liegt wirklich an mir«, stellt Oswald zufrieden fest, »ich kann meine Wünsche opfern und mich unglücklich machen oder mit demselben Aufwand meine Ziele anstreben!«

Fehlerfreundlich werden

Wir leben in einer Kultur, in der Brandmarken, Anprangern und Bloßstellen einen hohen Stellenwert haben, wenn es darum geht, jemanden bei einem Fehler zu ertappen. Die PISA-Studie hat das bestätigt: Deutsche

Lehrerinnen und Lehrer kaprizieren sich auf die eine, einzig richtige Lösung, in einem Unterrichtsstil, der nichts Fröhlich-Entdeckendes hat, sondern als »fragend-entwickelnd« bezeichnet wird. In Schülerkreisen heißt er noch zutreffender: »quälend-entwickelnd«. Einer hat die richtige Lösung im Kopf und stellt nun Fragen, die wie bei einer Schnitzeljagd die anderen auf die richtige Spur und schließlich zum Ziel führen sollen. Nicht zielführende Antworten werden kopfschüttelnd als unpassend abgewehrt oder verbal aufgespießt: »Also sag mal, Jochen, hast du heute deinen Verstand zu Hause gelassen?«

Unser schulisches Lernen bietet viel zu wenig Freiräume, in denen Schüler sich selbst ausprobieren dürfen und aus ihren Fehlern lernen können. Wenn man stets auf der Hut sein muss, bloß keinen Schnitzer zu machen, wenn man wie ein Schwamm im 45-Minuten-Takt im Ein-Fach-Unterricht Wissen aufnehmen soll, das ein frontal agierender Lehrer vom Rahmenplan her in die Köpfe zu bringen versucht, dann bleibt die Motivation auf der Strecke. Optimal motiviert sind Schüler dann, wenn sie selbst etwas machen dürfen. Gleichzeitig hat ihr Handeln den besten Lerneffekt, denn dadurch bleibt am meisten im Gedächtnis haften. Ein chinesisches Sprichwort lautet: »Erzähl es mir, und ich vergesse es. Zeig es mir, und ich erinnere mich daran. Lass es mich tun, und ich verstehe es.«

Wenn man von der Annahme ausgeht, dass es eine und nur eine richtige Lösung geben muss, wird man auch später viel Zeit damit verbringen, genau die herauszufinden, anstatt viele verschiedene Anläufe zu unternehmen, um viele verschiedenartige Lösungen kreativ zu generieren. Wer so denkt, wird stark auf Ergebnisse fixiert sein. Es wird dann wichtiger, das richtige Endergebnis präsentieren zu können, als sich am Prozess des Lebens zu erfreuen.

Sie werden sicher auch die Erfahrung gemacht haben: Je mehr Sie einen Fehler vermeiden wollen, desto stärker verkrampfen Sie sich. Für viele ist ein Fehler in aller Öffentlichkeit identisch mit einer peinlichen Bloßstellung. Rein empirisch brauchen Sie sich nicht so zu fürchten, denn es gibt ein psychologisches Gesetz, nachdem derjenige, der eine peinliche Szene beobachtet, von der Peinlichkeit angesteckt wird und deswegen lieber bald wegschaut. Dass Menschen wirklich so funktionieren, können Sie leicht herausfinden, indem Sie sich im Restaurant einmal absichtlich bekleckern.

Hinter der Angst, Fehler zu machen, stecken eine Identifizierung mit einer ganzen Reihe von Vorstellungen, was als Fehler anzusehen ist, und die Überzeugung, dass es schlimm sei, nicht perfekt zu sein. Beides läuft darauf hinaus, ein Image höher zu halten als die eigene Realität. Eine wirkungsvolle Waffe dagegen besteht in einer ganz anderen Überzeugung, die Sie sich zu Eigen machen können:

Es gibt keine Fehler. Es gibt nur Konventionen darüber, was wir so nennen. Was wirklich existiert, sind lediglich Handlungen und ihre Bewertungen. Und die können Sie ändern, wenn Sie Ihnen nicht gefallen.

Natürlich werden Sie auch weiterhin bestimmte Entscheidungen oder Handlungen als Fehler einstufen. Aus ihnen können Sie lernen und das nächste Mal etwas anders machen. Wer einen Fehler macht und ihn nicht korrigiert, macht einen zweiten. Wenn Sie aber in der alten Schülerangst leben, nutzen Sie Fehler nicht als Lernquelle, sondern versuchen, sie zu verstecken. Mit der Mühe, die das macht, könnten Sie sich die Fehler auch leicht abgewöhnen. Wenn Sie Ihr Image nicht übertrieben wichtig nehmen, dann schwindet auch Ihre Angst davor, Fehler zu machen. Wenn manche Leute auch finden, dass Sie unmöglich aussehen, mit Ihren braunen Schuhen zum schwarzen Anzug, oder dass Ihr Makeup von gestern und Ihre Garderobe von vorgestern sei – was kann Ihnen das anhaben, solange Sie sich von solchen Auffassungen nicht abhängig machen? Unabhängig werden Sie, indem Sie Ihre eigenen Meinungen fassen, zum Beispiel darüber, was Sie wirklich als einen Fehler ansehen wollen. Natürlich kann das in Widerspruch geraten mit unseren Bedürfnissen nach sozialer Verbundenheit. Wir wollen uns zu Gruppen, zu Traditionen und zu Wertegemeinschaften zugehörig fühlen und sehen uns dann gezwungen, den vorgefundenen Regeln, was richtig und was falsch ist, zuzustimmen, selbst wenn wir dagegen verstoßen. Beides ergibt eine lähmende Wirkung, wenn es zusammentrifft.

Bevor Oswald den Arztkittel an den Nagel hängte, hatte er sich daran gewöhnt, mit deprimierter, hoffnungsloser Stimmung in die Klinik zu gehen. Dort versuchte er »natürlich«, sich nicht anmerken zu lassen, wie bedrückt er war, sondern spielte den gut gelaunten Arzt. Das klappte nicht, und je weniger es gelang, desto mehr versuchte er es. In der üblichen Weise führte es dazu, dass er seine verbleibende Aufmerksamkeit sowohl auf seine Aufgaben als auch auf seine eigene Stimmung richtete und sich ängstlich beobachtete, ob seine Miene etwa finster war, seine Mundwinkel herabhingen und seine Stimme müde klang. Auf solche alarmierenden Signale hin gab er sich dann den Befehl, dynamisch und aktiv zu wirken. Kein Wunder, dass seine Kolleginnen und Kollegen ihn zunehmend ein wenig seltsam fanden. Oswald hielt es für eine Schwäche, depressiv zu sein, und die wollte er sich nicht geben. Er war mehr an seinem Image als an seiner Wirklichkeit interessiert. Er gab auch seiner Frau Recht, die ihn wegen seiner Unentschlossenheit und seiner Zukunftsängste kritisierte. Das, wofür er hätte eintreten müssen, verriet er, und damit verriet er das, was seine bestimmendste Realität ausmachte.

Goethe war fehlerfreundlich, denn er hielt es mit dem Motto: »Stolpern fördert!« und der Devise: »Wenn du nicht irrst, kommst du nicht zu Verstand«. Nur wer Angst hat, beim Straucheln beobachtet und bespöttelt zu werden, versucht auf Teufel komm raus, Fehler zu vermeiden.

Tipp

Aus Fehlern zu lernen, statt sich ihrer zu schämen, ist ein anstrebenswertes Ziel, auf das hin sich zu orientieren lohnt. Der Weg dorthin besteht darin, absichtlich Fehler zu machen, sich zu ihnen zu bekennen, ohne sich für sie zu entschuldigen. Wechseln Sie fröhlich ins Lager der Sünder, statt sich als ein versagender Anhänger des Guten und Richtigen zu sehen, der es leider nicht bringt. »The sinners have much more fun and only the good die young«, singt Billy Joel so zutreffend.

Ich habe im zweiten Teil des Buches viel Wert darauf gelegt, eine möglichst große Konsistenz zwischen Gedanken, Gefühlen und Handlungen zu schaffen. Bei Lösungen erster Ordnung ist das auch wirklich eine gute Voraussetzung, um kraftvoll zu handeln. Aber das Leben insgesamt kann nicht aus einem Guss sein, und wer sich unter diesen Anspruch stellt, legt damit den Grundstein für zwangsläufige Unzufriedenheit. Allein schon die bekannte Tatsache, dass Handeln und Denken heftig voneinander abweichen können, wirft die Frage auf: Was tun, wenn man in eine solche Lage gerät?

»Das Konsequenzgebot, das das Denkbare und das Lebbare in eine widerspruchsfreie Einheit überführen will, kann zur Verarmung oder zur Verwüstung des Lebens führen (...). Lebenskunst wäre, zwischen dem Denkbaren und dem Lebbaren eine Trennung aufrechterhalten zu können, damit das Denken und das Handeln jeweils zu ihrem Recht kommen, und das heißt: das ihnen mögliche Maß an Lebendigkeit entfalten zu können. Spinoza sagt: ›Nur wenn ich nicht alles tun darf, kann ich alles denken.‹«, schreibt der Philosoph Rüdiger Safranski.

Das Glück des Handelns

Aus dem aktiven Eingreifen, mit dem Sie sich und die Verhältnisse verändern, erwachsen Ihnen die Freuden der Selbstverwirklichung: Sie drücken der Welt Ihren Stempel auf, lassen sich nicht »vom Leben leben«, sondern gestalten es. Wenn es geschmeidig und selbstvergessen läuft, dann geraten Sie in den oben beschriebenen *Flow*, wenn nicht, dann fühlen Sie sich *low*, was kein Wunder ist.

Handlungsstörungen machen unglücklich. Umgekehrt gilt: Handeln können, tätig sein, macht glücklich. »Die meisten Menschen sind so glücklich, wie sie es sich selbst vorgenommen haben«, stellte Abraham Lincoln fest. Viele warten darauf, dass sie durch einen Lottogewinn, einen neuen Partner, ein Wunder aus ihrer bestehenden Unzufriedenheit in einen dauerhafteren Glückszustand befördert werden. Diese Hoffnungen sind jedoch trügerisch. Inzwischen liegen hinreichend viele Forschungsergebnisse aus Studien vor, in denen Menschen, die sich als glücklich beschreiben, mit solchen verglichen wurden, die sich unglücklich fühlten. Es wird Sie nicht wundern, dass in den Unterschieden vieles von dem auftaucht, was Ihnen in diesem Buch bereits begegnet ist:

- Glückliche Menschen sind grundsätzlich optimistischer als unglückliche.

- Sie schreiben positive Erlebnisse eher ihren eigenen Leistungen und Fähigkeiten zu, Pech erleben sie als zufällig. Unglückliche Menschen machen es genau anders herum: Sie schreiben alles, was gut läuft, dem Zufall zu und fühlen sich persönlich verantwortlich für alles, was schief geht.

- Glückliche Menschen beschreiben ihr Gefühlsleben als überwiegend wenig bis mittelmäßig angenehm. Sie berichten über eher seltene intensive Glücksgefühle. Wer ständig nach intensiven Highs sucht, wird seine überhöhten Erwartungen häufig enttäuscht sehen und sich dadurch unglücklich fühlen.

- Glückliche berichten über deutlich mehr Unterstützung durch Familie und Freunde, verglichen mit den Unglücklichen.

Der griechische Philosoph Epikur, der im dritten Jahrhundert vor Christus in Athen lehrte, hat bereits die Rezepte für eine Lebenskunst aufgeschrieben, die es uns ermöglichen soll, dem Glück näher zu kommen. Zentral ist der Gedanke, dass wir für uns selbst sorgen müssen, dass wir Glück dann finden werden, wenn wir einen eigenen, sinnvollen Lebensentwurf umsetzen. Dazu müssen wir die Dinge so sehen, wie sie sind, und uns von Vorstellungen darüber lösen, wie sie zu sein hätten. Nicht Lustgewinn ist Glück, sondern die Fähigkeit, unser natürliches Begehren (und nicht unsere künstlich angestachelten Konsumwünsche) zu erfüllen. Natürlich gehören dazu Grenzen und das rechte Maß.

Sie als Leser sind bereits dabei, eine der wichtigsten Glücksquellen zu nutzen: Durch Lektüre erzielten die griechischen Philosophen die Befreiung von der »Pest des Unwissens«, von der Diogenes sprach. Lesen von hilfreichen Texten bildete die Basis für die Analyse des eigenen Begehrens in der Welt, wie sie ist. Das dadurch erworbene Wissen sollte durch Anwendung eingeübt und schließlich zur Gewohnheit werden. Die Verehrung des Wissens und der Notwendigkeit, sich durch Texte anleiten zu lassen, ging im Altertum so weit, dass Tafeln mit mannshohen Lettern der Öffentlichkeit Lebenshilfe gaben – während uns heute von übermannshohen Leuchtdisplays meistens nur Kaufappelle zugemutet werden. Deren Glücksversprechen halten einige von uns eine Zeit lang auf Trab. Auch wenn sich die erwartete großartige Befriedigung beim Kauf eines neuen Fernsehers, Autos oder einer Traumreise schnell als schal erweist, stellen sie kaum je in Frage, ob sie durch derartige Genüsse wirklich dauerhaft zufrieden gestellt werden können. Stattdessen nehmen sie an, dass sie das nächste Mal einfach ein noch besseres TV-Gerät, ein größeres Auto brauchen oder ein noch traumhafteres Reiseziel aufsuchen müssen. Die Psychologie sieht in nüchterner Wissenschaftlichkeit das Erleben von Unglück als durch die folgenden Faktoren verursacht an:

• eine erwartete Beglückung bleibt aus oder
• befürchtete Dinge treten ein.

Optimisten rechnen niemals mit dem Ersten, Pessimisten erwarten stets das Letzte. Eine Gruppe von Pessimisten hat aus dem Prinzip, das Schlimmste anzunehmen, eine Befriedigungsquelle gemacht: Sie setzen grundsätzlich ihre Erwartungen so niedrig an, dass sie auf diese Weise eigentlich unter dem Strich immer ein etwas besseres Ergebnis erzielen als erwartet, also positiv überrascht sind. Das Tiefer-Legen der Messlatte und die Erwartung von Unglück versetzen manche Menschen erst in die Lage, vernünftig zu planen und kompetent zu handeln. Berufsoptimisten verdrängen hingegen alles, was schief gehen kann, und sichern dadurch ihre Handlungsfähigkeit.

Wer sich bei der Suche nach dem Glück auf die Welt der äußeren Dinge ausrichtet, wird möglicherweise ohnehin überschätzen, wie viel Glück durch den erhofften Reichtum, den Erfolg oder den Traumpartner ermöglicht wird. Drei Mechanismen erweisen sich als besondere Glückskiller:

• die Tendenz, sich auf eine Glücksquelle zu fokussieren,
• die hedonistische Anpassung und
• der Erinnerungsoptimismus.

Die Fokussierung auf eine Glücksquelle blendet die Befriedigungsmöglichkeiten aus, die in all dem liegen, was sonst noch passiert. »Life is what happens to you while you are busy making other plans«, stellte John Lennon fest. Lässt man, wie in einem Experiment geschehen, Fußballer vorhersagen, wie glücklich ein Sieg in einem kommenden Match sie machen werde, dann überschätzen viele die Beglückung massiv. Nur diejenigen, die sich per Tagebuch schon längere Zeit Rechenschaft über ihre Gefühle bei Siegen und Niederlagen ablegten, blieben realistisch.

Unser erhoffter Dauer-Glückszustand wird auch durch unser inneres Ausgleichssystem sabotiert, das dafür sorgt, dass wir gefühlsmäßig immer wieder in eine mittlere Lage geraten. Gott sei Dank verklingen auf diese Weise die Misstöne von Schicksalsschlägen rasch, aber leider verflüchtigt sich auch das erlebte Glücksempfinden schnell. Endlich im lang ersehnten Eigenheim zu wohnen, erfüllt die Häuslebauer für eine gewisse Zeit mit Stolz und Freude. Mit dem Vergehen der Zeit wird ihr Glück jedoch durch Gewöhnung gedämpft, sie passen ihre Erwartungen an das gegebene Befriedigungsniveau an und sind nicht mehr so euphorisch wie ehedem.

Ein dritter Gegner ist in der Überschätzung vergangenen Glücks zu sehen. Viele Menschen malen die Vergangenheit in rosaroten Farben und betonen in ihren Erinnerungen selektiv das, was schön war – und übertreiben es gelegentlich sogar deutlich. Die meisten von uns denken an die positiven Seiten unserer Jugend zurück, daran, wie unbekümmert wir waren, wie gutgelaunt und wie ausdauernd. Wie linkisch, verklemmt und oft unglücklich wir uns fühlten, ist aus unserer Erinnerung verschwunden. Der Erinnerungsoptimismus vergoldet auch die Verliebtheit, die wir einst erlebt haben. Verglichen mit dieser idyllisierten Messlatte erscheint manch einem die gegenwärtige Beziehung als dürftig. Hat man sich an seinen Partner gewöhnt, kann man das Gefühl des Verlusts der Verliebtheit als Verlust des Gefühls überhaupt interpretieren. Um es zurückzugewinnen, kann man sich vorgaukeln, mit einem neuen Geliebten wieder glücklich sein zu können. »Das Glück ist eine leichtfertige Person, die sich stark schminkt und von ferne schön ist«, meinte der österreichische Dichter Johann Nestroy zu solchen Fehleinschätzungen. Denn natürlich unterliegt auch die nächste Liebe den Gesetzen der Gewöhnung.

Hohe Erwartungen an den besonderen Glückskick als Voraussetzung, um zu handeln, setzen zudem einen permanenten inneren Überwachungsprozess in Gang, der das Erleben des gesuchten Glücks vollständig unmöglich macht. Wer auf die Ekstase wartet, und sich ständig befragt, ob er denn nun wirklich glücklich ist, konstelliert sein Unglück selbst.

Sonja hatte auf diese Weise ihre Hochzeitsreise in einen Albtraum verwandelt. Sie kannte Paul erst ein Jahr, aber für sie stand schon nach wenigen Monaten fest, dass er der Mann fürs Leben war. Nachdem sie geheiratet hatten, schwebte sie auf Wolke sieben. Und die Hochzeitsreise sollte für sie beide ein absoluter Höhepunkt am Start ihres gemeinsamen Lebens werden. Sie sollte ein unvergessliches Erlebnis werden, voller Glück und Erfüllung. Sonjas Eltern hatten den Neuvermählten eine Luxusreise auf einem Traumschiff geschenkt, eine Karibikkreuzfahrt. Paul hatte sich darauf eingelassen. Dass er nicht ganz so begeistert war wie sie, hatte Sonja übersehen. Sonja kaufte tolle Dessous, tolle Bikinis, tolle Abendgarderobe. Sie schwelgte in Vorstellungen vom Captain's Dinner, aufregenden Landgängen, romantischen Liebesnächten.

Es war dann gar nicht einmal die Seekrankheit, die sie schließlich in ein tiefes Unglück stürzte. Das war nur das Tüpfelchen auf dem I. Nein, dass alles im Alltag so entsetzlich viel prosaischer war, als sie es erwartet hatte, machte sie fertig. Die vielen älteren Mitreisenden, die Tatsache, dass sie auf dem Schiff außerhalb ihrer Kabine eigentlich nie allein waren, dass Paul vom ewigen Sonnenschein nicht so begeistert war wie sie, sondern gerne auch einmal unter Deck bleiben wollte, das alles belastete Sonjas Stimmung. Noch schlimmer war etwas, das sie sich kaum eingestehen mochte: Sie fühlte sich innerlich als Ehefrau nicht so verändert, wie sie es erhofft hatte. An den meisten Tagen empfand sie sich nicht viel anders als vorher auch. Und dabei hatte sie so gehofft, ihr altes Ich hinter sich zu lassen!

Pech gehabt, Sonja – wer sich von einer Heirat die Verwandlung in eine andere, glücklichere Person erhofft, kann nur enttäuscht werden. Das Wesen des Glücks liegt darin, sich um es zu bemühen, also zu handeln. Glück erleben die, die nicht aufhören, sich zu bemühen.

Wenn wir wieder einmal auf das Gehirn schauen, dann geht Aktivität im linken Stirnhirnlappen mit Glücksgefühlen einher. Bei depressiven Menschen herrscht genau dort Funkstille. Im linken Stirnlappen sitzt zwar kein Glückszentrum, seine Aktivität dämpft aber offenkundig negative Gefühle. Sie erinnern sich: Die Hirnrinde ist eine Region, auf die Sie bewusst Einfluss nehmen können, im Unterschied zu tiefer gelegenen Hirngebieten. Einfluss nehmen Sie, indem Sie Ihrem Gehirn etwas anbieten, was es gerne hat. Da Ihr Gehirn ausgesprochen gerne lernt, müssen Sie ihm Inhalte anbieten. Lernen bedeutet: Neue Verknüpfungen entstehen, Gehirnzellen vernetzen sich, anatomische Strukturen werden verändert. Das Glück sitzt im Umbau des Gehirns. Wie Sie umbauen können? Nun, beispielsweise durch Lektüre, durch Nachdenken und durch Einsichten. Eine andere Möglichkeit besteht in selbstvergessener Aktivität, dem Flow, von dem Sie im Abschnitt »Mehr desselben« erfahren haben. Alles, was Sie in der richtigen Weise tun, bei der Sie das Gefühl für Raum und Zeit verlieren und ganz in der Aktion aufgehen, egal ob es Jogging, lesen, Musik hören oder kochen ist, entspricht einem Glückszustand, der zwar anders als ein ekstatischer Freudentaumel ist, aber dafür nachhaltiger und vor allem wiederholbar! Übrigens haben mehr Menschen in ihrer ganz alltäglichen Arbeit Flow-Erlebnisse als bei Freizeitbeschäftigungen. Tue, was du tust!, lautet die buddhistische Handlungsanweisung, um den Flow zu erreichen: Seien Sie achtsam bei dem, was Sie tun, und seien Sie voll darauf konzentriert.

Handlungsstörungen sind also Einschränkungen Ihrer Glücksmöglichkeiten, und Sie tun Recht daran, sie zu überwinden. Ein Weg besteht in der bewussten Ausrichtung Ihrer Wahrnehmung und Ihrer Aufmerksamkeit. Das können Sie durch Meditation erreichen, durch Entspannungstraining und auch durch Aufzeichnungen in Ihrem Logbuch, über die Sie dann reflektieren. Die Kunst liegt dabei in der Reflektion Ihrer Erfahrungen. Sie haben ja bereits erfahren, dass reines Aufschreiben, ohne das Geschriebene zu überdenken, wenig bringt.

Tipp

Richten Sie Ihr Augenmerk immer mehr auf all das, was in Ihrem Leben angenehm ist, auf das, was Ihnen gelingt, und auf die guten Seiten.

Es geht nicht darum, sich etwas vorzumachen oder sich mit törichten Selbstsuggestionen etwas Unglaubhaftes einzutrichtern (»Ich bin ein Tiger! Ich habe Erfolg ohne Ende!«). Nehmen Sie ruhig die negativen Aspekte der Dinge wahr und auch das, was Ihnen an sich selbst nicht gefällt. Aber achten Sie darauf, es auch wieder loszulassen, sich nicht darin zu verbeißen. Stellen Sie für das, was Sie noch verbessern wollen, einen Plan auf, oder arbeiten Sie daran, es zu akzeptieren. Damit beschäftigen Sie Ihren linken Stirnhirnlappen und trainieren ihn darin, seine Funktion immer besser auszufüllen: negative Emotionen zu dämpfen und herunterzuregeln. Schmerzen, die das Leben Ihnen zufügt, sind unvermeidlich, das Leiden hingegen ist oft freiwillig gewählt in dem Sinne, dass negative Erfahrungen immer wieder im Kopf recycelt und mit düsteren Bewertungen interpretiert werden. »Wer die Augen offen hält, dem wird im Leben manches glücken. Doch noch besser geht es dem, der versteht, eins zuzudrücken«, warnte Goethe vor der Überbetonung der Kritik. Das können Sie beispielsweise auch dadurch tun, indem Sie von vornherein die Phasen, in denen Sie leiden wollen, definieren und begrenzen.

| Tipp |

Denken Sie über sich nach, und machen Sie sich dazu Aufzeichnungen. Gerade die aufmerksame, auf positive Bewältigung gerichtete Beschäftigung mit Ihrer Lebensführung wird Ihnen gut tun. Bedenken Sie, dass 90 Prozent aller ungefähr 100 Milliarden Nervenzellen in unserem Gehirn nicht mit der Außenwelt, sondern miteinander kommunizieren! In dieses Gespräch können und sollten Sie sich bewusst einmischen.

Glück liegt nicht darin, zu haben, was man will, sondern zu wollen, was man hat. »Wenn du einen Menschen glücklich machen willst, dann füge nichts seinem Reichtum hinzu, sondern nimm ihm einige von seinen Wünschen«, riet Epikur. Wenn Sie sich darin üben, die Dinge zu akzeptieren, wie sie sind, einschließlich der Aspekte, die Sie nicht ändern können, dann entscheiden Sie sich gegen Bitterkeit und falsches Bedauern. Beide binden Ihre Energien in einer negativen Weise an die Vergangenheit, die nicht mehr zu ändern ist, oder an äußere Umstände, die zu beeinflussen außerhalb Ihrer Möglichkeiten liegt.

Mit einer akzeptierenden Haltung legen Sie nicht nur einen Grundstein für Erfolg in bestimmten Handlungsbereichen, sondern vor allem für Ihr Lebensglück. In den richtigen Rahmen gestellt, dekonstruieren Sie mitgebrachte, alte Katastrophenhaltungen. Ein frommes Gebet der Glückssucher lautet daher: »Gib mir die Gelassenheit, Dinge hinzunehmen, die ich nicht ändern kann; den Mut, Dinge zu ändern, die ich ändern kann; und die Weisheit, das eine vom anderen zu unterscheiden.« Eine gute Ergänzung ist der Zusatz: »Gib mir die Kraft, die einzige Person zu ändern, die ich verändern kann – mich!«

Es ist also nicht so sehr die Intensität der Glückserlebnisse, sondern deren Häufigkeit, was zählt. Zu den objektiven Faktoren gehören Gesundheit, die materielle Situation und enge persönliche Beziehungen zu einem Partner oder zu vertrauten Personen. Hier liegen also wieder Faktoren, die Sie beeinflussen können. Wenn Sie beispielsweise beschließen, Ihr soziales Netzwerk zu erweitern und die Beziehungen zu Ihren Freunden zu verbessern, dann tun Sie etwas für Ihre Glücksbilanz. Zu den subjektiven Faktoren gehört Ihr Glaube, ob es nun ein religiöser Glaube oder eine andere, Sie prägende Überzeugung ist. Aus amerikanischer Sicht ist die Mischung aus materieller Lage, Freundesbeziehungen und Glaube entscheidend für das Wohlbefinden: *funds, friends and faith!* Lebensfreude besteht in Authentizität und der Möglichkeit, das zu tun, was man wirklich will und kann. Konzentration, Anstrengung und Selbstmanagement sind dann keine strengen Auflagen mehr, sondern stellen sich nahezu von alleine ein. Das Geheimnis liegt in der Verschränkung von Bewusstheit, Aktionen und Rechenschaftslegung. Die Bereitschaft zu vielfältigen Betrachtungs- und Handlungsweisen ist eine gute Voraussetzung für kreative Lösungen. Wir müssen die Welt eingreifend verändern, aber wir müssen sie auch interpretieren. Wahrnehmung und Handlung, immer wieder reflektiert, sind die Wege zu einem erfüllten Leben.

Dank

Ich schulde vielen Dank, die dieses Buch möglich gemacht haben. Da sind zunächst zahlreiche Leserinnen und Leser meines Buchs über das Aufschieben, die mir in Briefen und E-Mails von ihren Problemen, aber auch von ihren Lösungen berichtet haben. Dankbar bin ich weiterhin denjenigen, die mir in persönlichen Gesprächen einen Einblick in ihren Kampf um Handlungsmöglichkeiten und persönliches Wachstum gewährt haben. Sie sind keinesfalls identisch mit den Personen, die in diesem Buch vorkommen. Die habe ich aus vielen verschiedenen Menschen zusammengesetzt, die zwar alle in der Wirklichkeit ihren Platz haben, in der hier beschriebenen Form aber nur zwischen diesen Buchdeckeln existieren.

Frühe Versionen von Teilen des Manuskripts konnte ich bei Vorträgen in der Urania Berlin der Öffentlichkeit präsentieren. Ich bedanke mich sowohl bei meinen Zuhörern als auch bei der Leitung der Urania, insbesondere bei Ulrich Bleyer und Ingrid Wittmann, sehr herzlich.

Christiane Kramer, Britta Kroker und Kirsten Reimers vom Campus Verlag danke ich für die empathische Aufnahme des Buchprojekts, für zahlreiche Anregungen und Unterstützung. Renate Oettinger bin ich für sorgfältiges Korrekturlesen und viele stilistische Hinweise sehr dankbar. Olaf Bohn, mein Tennistrainer, half mir nicht nur beim Aufschlag, sondern durch seine interessierten Fragen nach dem Stand der Dinge auch bei der Motivation zum Schreiben. Da mich dieses Buch merkwürdigerweise – wie eine Schwangerschaft – gegen Ende noch einen Backenzahn kostete, verdient auch mein Zahnarzt Dank.

Obwohl ich mich selbst eigentlich nicht so schlimm fand, behaupten meine Nächsten, Neele, Peer und Regine, dass ich – während dieses Buch entstand – phasenweise schwer zu ertragen war, weil ich mich nur noch wie ein Zombie am Familienleben beteiligt hätte. Offenbar hat mein französischer Lieblingsschriftsteller Philippe Djian, der gerne selbstreferenziell über Autoren schreibt, doch Recht: »Les écrivains font les compagnons les plus exécrables que l'on puisse imaginer.« Umso mehr danke ich meiner Familie für ihre Toleranz und die dennoch gewährte beständige Anteilnahme und Hilfe.

Literatur

Benedetti, Gaetano, *Psychodynamik der Zwangsneurose*, Darmstadt 1993

Bieri, Peter, *Das Handwerk der Freiheit. Über die Entdeckung des eigenen Willens*, München/Wien 2000

Braiker, Harriet B., *The Disease to Please. Curing the People-Pleasing-Syndrome*, New York 2001

Covey, Stephan R., *Der Weg zum Wesentlichen. Zeitmanagement der vierten Generation*, Frankfurt/New York 1999

Coupland, Douglas, *All families are psychotic*, London 2002

Djian, Philippe, *Vers chez les blancs*, Paris 2000

Dörner, Dietrich, *Die Logik des Misslingens*, Reinbek bei Hamburg 1989

Elias, Norbert, *Über den Prozess der Zivilisation*, Frankfurt 1976

Franzen, Jonathan, *The Corrections*, New York 2002

Frisch, Max, *Tagebuch 1966 – 1971*, Frankfurt 1972

Goethe, Johann Wolfgang von, *Faust, Erster und Zweiter Teil*, München 1964

Goffmann, Erving, »Wo was los ist – wo es action gibt«, in: *Interaktionsrituale. Über das Verhalten in direkter Kommunikation*, Frankfurt 1971, S. 164–292

Goffmann, Erving, *Rahmen-Analyse. Ein Versuch über die Organisation von Alltagserfahrungen*, Frankfurt 1977

Gontscharow, Iwan A., *Oblomow*, Düsseldorf 2001

Hammond, John S., Keeney, Ralph L. & Raiffa, Howard, *Smart choices: die aktive Methode für bessere Entscheidungen*, Regensburg/Düsseldorf 1999

Hartmann, Michael, *Der Mythos von den Leistungseliten. Spitzenkarrieren und soziale Herkunft in Wirtschaft, Politik, Justiz und Wissenschaft*, Frankfurt/New York 2002

Hayakawa, Samuel I., *Sprache im Denken und Handeln. Allgemeinsemantik*, Darmstadt 1976

Hesse, Hermann, *Das Glasperlenspiel*, Frankfurt 1975

Hölderlin, Friedrich, *Hyperion oder der Eremit in Griechenland*, Frankfurt 1979

Inglehart, Ronald, *Modernisierung und Postmodernisierung. Kultureller und wirtschaftlicher Wandel in 43 Gesellschaften*, Frankfurt/New York 1998

Jaspers, Karl, *Die maßgebenden Menschen. Sokrates, Buddha, Konfuzius, Jesus*, München/Zürich 1997

Jerusalem, Matthias & Pekrun, Reinhard (Hg.), *Emotion, Motivation und Leistung*, Göttingen 1999

Keller, Stefan (Hg.), *Motivation zur Verhaltensänderung. Das Transtheoretische Modell in Forschung und Praxis*, Freiburg 1999

Koelbl, Herlinde, *Spuren der Macht. Die Verwandlung des Menschen durch das Amt*, München 2002

Kopp, Sheldon B., *Kopfunter hängend sehe ich alles anders. Psychotherapie und die Kräfte des Dunkels*, Düsseldorf/Köln 1982

Křivohlavý, Jaro, *Zwischenmenschliche Konflikte und experimentelle Spiele*, Bern/Stuttgart/Wien 1974

Maurischat, Carsten, *Erfassung der »Stages of Change« im Transtheoretischen Modell Prochaska's – eine Bestandsaufnahme*. Forschungsberichte des Psychologischen Instituts der Albert-Ludwig-Universität Freiburg i. Br. 2001, Nr. 154

Murakami, Haruki, *Sputnik Sweetheart*, London 2002

Musil, Robert, *Der Mann ohne Eigenschaften*, Reinbek bei Hamburg, 1978

Pascal, Blaise, *Pensées*, Paris 1972

Peitz, Christiane, »Was ein Mann ist«, in: *Der Tagesspiegel*, 17.10.2002, S. 25

Prenzel, Manfred/Kirsten, Alexandra/Dengler, Petra u.a.: Selbstbestimmt motiviertes und interessiertes Lernen in der kaufmännischen Erstausbildung. In: Beck, K./Heid, H.: *Lehr-Lern-Prozesse in der kaufmännischen Erstausbildung – Wissenserwerb, Motivierungsgeschehen und Handlungskompetenzen*. Zeitschrift für Berufs- und Wirtschaftspädagogik. Beiheft 13; Stuttgart 1996, S. 108–127.

Quellen der Identität. Das Selbstverständnis deutscher Top-Manager der Wirtschaft. Schriftreihe der Identity Foundation, Band 2 (erhältlich als download von www.identityfoundation.de)

Revenstorf, Dirk & Peter, Burkhard (Hg.), *Hypnose in Psychotherapie, Psychosomatik und Medizin. Manual für die Praxis*, Berlin/Heidelberg/New York 2001

Romano, C. Justin, »Rotten in Denmark – The Case for Psychotherapeutics«, www.neuropsychiatryreviews.com/jul02/hpr-jul02-rotten.html

Rosen, Sidney (Hg.), *Die Lehrgeschichten von Milton Erickson*, Hamburg 1985

Roth, Gerhard, *Fühlen, Denken, Handeln. Wie das Gehirn unser Verhalten steuert*, Frankfurt 2001

Rückert, Hans-Werner, *Schluss mit dem ewigen Aufschieben. Wie Sie umsetzen, was Sie sich vornehmen*, Frankfurt/New York 2002

Rückert, Hans-Werner, *Studieneinstieg, aber richtig! Fachwahl, Studienort, Finanzierung, Studienplanung*, Frankfurt/New York 2002

Safranski, Rüdiger, *Wie viel Wahrheit braucht der Mensch? Über das Denkbare und das Lebbare*, München/Wien 1990

Schulze, Gerhard, *Kulissen des Glücks. Streifzüge durch die Eventkultur*, Frankfurt/New York 1999

Schütz, Astrid, *Psychologie des Selbstwertgefühls. Von Selbstakzeptanz bis Arroganz*, Stuttgart/Berlin/Köln 2000

Simon, Walter, *Ziele managen. Ziele planen und formulieren, zielgerichtet denken und handeln*, Offenbach 2001

Süss, Daniel, von Arx, Christine & Marxer, Manuela, *Kommunikationsstrategien in der Gesundheitsförderung. Eine Studie zur optimalen Gestaltung von Botschaften in Gesundheitsförderungskampagnen*, Zürich 2002

Veron, J. Michael, *The Greatest Player Who Never Lived*, New York 2001

Wachtel, Paul (Hg.), *Resistance. Psychodynamic and behavioral approaches*, New York/London 1982

Watzlawick, Paul, *Anleitung zum Unglücklichsein*, München 1983

Watzlawick, Paul, Weakland, John H., Fisch, Richard, *Lösungen. Zur Theorie und Praxis menschlichen Wandels*, Bern/Stuttgart/Wien 1974

Wittgenstein, Ludwig, *Tractatus logico-philosophicus. Logisch-philosophische Abhandlung*, Frankfurt 1971

Register